コンセプト としての 人権

その多角的考察

マイケル・フリーマン●著

高橋宗瑠●監訳

現代人文社

第2版はしがき

　本書の第1版は2001年の後半に完成した。2001年9月11日のアメリカ
での攻撃 (いわゆる「9.11」) はすでに起きてはいたが、当時はそれが人
権にどのような影響を及ぼすのか、予想できなかった。本第2版ではテロや
「テロに対する戦争」が考察され、オバマ大統領当選などにも言及してい
る。

　第1版に大きな影を落としたのは、むしろコソヴォをめぐっての、セルビ
アに対するNATOの戦争である。その戦争は人権に対して複雑な問題を
いくつも突きつけ、人権を支持する人々を二分化したものであった。その
戦争は1)ほとんど完全に違法なものであり、2)人道主義もしくは人権に基
づいた正当性があったともいえ、3)スロボダン・ミロシェヴィッチの独裁政
権を弱体化し、そして4)なんといっても戦争であり、戦争たるものは人権
を支持する人にとって必然的に難しい問題を提示するものである。9.11後、
アメリカ及びその同盟国はアフガンとイラクに侵攻した。その両国もタリバ
ンやサダム・フセインのもとで深刻な人権侵害に遭っていたが、いずれの
軍事介入、とくにイラク侵攻の是非は、激しい議論の的となった。もっとも、
1994年、ルワンダでジェノサイドが起きた際、軍事介入しなかったことで
国際社会は激しく非難された。また、イラク侵攻も批判されたが、同時に、
数十万人もの人々が殺戮され、数百万人が家を追い出されていたスーダン
のダルフールでも、軍事介入しなかったことで国際社会はやはり非難され
た。人道的介入の問題は国際法の思想及び国際関係において長い歴史が
あるものだが、それは人権の理論及び実践において、極めて重大なトピッ
クとなった。したがってその問題に関して、本第2版で言及した。

　上ほど劇的なものでないかもしれないが、場合によっては同じ程度に重
要であるもう1つの変化も、第1版発行後に起きている。すなわち「グロー
バリゼーション」と「気候変動」という2つの (おそらく相互に関連のある)
世界的現象が起きており、これらは人権にも重大な影響を及ぼすであろう。
国際法及び政治思想においては、人権というのは伝統的に個人が国家もし
くは政府に対して有するもの、個人を守るものとして考えられてきた。しか
し今日では、多国籍企業などといった非政府組織、もしくは国際貿易交渉

などといった国際的なプロセスそのものが人権侵害の原因となっていると懸念されている。国際経済は極めて複雑で、理解するのに専門的知識を必要としており、かつ議論の余地が残る問題が非常に多い。しかし、それでも人権活動家は、ようやく国際経済が人権に及ぼす影響に関して認識するようになっている。気候変動のほうに関しては頻繁に報道などで伝えられるが、それがもたらしうる人権への影響に関しては、ほとんど議論の対象となることはない。国際経済同様、気候変動もまた専門的であり、かつ明瞭でない部分が多いが、独裁者によって殺戮される人々より、気候変動によって殺される人々の数が多くなる可能性さえあるのである。具体的に何が問題で、どのような解決策が考えられるのかを特定するのは非常に難解な問題で、人権の伝統的なモデルの十分さに関して疑問が呈されるのも避けられないであろう。

　人権の分野が、主に男性に占められている時代があった。幹部や職員などのほとんどが男性である政府によって、主に男性である反政府活動家を迫害していた時代であった。しかし昨今は、女性の権利の問題がますます人権のアジェンダにおいて重要な位置を占めるようになってきた。また同じように、かつては子どもが人権侵害の被害者と認められるのは親の迫害から派生するもので、あくまで間接的なものにすぎないと考えられていた。それに対して今は児童労働や少年兵などの問題が注目されるようになった。女性や子どもの人権は相続に関する法律からドメスティック・バイオレンス、乳幼児死亡など広範囲な問題と関連するが、武力紛争における女性と子どもの状況がとくに重要視されるようになっている。国家間の紛争が減り、国内紛争が増加したと指摘されて久しい。兵器のハイテク化によって民間人が戦争の犠牲になることが増えたが、女性や子どもは男性と比較して同程度、もしくは場合によっては男性よりも被害を被る可能性が高いことが明らかになってきている。第1版でも指摘したが、女性の権利の強調は冷戦後の国際関係における人権の解釈において最も重要な変化のひとつである。

　第1版発行後のもう1つの変化は、人権の学際的アプローチの発展である。それぞれ異なった方法ではあるが、人権に関して学際的なアプローチを採用する研究所や修士レベルでのコースが近年、多数設立されている。人権の法的解釈の支配的地位が挑戦を受け、人権の社会科学が長い眠り

から覚めたといえる。とはいうものの、人権の分野は依然として圧倒的に法律中心的なものである。なるほど、その哲学的土台が自然法であっても実定法であっても、権利というのは法的なものなので、人権という概念自体が法律的なものであるという議論もありうるかもしれない。とくに英語以外の言語で、そのような主張がより説得力を持つ。たとえば仏語のdroitという言葉は、英語の「権利」であり、「法律」でもある。また、法的システムの一部となってはじめて人権は効果を持つものであるという主張もありうる。しかし、仮にそのとおりであるとしても、人権に関する最も重要な問題のいくつかは、法的分析によって答えることができない。たとえば、人権の法文書の実際の意味とはいったい何か？ それらの法文書は道義的に、また合理的に正当化しうるものか？ 国際人権法の遵守状況に大きな差がある事実を、いったいどのようにして説明できるか？ 一般の人々にとって、人権法はいったいどのような違いをもたらすものか？ もしくは、何の違いももたらさないものなのか？ 限定された資源を持った政府が、優先事項に関して「厳しい選択」を迫られる場合、人権の申立てはいったいどのように関連するのか？ 人権は、互いに矛盾しうるのか？ 矛盾があると認めた場合、それをどのようにして解決できるのか？ このような問題に対しては、法的分析より哲学や社会科学のほうが答えを見出すのにふさわしいであろう。

　第1版が発行されてから、人権の社会科学はそれなりに進展している。しかしその進展は、科学全体が直面している問題に比較すると、些細なものである。本第2版のひとつの目的は、この進展を記録し評価することによって、理論的及び実際的に有用な研究の方向性を見出すことである。

　第1版の謝辞に加えるのは、どうしてもためらう。他の多数の学者に大変お世話になっており、失念してしまう人が出てくるからである。それでもあえて危険を冒し、Richard Claude、Stan Cohen、Richard Wilson、Wiktor Osyatinksi、Saladin Meckled-Garcia、そしてBasak Caliにお礼を述べたい。

マイケル・フリーマン

エセックス大学

2010年9月

謝辞

　1977年秋のある夜のこと、当時エセックス大学の哲学部で教鞭をとっていたNick Bunninからコルチェスターでのアムネスティ・インターナショナルの会合につきあうように誘われた。私はしぶしぶ（面倒臭かったという以外の理由はなかったのだが）同意した。しかし結局その夜はアムネスティ・インターナショナルの新しく組織されたばかりのコルチェスター・グループの会合の司会を務めた。この本はNick Bunninと私のアムネスティの同僚（地元、国内、そして国際的な）がいなければ決して書かれなかったであろう。とくに、故Peter Duffyに感謝を示したい。彼はその道徳的なコミットメントと知的な厳密さで模範的な人権活動家であった。

　多くの人の名を不公平に割愛することになるという懸念から、この本を書くにあたって私が知的な負債を負っている人々の名前を列挙するのは躊躇する。しかしながら、Onora O'Neill、Sheldon Leader、Nigel Rodley、Francoise Hampson、Geoff Gilbert、Brian Barry、Alan Ryan、Albert Weale、Tom Sorell、　故Deborah Fitzmaurice、Matthew Clayton、Marcus Roberts、Andrew Fagan、David Beetham、Peter Jones、Simon Caney、Hillel Steiner、Bhikhu Parekh、Brenda Almond、Paul Gilbert、Peter Baehr、David Forsythe、Jack Donnelly、Rhoda Howard Hassmann、Joseph Chan、Julia Tao、Will Kymlicka、Barry Clarke、Hugh Ward、John Gray、David Robertsonに感謝を示したい。

　名前を挙げるには多すぎるが、エセックス大学の政治学部と人権センターの学生たちから非常に多くを学んだ。私は中国からブラジルまで、多くの国で人権について教え学ぶために招聘されてきたが、文化を越えた対話の確保がいかに大事であるかを強調してもしすぎることはない。

　先に挙げた誰も、この本で私がおかした間違いには当然責任がない。この本はJune、SalそしてEstherに愛と賞賛をもって捧げる。とくに彼らなしではこの本の完成は不可能であった。

マイケル・フリーマン

エセックス大学

2002年2月

翻訳者はしがき

　本書の著者のフリーマン先生同様、私の人権との出会いは完全にアクシデントで、たまたま友人に（私の場合は日本の）アムネスティ・インターナショナルの活動に誘われたのが始まりだった。大学で人権を勉強したわけではなく、学部は文学部、それも「パン一枚焼けない」と揶揄されていた哲学専修だった。それがさまざまな偶然が重なり合ってアムネスティの日本支部で難民を担当させてもらうことになり、人権の道を歩み始めた。

　そして2年ほど経った段階で国際的な舞台で仕事をすることに魅力を感じ始め、ロンドンにある国際事務局の先輩に相談したところ、真っ先に言われたのが、「宗瑠の場合は、まず法律の学位をとることだね」ということだった。国際的な舞台で人権のキャリアを極めるには、まずなによりも法律家であることがそれだけ重要で、法律の学位は暖簾をくぐるための最低資格のようなものだったといってよかった。

　20年以上前の話だが、それは今でもあまり変わっていないといっていい。人権の「業界」は、昔から法律家が支配的な地位を占めており、NGOにしても国際機関にしても、専門が法律だというだけで一目置かれる。俗っぽい言い方をすればかなり箔がつき、おかげで出世が早かったりもする。学術研究会でもしかりで、人権に関する研究は依然として法律が主体といっていいだろう。

　そして、どの分野の法律家でも同じだと思うが、人権の法律家というのは概して法律万能主義的な考えに陥りがちだ。人権機関などで働いていると、法律家が集まり、「政府にどこまで要求することを法律が許すのか」という議論が延々と行われている光景をよく目にする（というより、私もその輪の中に入っていた）。国際法遵守を政府などに呼びかける人権機関は、自分たちの主張がその国際法に基づいて展開され、正当化されうるものだということに猛烈なほどに神経を遣う。

　むろん皆人権活動家なので「善なること」をめざしているのは共通しているが、国際法という枠を逸脱してしまってはならないという意識も非常に高い。そのようにして、「法」は義務保有者のみならずアドボカシーをする側の行為をも規定し、「善なること」を実施するための手段でなく、逆に足枷

となる。法律家はその状況に強い誇りを感じ、法律という枠組みを理解し解釈するだけの専門的訓練（及び権威）を持っていることに奢りに近いものさえ感じさせることがあるが、そのような状態には、私は常に疑問を感じた。

英語には、法律の文言やその解釈などに関してよく使われる、set in stoneという言い回しがある。「決まったこと」「確定済み」という意味で、「石に刻み込まれ、もはや変えようのないこと」というイメージだが、この言葉の由来は、実は聖書に登場する十戒なのだ。モーセがシナイ山から持って降りた十戒はまさしく石板に彫り込まれたもので、法律を「石に彫られたもの」と指すとき、それは十戒同様、人間が作ったのではなく神から授かった神聖なるものという思想が背景にある。

しかしいうまでもなく、国際法に限らずいかなる法律も、そのようなものではない。法律は複数の政治的アクターが利益を主張し合うプロセスを経て、決して完全でないものなのだ。だからといって無視していいということにはならないが、「法律」の無謬性という幻想を抱き、不可侵性にこだわっていると、それが政治的な過程の産物であるという根本的事実を見落としてしまう。そして、これは国内法でも国際法でもいえることだが、法律が政治的な過程の産物である限り、その社会の力関係に左右されざるをえないことも多い。人権という概念自体、そして国際人権法には国家主権の原則を打ち破る革命的な要素があるのと同時に、場合によっては支配階級の地位を強化してしまうことさえあるのは、そのためだろう。

人権を推進するにあたり、法律だけを頼りにした単純な解決が有用でないことは決して少なくない。たとえば、人権の普遍性がそうだ。90年代の「アジア的価値観」という構成は一時期ほど盛んでなくなったが、「人権の概念は欧米のもの」「人権外交は欧米の新帝国主義」などという反論は、依然としてさまざまな方向から呈されている。そのような疑問に対する法律家の答えは最も簡単で、「国家が条約に締約したのだから、法的義務がある」「世界人権宣言は慣習法となっており、普遍的だ」というだけだ。いうまでもなく、これでは甚だ不満足で、本来人権が大切にしているはずの、文化間の対話にもなっていない。

もちろん文化というのは決して不変でないし、支配階級（日本のも含む）が主張する「共同体への義務を重要視する非欧米文化」は大抵権力者のご

翻訳者はしがき　vii

都合主義にすぎない。しかし同時に、人権機関で勤務する、善意の塊の欧米人は認めたがらないが、人権概念の欧米型の解釈に時として疑問を感じるのはアジアやイスラム教国の政治的指導者だけでなく、一般市民である場合も決して少なくない。それどころか、現地の人権活動家の間でも、意見が分かれる場合が決して少なくない。そのような問いに対する回答、というよりそれらとの対話は、やはり法律だけを出発点としていては可能でないだろう。

　私が長く関わったパレスチナ問題でも、同様といえる。イスラエルによるパレスチナ占領、及びそれから派生するさまざまな蛮行が国際法に違反しているのは疑問の余地がない。現状が国際法に照らして受け入れがたいものとなっていることは、（イスラエルやアメリカの息のかかったごく少数の学者を除いて）誰もが合意するところだろう。しかし、一向に状況が改善されないまま、むしろ悪化の一途をたどっている。それは中東におけるアメリカの権益や、アメリカの国内政治に依拠している部分が大きく、純粋に法律論だけでは割り切れない。人権機関は「法律を遵守せよ」と連呼するしかないわけだが、それだけでは解決は覚束なく、政治的要因を分析しそれに変化をもたらす活動が求められている。

　現場にいても、むろん同じだ。私がパレスチナ事務所副代表として勤務していた国連人権高等弁務官事務所の大きな役割はイスラエル占領軍による人権侵害を調査し報告することだったが、同時にパレスチナ人同士の人権侵害も調査の対象だった。そのうちの1つの課題は、女性の「名誉殺人」だった。多くの場合は夫以外の男性と関係を持ったと疑いをかけられた女性が夫や家族に殺されることで、数こそ他国と比較して少ないものの、パレスチナでも依然として続く現象だ（なお日本や欧米では誤解がかなり広まっているが、「名誉殺人」は決してイスラム圏特有のものでなく、イスラム教に勧められているものでもない）。

　「名誉殺人」を半ば容認する法律を変えるのはいともたやすいが、当然のことながら、それでは不足だ。それでは法執行をとなるが、万にひとつ警察が本腰を出したところでも、家族全員で一丸となって名誉殺人を行うわけなので、証言する人がいない。この時点で、法律だけを中心とするアプローチは頓挫する。法文改正などももちろん必要だが、そのうえにはコ

ミュニティの構成員、とくに男性の考えを変えることが必須になる。そして
ワークショップやセミナーを開催したりするが、「正しいことを外国人が教え
る」という姿勢では嘲笑の的になるだけだ。少しでも変化をもたらすには、
そのコミュニティの文化や力関係に関する深い理解と、それに合致した根
気強い説得が必要だ。それに役立つのはもちろん法律ではなく、人類学や
社会心理学などの分析手法だ。

　すなわち人権を論じ、効果的に推進するには多角的な視点が必要で、
学際的なアプローチが必要であることは明白だ。それだけに、法律だけで
なくさまざまな社会科学の見地をさまざまな立場から集積した本書の意義
は非常に大きく、人権をより深く理解したいと考える学生や実務家、研究
者にとって最適の教科書といえる。人権という概念の歴史を哲学的な視点
で考察し、現代の国際人権基準を法律や国際関係論の観点で見る。その
うえ社会学や政治学、そして人類学の諸説が、とくに近年、いかに人権の
研究を進めるようになり、人権の理解に役立っているかが述べられている。
1つの視点だけでなく、人権のより総合的な具体像を提供している本書は、
他には例のないもののように思う。

　あえて申し上げるが、フリーマンが本書で論じていることに私が個人的
にすべてに同意するわけではない。上記の普遍性の問題に関しては、「人
権概念がある我々と、それがない他の皆」という欧米人の精神構図という
壁をなかなか超えられずにいると思われる箇所もあり、とくにイスラムに関
しては理解が必ずしも深くないと感じられる。しかしそれでも、法律至上主
義、法律万能主義に対して挑戦し、一石を投じた本書は極めて有用だ。

　なお、本書の翻訳は複数で分担し、可能な限りそれぞれの担当者の専
門性を考慮したうえで取り組んだ。そのうえで、私が最終的な責任者となっ
た。多忙の中作業に取り組んだ一人ひとりにお礼を述べたい。
　また、プロジェクト自体が大幅に長引き、ことごとく辛抱を強いられた現
代人文社の西村吉世江さんと北井大輔さんにも深い感謝を表明したい。

2016年10月
髙橋宗瑠

目次

第2版はしがき　ii

謝辞　v

翻訳者はしがき　vi

1　はじめに──人権を考える　2

現実……2

概念……7

社会科学……9

人権法を超えて……11

結論……14

2　起源──自然権の盛衰　16

なぜ歴史か……16

権利と専制君主……17

正義と権利……18

自然権……21

革命の時代……27

自然権の衰退……32

3　1945年以降──権利の新たな時代　37

国連及び人権の復活……37

世界人権宣言……39

理論から実践へ……46

冷戦　46　　冷戦後　52　　9.11とその後　55

結論……57

4 人権理論 60

なぜ理論をみるのか……60

人権理論……65

権利　65　　正当化　67　　具体化　73

民主制　75　　その他の価値　77　　義務と負担　79

権利間の対立　80　　人権に対する異論　82

結論……83

5 社会科学の役割 87

イントロダクション──人権と社会科学……87

法学の優越とその批判……88

政治学……96

社会学……102

社会心理学……105

人類学……106

国際関係論……108

結論……114

6 普遍性、多様性及び差異性──文化と人権 116

文化帝国主義の問題……116

文化相対主義……123

少数者の権利……129

先住民族……136

民族自決権……139

女性の権利……142

児童の権利……146

性的少数者……149

7 人権をめぐる政治 152

人権をめぐるリアル・ポリティクス……152

ブーメラン理論……155
人権をめぐる国内政治……158
人権侵害を説明する――計量的アプローチ……159
世界政治におけるNGO……163
結論……169

8 グローバリゼーション、開発、貧困――経済と人権　171

グローバリゼーション……171
世界的な貧困と不平等……172
経済的及び社会的権利……173
発展……177
発展の権利……178
発展の原因……179
貿易と投資……182
企業……184
国際的な金融機関……187
気候変動……190
グローバル・ジャスティス――地球規模の社会正義……193
結論……195

9 21世紀の人権　196

歴史の教訓……196
人権への反論……201
人権法を超えて……201
終わりに……204

参考文献　207
索引　222

コンセプトとしての人権

その多角的考察

1

はじめに
人権を考える

現実

スーダン西部のダルフール地方を取材中、ニューヨークタイムズ紙の記者ニコラス・クリストフは、オアシスにたどり着いた。その木陰では何千もの人々が避難していたが、スーダン政府の支援を受けた民兵組織ジャンジャウィードによって村を追われてきた人々だった。クリストフ氏はそこで見た状況を次のように記事にした。

最初の木の下には、首とあごを撃たれた男性がいた。幸い足だけを撃たれていたその人の兄弟は、このオアシスにたどり着くまで49日間彼を背負って来たのだった。次の木の下には寡婦がいた。彼女の両親は殺害され、さらに、村の水資源を汚染する目的で井戸に放り込まれたのだった。ジャンジャウィードは彼女のほかの家族を探り出し、夫を殺害した。3本目の木の下には、1歳の妹を背負った4歳の孤児の少女がいたが、この子たちの両親はすでに殺害されていた。4本目の木の下には女性がいた。彼女の夫と子どもたちはその眼の前で殺害されたという。その後、彼女は集団レイプされ、裸にされ、ひどいケガを負ったまま砂漠に放置されたのだった (Kristof 2006: 14)。

このような凄まじい状況を勇気をもって読破した人々は、恐れおののき、

同情し、そして憤りを覚えるだろう。その激しい感情を表現する言葉が見つからないと感じるかもしれない。これは「残虐行為」だ、「人道に対する罪」だ、と私たちは言う。こんなことは誰かが止めさせるべきだ、なぜこんなことが起こるのか、と憤りながらも、では誰がどうやって止めさせるべきなのか見当がつかず、一体全体なぜこんなことが起こるのか、と問うだろう。

　このような凄まじい出来事は、歴史的、政治的、そして経済的な要因が複雑に絡み合った結果に起こったものであるといえる。ダルフールはたくさんの民族によって成り立つ地域だが、そのすべてがムスリムで、植民地時代から経済的、社会的におろそかにされてきた土地である。スーダン政府及びムスリムが主流である北部と、クリスチャンが多数を占める南部との間の残忍な内戦が長く続いてはいたが、ダルフールは近年まで比較的落ち着いた土地であったといえる。そのダルフールの平和が揺るがされたのにはいくつかの理由がある。土地の砂漠化が進む中、農民と遊牧民との土地資源をめぐる競争が激化したこと、アラブ人が優れていてアフリカ人が劣っているといった人種差別的なイデオロギーが台頭したこと、反政府派や難民が流出するなどによってスーダンとチャドの国境を不安定化させたリビアのカダフィー大佐の領土拡張をめざした政策、さらには、南スーダン反乱分子の潜入。ダルフールの自衛組織も、多数の反乱軍へと発展していった。スーダン政府側は、ジャンジャウィード（「邪悪な騎馬兵」）として知られるアラブ人民兵を雇い、野蛮な対ゲリラ活動によってこれらの謀反を抑圧しようとした。2006年5月5日には、スーダン政府と最大の反乱軍との間で和平合意が結ばれたが、ほかの反乱軍は合意に参加しなかった。2003年から2006年までの間に少なくとも20万人が殺され、200万人以上が移動を強いられ、ダルフールとチャド国境の両側において400万人以上が略奪と窮乏に苦しんだ（ダルフールの人口は約600万人である）（Reeves 2006）。

　昨今、国家のもたらした暴力の被害者となる国民はあまりにも多い。インドネシア国軍は1960年代半ば、共産主義の抑圧を目的に50万人以上の市民を虐殺した。ポル・ポトのカンボジアでクメール・ルージュ政権によって殺された人民の数は220万人にも上るといわれているが、これは全国民の4分の1から3分の1に相当する数だった。1970年代後半のアルゼンチンでは、9,000人以上の人々が軍事政権の下で「失踪」した。1972年か

ら1978年のウガンダのイディ・アミン政権下では、25万人以上が殺害された。1980年代のイラクでは、何百、何千人という人々が国家警備組織によって殺戮された。エルサルバドルでは、1980年から1992年の間に、国民の2%もの人々が内戦下の失踪と政治的殺戮によって殺された（Amnesty International 1993: 2）。1994年にルワンダでは、政府主導のジェノサイドにより、50万から100万人の人々が殺された（Glover 1999: 120）。このリストがすべてを網羅しているとは到底いえず、ほかにもボスニア、チェチェン、コソヴォ、東ティモール、2003年の侵攻以降のイラク、そのほかたくさんの場所を加えることができる。

　人権の概念は、こうした出来事についてどう考えるべきか、そのひとつの道筋を与えてくれる。今この本を読む間にも、他の地域で起きている、似たような残虐行為と不正についての報道が、新聞やラジオ、テレビ、インターネットやその他の「新しいメディア」によってなされていることだろう。これらは人権侵害についての話である。残虐な出来事はあまりにも厳然たる現実だけれども、「人権」というのはひとつの概念である。人権は、現実について考えるための、そしてその考えを表現するための手段となってくれる。私たちが人権について語られることを理解したいと思うならば、その概念を分析してみることが必要である。しかし、ダルフールの人々のような話を聞いたときに、自分の概念を分析してはっきりと明確で筋を通ったものにするよりも、同情心をもって反応するほうがよっぽど簡単ではないか。我々が概念を理解するということは、もともと哲学の分野における概念解析が目的とするところである。「人権」の概念は、しかし、この学問分野に挑戦することになる。というのは、概念というものは抽象的であり、概念解析とは抽象的な学問分野であるから、実際の人間の経験とはかけ離れたものと感じられてしまうからだ。人権という概念の分析は、実際の人間の経験に対して同情をもって理解をすることなくしてはなしえない。そういう人間的な経験をこそ、人権の概念は指し示しているのである。

　人権を理解するためには、概念解析が必要だが、そのような手法が扱いにくくて難しいというならば、統計的な分析もまた同様である。R. J. ラメルの計算によれば、20世紀中に国家によって殺害された人の数は、少なくとも169,202,000人に上る。この見積もりによると、1945年から1990年

代初頭までの間に、4500万人以上が政治的殺害の犠牲になったことになる（Rummel 1994: 1-2章）。このような統計は大切であるが、数字を目にすることで、その中に一体どれくらいの人間の苦しみが含まれているのかということを忘れてしまいがちである。人権侵害の事実を示すのに数字を使うのは有効であるが、数を認識する力と、それが実は何を意味しているのかを真に認識する力とは別のものである。

　人々が苦しむ人権侵害という行為が正しくないことであると認識するには、「人権」という概念は必要なかろう。しかし、そういった行為に反対する理論づけが必要なのは事実である。現実に起こったことが人権を侵害したのなら、なぜ私たちはその現実のほうではなく、人権が正しいと主張するのであろうか。人権が存在するなどと、どうして言えるのであろうか。ナチスのアウシュヴィッツ強制収容所を生き延びた哲学者ジャン・アメリーは、こういった挑戦的な問いを私たちに突きつけてきた。ナチスが強者であったからこそ、正しくもあったのではないだろうか、と彼は考えた。人間に権利などなかったのではないかと。おそらく道徳的概念など、みな単なる時代の流行であったのだろう。起きたことはどれも、歴史上の事実ではないか。結局のところ、古代ギリシャ文明だって奴隷制度と大量殺戮の上に成り立っていた。ナチス・ドイツだって同じではないか（Glover 1990: 40）。

　ほとんどの人間にとって、ほとんどの場合、「美徳」は個人的で、狭い範囲のことに限られる、とグローバーは示唆してきた。日常生活の中では、平凡でごく普通の親切心のほうが、人権よりも重要である（Glover 1990: 41）。しかし、平凡でごく普通の日常生活を常に享受できるとは限らない。それどころか、誰しも恐怖や虐殺、集団レイプや「民族浄化」の被害者となるかもしれないのだ。日常生活の安全がなくなったり、突然奪われたときにこそ、人権の概念がごく普通の人々にとって関係のあるものになる。人権は、それが最も侵害されているところにこそ最も必要とされている、といわれるゆえんである。人権がそれなりに尊重されていると、私たちはそれを当たり前のことであるとし、結果として、人権の重要さを過小評価してしまう傾向がある。

　人権の概念とは、完全にではないにせよ、かなりの部分、法的なものだ。人権の概念が国際的な関心事として最初に挙がってきたのは1945年に国

連憲章ができたときである。国連憲章は、国連が「基本的人権と人間の尊厳及び価値と男女及び大小各国の同権とに関する信念をあらためて確認」することを決意した、と宣言している。人権法の起源は世界人権宣言であるが、これは1948年12月10日に国連総会で採択された。モルシンクは、世界人権宣言が「人権に関する議定書や規約、条約や派生的な宣言を方々に撒き散らすことによって、世界の景観を一変してしまった」と言っている。今や、そんな「人権制度に何らかの形で巻き込まれていない国、文化、人々などひとつも存在しない」(Morsink 1999: x)。世界人権宣言は、ファシズムと戦って勝利した戦争の直後に、理想主義の精神がはびこる中で採択され、「すべての人民とすべての国とが達成すべき共通の基準」であると公言された。その第1条によれば、「すべての人間は、生れながらにして自由であり、かつ、尊厳と権利とについて平等である」。第2条には、「すべて人は、人種、皮膚の色、性、言語、宗教、政治上その他の意見、国民的若しくは社会的出身、財産、門地その他の地位又はこれに類するいかなる事由による差別をも受けることなく、この宣言に掲げるすべての権利と自由とを享有することができる」と言明されている。

　1948年の人権宣言によって約束されたことと、現実世界で起こっている人権侵害との間には、明らかに深い溝があるといわねばならない。私たちが人権侵害の犠牲者に共感するとき、同時に、国連やその加盟国政府が、約束を果たしていないことについて批判していることになるかもしれない。とはいっても、人権の理想と、現実世界の人権侵害との間のギャップを、同情や法的な分析によって理解することはできない。むしろ、社会紛争と政治的弾圧について、あるいは国内政治と国際政治との関わり合いについて、さまざまな社会科学の観点から研究探索しなければ理解できないであろう。国連は、人権の概念を国際法と政治の世界に導入した。ところが、国際政治の分野というのは、人権以外のことに優先事項を置いている国家と、その他の影響力あるアクター（多国籍企業など）によって牛耳られてしまっている。世界中の国の政府が人権を標榜しながらも、その擁護を実施することに至っては、多分にむらのある実績しか出していない、というのは歴然としている。なぜそんなことになっているのか、私たちは知る必要がある。

概念

　人権の概念がさらなる難しい問題を提示しているのは、ひどい残虐行為や不正義といったこと以外の問題にも関わっているからである。たとえば世界人権宣言の第1条は、すべての人間が権利について平等だと謳っている。第18条では、すべて人が信教の自由に対する権利を有するとしている。それでは、教義の中ですべての人間が平等であるということを否定しているような宗教を信奉する人々の、信教の自由に対する権利ということを、どう定義するべきであろうか。あるいは、人権を推進実行しようとしたときに、そうすることが他の誰かの人権を侵害することになってしまうというようなことを、どう考えたらよいであろうか。このように、人権の理想を推進実行することができないのは、政治的な意思の欠如や政治利害の対立といったことが原因ではなく、人権というものがお互いに「共存しえない」ことがあるからである。つまり、ある人権の推進実行が、また別の人権の侵害につながってしまったり、ある人の人権を守ることが、他の誰かの同じ人権を侵害することになったりしてしまうということである。たとえば、ある宗教団体が、その教義によって他の宗教へと改宗することを禁じているとしよう。すると、その団体の信教の自由と、その団体に属しながらも改宗したいと望む個人の信教の自由とが、対立することになる。私たちが支持している人権というものが、このように、お互いに共存しえないことがあるとしたら、私たちの思考はそれこそ混乱してしまう。

　こういった人権の共存の問題のほかにも、いわゆる「権利のインフレ」、つまり、人権の概念をあやふやな大義名分へと拡大解釈するという問題がある。世界人権宣言の中にすら、「定期的な有給休暇」を持つ権利といった、議論の種となりそうな類の権利が含まれている。人権の概念が人間にとって有益なものであるためには、人権を、他の社会的な要求と区別する必要がある。裁判所では、出廷する個人の法的権利について、かなりはっきりと決定を下すことが可能である。一方、人権というのはかなり曖昧な言葉で表されており、その意味するところが裁判所の決定によって常に決着を見ているかというと、そうでもない。人権の意味するところというのは、

1　はじめに——人権を考える　│　7

法律に関わる専門家（裁判官、国連の専門官や法学者など）だけではなく、人権に関わる利害を共有するあらゆる人々（政府、国際機関、非政府組織〔Non-governmental Organisation: NGO〕、法律の分野以外の学者や市民など）も交えた、継続的な社会的プロセスによって形作られ、決まっていくものである。人権の概念を有益なものとするには、人間としての権利と、特定の社会における法的な権利あるいはその他の有益な社会目標とを、区別しなければならない。

「権利」とはどういうもので、「人権」はそのほかの権利とどう違うのだろうか。「権利（rights）」の概念は、「正しい（right）」という概念と密接な結びつきがある。何かが「正しい」というとき、それは、その「何か」が正しさの基準に沿っているからである。どんな社会にもそういった基準があるが、文化によっては、人々が「権利を有する」などという概念が存在しないこともある。それどころか、すべての人が「人権」を有するなどという考えは、実はほとんどの文化にとって相容れないものであるとさえいわれる。マッキンタイアは、人権など存在しないと論じた。人権の存在を信じることは、魔女や一角獣（ユニコーン）の存在を信じるようなもので、迷信であると（MacIntyre 1981: 67）。

しかし「人権」が、私たちが「持つ」腕や足のような「物体」であると認識した点が、マッキンタイアの間違いである。実はこの間違いは、権利について語るときに私たちが使う、権利を「有する、持っている」という表現にも、明らかに組み込まれてしまっている。しかし、権利というのは、物理的に存在しないがゆえに質量がない物体ではなく、倫理的、法的な規則に由来する、正当な主張や資格のことなのである。権利についてこういった着想をすることで、マッキンタイアの異論をはねのけることができよう。人間というものがある種の敬意に値する存在だ、と信じることは、「迷信的な」ことではない。人権を正当化するには、人権の理論が必要だ。人権の概念の価値を証明する難しさは、私たちの持つ信条が正しいことを証明しようとするときに感じる難しさに通ずるものがある。そしてその難しさは、人権の概念が抱えているのかもしれない欠陥によってのみ生じるものではない。

8

社会科学

　つい最近まで、社会科学の学者は人権の概念を概ね軽視してきたといえる。それは、「科学的」であることをめざすあまり、法的、倫理的な人権の理解が傍流へと押しやられてきたからである。ところが、人権の概念が国内及び国際政治の中で重要視されるようになるにつれ、社会科学の学者も人権概念に興味を持つようになってきた。人権重視の度合いが社会によってなぜ違うのかということが、社会科学的な研究の正当な目的になりうるとみなされるようになった。たとえば、ジェノサイドのような大規模人権侵害は「非合理的」なことであって、科学的な説明を加えることなどできない、といわれることがある。でも、国家の行動様式、民族の多様性、政治的抑圧、謀反行動や社会闘争といったことについては、一定の知識が蓄積されており、それによって大規模人権侵害についても多くが説明されうるはずである。社会科学の理論や方法論について多くの議論があることは確かであるが、人権を侵害あるいは尊重するといった行動は、他の複雑な社会現象と比較して必ずしも本質的に説明しにくいものではない。

　今まで、人権の学術的研究の多くは法律家によってなされてきた。人権の概念の発展が、今までほとんど国内法と国際法の中でなされてきたという事実がそれを裏づけよう。人権の分野が専門的で法的な論説のようになってしまうことで、法律の専門的権威である法律家たちが、この分野を牛耳るようになった。法律が、倫理的そして政治的な論争から人権の概念を「守る」ための「客観的な」基準を提示してくれるかのように見えるが、それは幻想である。人権の基準が意味すること、そしてそれを適用することは、法律上、そして政治的にも、大きな議論を招く微妙な問題である。国際人権法は、政治的な動機をもって行動する国の政府によって作られている。つまり、政府がどの程度に人権法を推進実行するかということは、政治的な要因によって左右される。人権法の形成や、人権法がどれだけ推進実行されているかの監視、政府がより人権を遵守するための圧力といったことにおいて、NGOの役割がますます重要になってきている。こういった団体が法的な基準を強く訴えるとしても、その行動は政治的な役割を担っているのである。20世紀の終わりにかけて中欧や東欧の共産主義社会、ラテンア

メリカや南アフリカその他の社会で起きた人権状況の大きな変化は、主に政治的な出来事であった。

　リアリズム（現実主義）の理論が国際政治研究の主流となっているが、これは、人権のような倫理的なことではなく、国家の利害や力といったことに重きを置くものである。学術的一分野としての国際関係論は、最近になって人権への興味を示してきているが（Forsythe 2006）、まだ重要な課題として扱われてはいない。国際関係論の学者の中には、国際政治における概念の役割、とりわけ人権の概念を強調することで現実主義派に対抗している学者もいる（Risse Ropp and Sikkink 1999）。しかしながら、国際政治学における人権の研究は、わずかの評価されるべき例外を除いて、必ずしも実証的ではない国際法と、国家権力に関わる「現実」の中で人権をないがしろにしてきた国際関係論との狭間で見失われている。

　社会科学が人権をないがしろにし、人権の研究が法律家によって占められると、結果として人権の概念は歪められてしまう。ジョン・ロックが17世紀に発展させた「自然権」の古典理論は、すべての人間がある種の権利を持っているとした。それは、政府に由来するものでもなければその法に由来するのでもなく、人間としての本質に由来するのだとされた。さらに、政府の正統性は、それがいかに人間の権利を尊重するかによって測られるものだとした（Locke [1689] 1970）。近代的な人権の概念は、このロックの考え方の再構築であり、主として政府と国民との関係を明らかにしようとするものである。政治理論はこの関係を分析し、かつ評価するという学問である。さらに政治学は、政府がどれだけ国民の権利を尊重しているかというその程度の違いをも分析し、解説する。しかしながら、政治学の人権の研究への貢献は限られたものといえる。人権問題は時として、「独裁主義」「全体主義」「権威主義」「抑圧」「国家恐怖政治」「ジェノサイド」といった、関連のある概念を用いて研究されてきた。また、人権の現状を理解するうえで重要である民主主義の研究は、政治学の分野で多くなされてきた。政治学者たちは「科学的」であろうとするあまりに、悪く見ると教条的で、よくてもせいぜい法律至上主義的であるような概念をないがしろにすることになっていた。しかし少しずつ、この状況は改善されつつある（Landman 2005b）。

欧米における政治理論の伝統は、人権に対する多くの手ごわい批判を生み出してきた。これは人権の政治学に対して大きな挑戦になったが、それはとくに、現代の理論家たちが伝統的な批評家たちの考えに共鳴しているからである。それゆえ、あらゆる人権の社会科学の根底には、議論を招くような多くの哲学的な前提が潜んでいる。とはいえ、こういったことが、人権の社会科学と、民主主義の政治や不平等の社会学といった他の社会科学とを分離しているわけではない。いずれにせよ、人権の社会科学者はこういった哲学的論争について知っておく必要がある。

　社会学者と人類学者は最近になって人権の研究に貢献し始めた（Wilson and Mitchell 2003; Woodiwiss 2005）。グローバル経済が人権の保護に対して与える影響が、ますます研究対象とされるようになってきた（Dine and Fagan 2006）。これに付随して、国家を超えた社会運動としての「人権運動」への興味が高まった（Risse, Ropp and Sikkink 1999）。これはつまり、人権の社会科学が目覚め始めているということである。

人権法を超えて

　国際法というのは伝統的に、世界平和の維持という主目的をもって国家間の関係を調整するものであるとされてきた。そういった国際法の働きを率いてきたのは国家主権という概念であり、他国の国内事情に干渉することは禁止されてきた。国連は、この国家主権の概念を改変することなく、国際法に人権の概念を導入した。しかし、この法体制は激しい政治的圧力にさらされることもある。国家にせよ他のアクターにせよ、国際舞台において自らの利益と基本理念を推進するのが常である。そのため、国連による人権の推進実行は大いに政治化され、人権問題は恣意的に選別され、政治的取引の対象になったり、実行そのものが遅延されたりしている。国連は政治を超越した理想郷的領域などではなく、人権の推進実行への政治的影響は免れない。とはいえ、人権の政治化が常に人権にとって害になるかといえばそうでもない。政府が政治的な動機から純粋な人権問題を取り上げることもあり、政治的な動機ゆえ、人権への配慮が狭く選り好みされたものであったとしても、その根拠となる人権基準はより広範囲に適用できるので

1　はじめに——人権を考える　11

ある。

　国連による人権理念の推進実行は、冷戦時代の政治的駆け引きのために何年もの間、大変に遅れ、また歪められた。国連は人権を宣言したものの、その推進実行のためにはほとんど何もしなかった。人権を宣言することの代償は低かったが、冷戦下にあって多くの政府が、大いに不満を持った自国民の人権を尊重してしまうことによって失うことが多いことを危惧した。こういう時代背景の中、一見したところ驚くべきは、遅々としながらも人権法が発展したことと、人権の推進実行のキャンペーンを起こしたNGOが発展したことである。こういった状況は、国連の立場を曖昧なものにした。国連は、一方で人権基準の生みの親、そして保護管理者でありながら、また一方で、しばしば人権の侵害をする政府の集まりでもあったのである。結果として国連は、国際人権法と政治とが出会い、またぶつかり合う場となり、また、人権の理想と現実とのギャップが明らかになる場となった。

　人権の政治的特質には、哲学的な局面がある。人権の研究で支配的である法律家は、時として、明示的にしろ、暗黙のうちにしろ、人権というのは人権法が示す権利のことである、という法実証主義の思想に頼っている。しかしながら人権は、政治的なプロセスによって形作られ、解釈されるものである。世界人権宣言の条項は、白熱した議論を経て、何度も繰り返された投票の末にようやく採択に至った（Morsink 1999）。人権が国際法、国内法に法文化されたことは、政治的に重要なことである。しかしながら、人権の法令化が、人権概念を政治から切り離すことであると考えるのは誤りである。

　法実証主義的に人権にアプローチすることは、人権の性質を誤って指し示すだけでなく、危険をも内包する。人権の目的は、歴史的に見て、法律を扱う当局と、人権を侵害する法律とを批判することにあった。法実証主義者は時として、法律的に施行可能な権利だけが本当の権利であると主張する。しかしながら、人権が法律的に施行可能であることが理想であるとしても、必ずしもそうである必要はなく、しばしばそうはいかないことは人権の概念が指し示している。もしも人権が法律的に施行可能であるならば、法律的な権利を根拠に申し出ればよく、人権に訴えかける必要はない。人権を盾にとる必要があるのは、まさに法的機関が人権を認めなかったり、

もしくは実行したりしないときなのだ。もし法実証主義が正しいとすれば、不正義な法体系を批判するための重要な基盤が失われてしまうことになる。

　人権に関する大きな哲学的問題は、権利が法律に由来するのでもなく、迷信的信仰に由来するのでもないことをいかにして示すのか、という点にある。人権の「起源」に関するこの問題の根幹には、歴史的な背景がある。ジョン・ロックが示した最初の体系的な人権理論は、神こそがその「起源」であるとした。神こそがすべて存在するものの起源であり、価値の源であるとすることで、権利の究極的な裏づけについて、ロックは同意を得ることができた。世界人権宣言を公布した国連が直面した問題は、まさにこれらの権利を普遍的なものとしたために、特定の宗教的教義に権利の起源を求めることができなくなったという点にある。人権を正当化する基盤は、特定の宗教的教義、あるいはイデオロギー的な教義から抽象化してくる必要があったのだが、その抽象化作業がどういう性質のものなのかはっきりしなかった。人権宣言には、その権利が何を起源としているのかほとんど書かれていない。その前文に、人権を承認することは「世界における自由、正義及び平和の基礎」であり、人権を軽んじたことが「人類の良心を踏みにじった野蛮行為をもたらし」たという、壮大で具体性に欠ける主張が述べられているばかりである。こういった主張によって重要な真理が語られているかもしれないが、一方で、人権の起源についてははっきりした説明を加えていないのである。

　こうした「起源」を考えるにあたっては、ある種の曖昧さがつきまとう。この曖昧さを考えるのは大事だが、混乱して捉えどころのないものでもある。人権の起源を社会的起源に求めることもできるし、あるいは人権の倫理的正当化のうちに求めることもできる。社会科学者は、権利の社会的起源をたとえば政治的抗議行動のような行動に探し求めてきた。権利に関する論議を歴史的に理解するにあたってそういった研究が大切なことは確かであるが、社会的起源と倫理的正当化とを取り違わないようにしなければならない。善に社会的起源があるように、悪にも起源があるのである。人権に対する社会科学的なアプローチは、倫理的な質問を避ける傾向にあるため、しばしばこのような混乱に陥ってしまう。したがって、人権の「起源」について、2つの大きな質問に答えなくてはならない。それは、なぜ我々に

1　はじめに——人権を考える　13

人権が・あ・る・のか、そして、なぜ我々に人権が・あ・る・べ・き・なのか、という2つの質問である。

　人権とその他の価値との関係、という倫理的な質問もある。人権こそが道徳的、政治的理論のすべてを占めるのか、それともほかにも大切な価値があるのであろうか。もしあるとすれば、そういった価値と人権の関係はどうなのであろうか。世界人権宣言は人権が自由、正義及び平和の基礎であるとするが、これらの価値が概念的に、また経験的にお互いにどう関係しているのかということについては何も語られていない。人権の価値とともに、その・限・界について可能な限り明らかに定義することが大切である。人権は、よ・い・政・府・の・最・低・限・の・基・準を設定するといわれる。人権をあまりにすべてを網羅するものであるかのように標榜すると、批判に対して人権を擁護することが逆に難しくなり、かえって人権の魅力と効果を弱めることになる。我々は、人権の概念が包括的な政治哲学を支えるものなのか、それとも政治哲学の最低基準を支えるだけなのか、はっきりさせる必要がある。

　ダルフールの人々の経験したことと国連の世界との間には非常に大きなギャップがある。このギャップを主として埋めてきたのが法律と法研究であることは確かであり、こうした法律の研究は非常に重要である。しかしながら、このギャップが政治や、社会的、文化的、経済的な要因によって埋められてきたこともまた事実である。そして、こうした要因こそがより重要であるかもしれないのに、学術的な議論の中では比較的軽んじられてきた。この本の目的は、こうした無関心を正すことに貢献することである。

結論

　人権の研究だけでなく、実践も、かなりの部分において法律家によって占められてきた。人権運動とその主張の発展は彼らに負うところが極めて大きい。ただし、人権の法律にばかり目を向けると、人権の本当の理解ができない。本書は、学際的なアプローチを採ることにより、法律をあるべきところに収めようとするものだ。人権という概念には哲学的議論が多い。そういった歴史を知り、哲学的議論を理解することによって、現代における人権の立ち位置を明らかにすることができる。この半世紀、人権の概念は

非常にたくさんの国際法、国内法体系の中に採り込まれてきた一方で、政治紛争の真っ只中に置かれてもきた。もちろん法律は大事であるが、人権について理解するには、それにまつわる政治についても理解することが必要である。さらに、法律と政治だけが人権の分野をすべて占めているわけではない。社会学、人類学、経済学といった他の社会科学もまた、人権の問題を真に理解し、その解決法を探るうえで不可欠なものである。つまり、人権というのは極めて学際的な概念なのだ。

　まず、第2章で歴史上の人権の発祥について考えることから始めたい。第3章では、人権がいかにして徐々に国際社会で受け入れられるようになったかを吟味する。第4章では、人権概念がどのようにして理論的に正当化されてきたのか、その主な理論を吟味すると同時に、人権概念がどう議論されてきたのかも吟味する。この分野における社会科学の特出した貢献については第5章で論じる。第6章では、今まで非常に多くの論議が交わされてきた人権の普遍性と、実際の社会の違いについて考察する。中でもとくに、文化的なマイノリティの人々、先住民族、そして女性の権利、子どもの権利、性的マイノリティの権利について焦点を当てる。第7章では、国内政治と国際政治上で人権が占める位置について分析し、国際機関、政府機関、NGOのそれぞれの役割を考察する。人権の政治経済的な意味合いについては第8章で取り上げるが、とくに開発、グローバリゼーション、そして国際金融機関に焦点を当てる。第9章では人権の歴史を振り返り、人権の現在、そしてその未来像について考えることで結びとする。確信を持っていえる数少ないことのうちのひとつは、私たちが住むこの世界の今後について考えるうえで人権を理解することは不可欠ということである。

2 起源
自然権の盛衰

なぜ歴史か

　人権の歴史は、歴史そのものを対象として研究することもできるし、現代における人権という概念を理解することを目的に研究することもできる。他方で、人権の歴史と一言でいっても、まずは何の歴史なのかを明らかにしなければならない。1945年に国連が創設されるまで、人権という概念はほとんど存在しなかったという見方があり、この見方によれば、人権の歴史というものは国連という概念の歴史そのものであるということになる。それに対して、より一般的な見方は、今日の人権という概念はもっと長い歴史を持つものであるというものである。人権という概念の歴史的、哲学的基盤を知るという意味においてはこの見方のほうが適切だと考えられるが、これは同時に議論を伴うものでもある。

　人権という概念の歴史は、世界のさまざまな宗教や哲学に共通する普遍的なものであるとの立場がある。ハムラビ（バビロニア王。紀元前1792～50年）法典は、法規則を定めた現存する最古の文書であるといわれている。古代ペルシャの王、キュロス大王（紀元前529年没）は、信教の自由を唱え、奴隷制を廃止した。インドの仏教徒アショーカ王（紀元前264～38年）も異教に対する寛容を推奨し、人民の健康や教育に関する措置を行い、不当な刑罰を防止するための官吏を任命した。このように今日の人権につながる原則は古代世界の多くの文化に見てとることができる。こうした

例は人権という概念が欧米のものであるという認識を多少なりとも弱めるものであるが、それらは人権そのものというよりもリベラルで慈悲深い支配者がいたという事例にすぎないとも解されるため、慎重に取り扱われなければならない。

これに対し、人権という概念の起源は欧米にあり、これが普遍化されるに至ったのはごく最近のことである、との見方がある。中にはさらに、人権という概念が欧米を起源とするものである限り、その妥当性は普遍的なものではありえないとの見方もある。その一方で、概念の発達史はその妥当性とは何ら関係ない、ある特定の歴史を有する概念が普遍化されるにはそれなりの理由があるはずである、との見方もある。しかしながら、ある概念の妥当性はその概念の意義次第であり、その意義は、その概念が過去においてどのように使用されてきたかによるという側面もある。

欧米においても、人権という概念の歴史にはさまざまな見解がある。マッキンタイアは、1400年に至るまで古代や中世には我々が意味するところの「権利」に相当する表現は言語の中に存在しなかったと述べている。彼は、言語の中にそのような表現が存在しないことを理由に、当時の人々が「権利」を有していたということに疑義を呈している（MacIntyre 1981: 66-7）。マッキンタイアは、1400年以前に「権利」という概念が存在していなかった事実は、普遍的な人権という概念が妥当性を持たないことを意味する、としている。

古代ギリシャ思想の研究者の中には、市民は社会全体に従属するものであり、個人が国家に対して権利を有するという発想は持ちえなかったと唱える者もいる。市民は社会全体に従属するものという考え方は、後に社会がより複雑なものとなり、固定的な役割分担やアイデンティティが変遷したことにより衰退し、代わりに権利を持つ主体としての「個人」という概念が生み出された。この個人の権利に関する社会学的歴史が、普遍的人権という概念を阻害するものであるといわれているが、本当にそうであろうか。

権利と専制君主

現代における人権の概念は、一義的には政府による権力の濫用から個人

を保護するためのものと考えられている。古代ギリシャ人が「権利」という概念を持ち合わせていたかどうかは定かではないが、少なくとも権力やその濫用といった概念は持っていたに違いない。このことは、支配者がその個人の利益に基づき統治を行い、国民に不当な扱いをするひとつの政府の形態である、専制君主制という概念の中に表れている。ギリシャ人にとっては、権利について語ることなく専制君主制について考えることは可能であった。たとえば、ソフォクレスの戯曲アンティゴネの中で、王はアンティゴネに反逆者であったことを理由に兄を埋葬することを禁じるが、アンティゴネは王の命令に逆らう。ただしこれは宗教上兄を埋葬する義務があったからであり、権利を主張したものではない。これを宗教的慣行の自由に関する人権劇としてみることもできるかもしれないが、ソフォクレスはそのような言い方はしていない。

　一方で、古代ギリシャ人は権利という言葉を持っていなかったというマッキンタイアの見解を否定する理由もある。アリストテレスは権利という概念もそれを表す言葉も持っていた。彼は、法制は市民に権利を付与することができると信じていた。そうした権利の中には、財産権や政治参加などが含まれていた。また、これらの権利が侵害された場合の補償や罰則も法によって定められていた。市民の権利は他方で、政治制度によって異なる形で配分されるものとされていた。アリストテレスは「権利」と訳すことができるさまざまな表現も使っている。とくに、アリストテレスが使っていた、請求を意味する「ディカイオン」という言葉は、権利に相当するといえるだろう。しかしながら、アリストテレスは人権という概念は持ち合わせていなかった。彼は、権利は法によって作られると信じ、生まれながらの奴隷は存在するとも信じていたのである (Miller, E. 1995)。

正義と権利

　ローマ法は、中世の思想に影響を与えることで、古代ギリシャにおける権利という概念と現代における権利の概念との間をつなぐ重要な架け橋となっている。フランスの歴史家であるミシェル・ヴィレーは、客観的権利（客観的な正義）と主観的権利（それぞれの権利）の間には違いがあると論じた。

ローマ法は主観的権利といった概念は有しておらず、ラテン語の「ius」という言葉は、客観的権利のみを意味するというものであったという主張である（Tuck 1979: 7-9; Tierney 1988: 4-6,15）。この主張については、ローマ法が個々人に権利を付与すること（*suum ius*）で正義を図ろうとしたことから疑義が呈されてきた。「*ius*」が客観的か主観的かに限らず、それは法的なものであり、自然に個人に付与されるものでなかった（Tuck 1979）。

　ストア哲学者が人権の概念を有していたかどうかについては、学者の間でも意見が分かれている。ソラブジは、ストア哲学者は、共通の自然法によって支配されるすべての人類に普遍的な道徳的コミュニティの存在を信じていたが、人権の概念は持ち合わせていなかった、としている（Sorabji 1993）。ミトシスは、ストア哲学は平等性、合理性、他者の道徳的自律を尊重することにより、究極的には人権を尊重することを求めていたのだ、と解釈している。しかしながら、これらの権利には、保健、労働、十分な生活水準といった現代の人権に相当する権利は含まれないであろう。ストア派はこれらの権利にはまったく無関心であった（Mitsis 1999: 176-7）。したがって、ストア派に人権という概念があったかどうかは疑わしく、仮にあったとしても、現代の人権という概念と比べて非常に限定的なものであった、といえる。

　ストア哲学は初期キリスト教に影響を与え、そのことは多様な人民層に一体性を持たせるうえで新たな基盤を与えるものとなった。しかしながら、客観的権利から主観的権利への明らかな移行が起こったのは中世になってからである。ティアニーによれば、中世の人々は権利という概念を有しており、少なくとも12世紀初頭には権利を表わす言葉もあった（Tierney 1989: 626, 629）。しかしこれらの権利は、特定の個人、地位、集団ないし階級（たとえば王、君主、司教、共同体といった）の権利であり、自然権ではなかった。一方で自然法の概念の中には、自然権は自然法によって限定されるとの考え方がある。自然権は個人の権利ともいえるが、個人であること自体から導き出されるものではなく、正しい社会秩序から導き出されるものであった（Tierney 1989）。

　12世紀の教会法辞典であるグラティアヌス教令集は、どれほどの期間囚われの身になっていたとしても決して失われることのない「*iura libertatis*」

（自由の権利）について言及している。13世紀の執筆家であるガンのヘンリクスは、すべての人間が自己保存と財産に対する自然権を有していると考えていた。13世紀の教会法の語彙は、自由、権力、権限、免除、支配について権利と訳すこともできる豊かな語彙を有していた（Tierney 1002: 63-7, 1997: 262）。

　中世後期の自然権説は、ドミニコ派とフランシスコ派の論争の中にその萌芽が見て取れる。フランシスコ派は清貧を旨としていたことから、私有財産の正統性に疑問を呈していた。フランシスコ派は、神の意志に自らを完全に捧げるためには、自らの意志と物質的所有物を放棄しなければならないと考えていた。これは、キリスト教的美徳と私有財産の両立を容認していた教会に対する挑戦であった。それに対してドミニコ派は、意志を放棄することはできず、生存のために必要な食料や飲み物を所有する必要があるのであるから、財産を放棄することもできないと主張していた。1328年、法王ヨハネ22世は大勅書「*Quia vir reprobus*」を発出し、神はアダムに世俗のものに対する所有権を与えたという立場を擁護した。財産はそれゆえ神の法によって保護されることとなった。14世紀までには、権利を有するということは自己の道徳世界の主となることだと主張することが可能となっていた（Tuck 1979; Brett 2003）。

　マグナカルタ（1215年）は、「権利」という文言を使っており、「主観的」権利を認めているようにみえる。しかし、権利という概念は当時は慣習法の一部として認識されており、マグナカルタは特定の不平に対する救済を施すためのものにすぎなかった。マグナカルタはそれゆえ、英国人の権利の法典ではなかったし、人権法といえるものでもなかった。それでもなお、現代における人権の前身であるとみなすことに、完全に意味がないとはいえない。たとえば、マグナカルタ第39条は、法による裁定もしくはその土地の法に基づかずして、自由民は逮捕されてはならない、収監されてはならない、接収されてはならない、追放されてはならない、どのような形であっても破滅に追い込んではならない、としている（Roshwald 1959: 361-4; Holt 1965: 1-2, 327）。この条文は、「自由民」の分類が王室の特権により定められるものであったことから、見かけよりも限定的なものであった。しかしながら、1354年、議会はこの条文をいかなる地位にもかかわらずすべ

ての人民に適用することを決定する（Coleman 1993: 113-14）。マグナカ
ルタは財産権に力点を置いていたが、財産権のみならずその他の権利もあ
わせて、貴族階級を超えて適用されることとなった。この決定はさらに、王
も法の対象となるという原則を確立した。これは後に限定的ではあるが政
治的法的合意から国家レベルの伝説に発展し、17世紀においては英国の
権利に関する議論を誘発するものとなった。ジェームズ1世やチャールズ1
世の神聖な権利による統治という主張に対し、エドワード・コークのような
法律家は、マグナカルタは王も法の対象としていると主張した。コークはマ
グナカルタを個人の自由に関する宣言であるとしたが、当然マグナカルタ
の起草者にそのような意図はなかった（Holt 1965; Breay 2002: 33, 46）。

自然権

　中世時代の概念である「*ius*」と現代における権利の概念をつなぐ直接的
なものはない。ルネッサンス期の人本主義の法律家は、たとえば自然権で
はなく、市民権を問題にしていた（Tuck 1979）。しかし、中世における自
然法の概念は、現代における自然権の概念に最も大きな影響を与えたもの
であった。
　14世紀、オッカムのウイリアムは、すべての人間が、生まれながらにし
て選択する力を持っていることを直感的に認識している、と主張した。人
はそれゆえ、教会や国家に決して譲渡することのできない一定の自由を有
しており、生命に対する自然権や、法制度を自発的に受け入れる自然権を
有している、という主張である。そこで、道徳的に正しいと認識されるべ
きことに従わない堕落した人間を強制的に従わせるために、法文が必要と
された。しかしながら社会的個人は、政治制度に取り込まれる前に、一定
の奪いえない権利と責務を有しており、特定の状況において何が正しい慣
習かは、正当な理性によって判断されるべきものである（McGrade 1974;
Coleman 1993: 116-17）。
　15世紀、コンラード・ズーメンハートは、人間は自分自身とその身体
に権利を有すると主張した。ブレットは、「ズーメンハートは現代の権利と
いう言葉に極めて近い消極的自由という考え方を導入した」と述べている

（Brett 2003: 42）。権利と自由という考え方は、16世紀にスペインの思想家たちによってさらに発展をみた。たとえばドミンゴ・デ・ソトは、人間の本来の尊厳は理性に従って生きることであり、そうすることにより人間は自由であることができるとともに、自律して存在することができる（*sui juris*）のだ、と考えた。政治的共同体は、誰もが生活できるように、構成員に対し権力を行使する権利を有するが、公的権利は、単なる個人としてではなく、あくまでも共同体の構成員としての個人に対してのみ適用されるものとされた。ブレットはさらに、人は個人としての権利を有するのみならず、自身の管理の下でその権利を行使しなければならず、それこそが「自律（*sui juris*）」である、と考えた（Brett 2003）。

　スペインによるアメリカ大陸征服は、カトリックの教義と国際政治に重要な問題を提起した。その正当性に関する議論は、人権の歴史の中でも大部分が看過されてしまっている。征服を正当化する者は、アリストテレスの生まれながらにして奴隷という原則をもとに、アメリカ先住民の権利をすべて否定した。こうした主張に対し、ドミニコ派修道僧のバルトロメ・デ・ラス・カサスは、アメリカ先住民はあらゆる意味において人間であり、それゆえ彼らにも土地や統治に対する権利がある、と反論した。ラス・カサスは、アメリカ先住民は重厚な文化を持っており、スペインの彼らの対する扱いを見る限り、野蛮なのはスペイン人のほうである、と説いた。ラス・カサスは、先住民個人の人権という考え方よりも彼らの集団的文化権を擁護したが、これは現代における「先住民の権利」につながるものであった。先住民の固有の権利を擁護するために自然権の考えを展開したのはビトリアであり、彼は、メキシコやインカの都市は先住民が生まれながらにして奴隷でないことを証明しており、その帰結として彼らには土地に対する権利もある、と主張した。

　スペイン・ドミニコ派の主張は、主観的権利を唱えたアクィナスの哲学に基づいていた。ヴィトリアやラス・カサスは、スペインが新世界に主権を行使する権利を保有することにも、先住民をキリスト教化することが正当であるということにも疑問を感じていた。ラス・カサスは晩年になってはじめて、アメリカ先住民は強制的にキリスト教徒にさせられるよりも、独自の文化を保持しつつ、異教徒のままでいたほうがよいかもしれない、と信じるように

なった。ラス・カサスによる実際的なアドボカシーとヴィトリアのより学術的な理論は、トマス派哲学と権利に関する後の諸理論との間の重要な架け橋となり、ヨーロッパ帝国主義を批判するための「権利」という概念に土台を与えるものとなった（Pagden 1982; Carozza 2003; Talbott 2005: 84-5）。

　権利については17世紀初頭まで2つの伝統的な基本思想があった。1つは自然的、主観的、個人的権利を強調するもので、2つ目は客観的、もしくは（あるいはそれに加えて）市民的権利を強調するものであった（Tuck 1979: 54-7; Tierney 1989: 621）。オランダ人の法律家フーゴー・グローティウスは、中世思想の現代的権利概念への発展にとって極めて重要な人物である。グローティウスは、神の意志は法であるとの主張に始まり、人間の社会性がすべての自然法の基礎となる、との考え方で知られている。人は自然権を有するが、それは社会性によって発展させられたものである、という考え方である。グローティウスは、「*ius*」は正義で、人が正しい行いをなすための能力である、と考えていた。自然の法則によって権利が規定され、それが正義となる。タックはグローティウスの思想をめぐる議論の中で、自然の法則は互いの権利を尊重するものであるから、「権利」は自然法に関する理論全体を奪うものとなった、と述べている（Tuck 1979: 67）。すべての人が、構成員の生命、肢体、自由及び財産を保護すべき共同体の助けを借りて権利を享受すべきである。グローティウスは、このような道徳的義務は、自らが属する社会の構成員としてしてだけではなく人間として負うものである、と考えていた。グローティウスはさらに、自然法は論理的には神の存在を信じることを求めるものではないと主張し、この主張は自然の法則に世俗的理論を提供するものとなった（Tuck 1979; Tirney 1989: 621-2）。

　17世紀、イギリスのトマス・ホッブスは、権利（*jus*）と法（*lex*）の間に明確な線を引いた。権利は自由であり、法は制約であるから、権利と法は互いに異なるものであるだけでなく、相反するものである。人は自然な状態において、誰もが自己保存の自然権を有する。自然の法則の下での義務と自己保存のための自然権の両方が存在する。自然状態において、人は誰に対しても闘争状態にあり、ゆえに大きな不安定状態にある。よって理性は人に対し、主権者に自らの権利を委ねることを求める。主権者が万

2　起源──自然権の盛衰 | 23

人の自己保存を脅かさない限り、万人は主権者に従う義務を追うことになる（Tuck 1979: 126-31）。

　政府を制約するためのものとして人権の概念を用いることに慣れている我々は、最も初期の現代的自然権の理論家が、合理的な個人は社会秩序のために絶対的な支配者に対し自己の自然権を放棄する、と主張していたことに驚くかもしれない。英国の市民戦争の中で、平等主義者は、個人の奪いえない権利といった概念を使い、議会はそれらを侵害している、と主張した。リチャード・オーバートンは、人は誰もみな生まれながらにして、本人の同意なくして侵害されたり奪われたりすることができない「自己正当性」を有しているのであるから、すべての政府は信託の受諾者にすぎない、と主張した。「自己正当性」という概念は良心の自由、法の下での平等な権利、少なくとも大多数の人による投票の権利を伴うものであった。ジョン・ワイルドマンは、自然権という概念は普遍的な選挙権を伴うものである、と考えた。平等主義者は、人間は財産に優先し、そのことは生存のための権利と富の分配を正当化するものである、と主張した（Roshwald 1959: 369; Tuck 1979: 148-50; Aschaft 1986: 155, 160-1, 162; McNally 1989: 35-7）。

　自然法の中に権利を設定することによって、平等主義者たちは、歴史的な制約からそれらを解放した。オーバートンは、理性はすべての先例の源泉なのであるから理性自体に先例はない、と主張した。理性に基づく議論は、マグナカルタとの関係も含め、歴史に基づく議論と混同された。自然権と歴史的議論の混同は、主張されている権利が英国人に限ってのものなのか、それとも普遍的な人権を意味しているのかについて、曖昧さを作り出すこととなった。ロシュワルトは、彼らが実際に主張していたのは英国人の権利であったが、その理論は普遍的なものであった、としている。権利の章典（1688年）は英国人の権利を擁護するものであり、普遍的な人権を擁護するものではなかった（Roshwald 1959: 366-70; Griffin 2008: 13）。

　17世紀英国における政治的絶対主義に反対する大きな原動力となったのは、人が自ら救済の道を決められるようにするために、神が人間を合理的なものにしたというプロテスタントの信仰であった。プロテスタントの理性という概念は、意志の自由、独立した行動の正当性、権威に対する反対

を伴うものであった。この立場によれば、宗教は、個人が権威に対抗するための意識的な行動を必要とするものであった。この主張は、すべての人間に共通のもの、そして、平等で自由な状態で生まれたものとして、すべての人間は理性的である、という考えに基づいていた。それゆえ、他者の絶対的な意志に服従しなければならない人間はいない。理性的な人間は、神と互いに負う道徳的義務の枠組みの中に生きていることから、自然に道徳的な共同体を構成する。理性を使うことにより、人は自然法の中に規定されている自らの義務を発見することができる。この法は義務を課すだけではなく、とくに良心の要求に従う権利といった、個人に対する権利も与える（Ashcraft 1986: 49, 66-7）。

『寛容論』の中でロックは、人間は合理的で行動的な生き物である、と主張した。宗教的な信仰は、それゆえ行動的でなければならず、行動の自由を求めるものであった。これは個人と神との関係に関わるものであることから、政治的権威は宗教の信仰を侵害すべきではないとされた。救済は究極的にはいかなる政治関係よりも重要であること、また政治的権威は宗教について過ちを犯しがちであるという2つの理由から、個人は信教の自由という自然権を有する、とされた。

ロックは、自然の法則に従ううえで個人は神に対して責任を負う、とした。すべての人が自然の法則を知ることが可能であり、合理的な存在であった。神は、種の保存を望み、他者の生命や、健康、自由、財産を傷つけること禁じた。政府が存在しない自然な状態においては、人は誰も自己を防衛する権利と、自然の法則を執行する権利を有する。すべての個人が各々の理由に従って判断するので、誰もが自分の利益を優先させ、そこに対立が発生する。合理的な個人は、それゆえ、自然の法則を執行し、自然の法則に従ってすべての個人の自然権を保護し、公共の利益を促進することを委託された政府の下で生きることに同意する。この信託に違反した、ないし組織的、継続的に市民の権利を侵害した政府は、専制政権であり、支配する権威を失うか、あるいは力による市民からの抵抗を受けることとなる。

ロックは、自然権の概念について極めて個人主義的な理論家である、と通常解釈されている。この解釈は、ロックによる個人は神に対して基本的な義務を負っており、理性を有し、他者の自然権を尊重するという義務に

よってのみ制限される自由という自然権を持つ、との信念によって支えられるものである。しかしながらロックは、神の人間に対する意志及び人間の自然権の保護は、政治共同体の下においてのみ保護されることができ、そうした共同体は公共の利益のために統治されるべきものである、と述べている。それゆえ、ロックの政治理論では、個人の自然権と社会の集団的利益の間に解決できない対立が存在することとなる。神の意志と人間の理性というロックの理論の根本は、個人的権利と公共の利益は相互に両立可能である、という彼の信念に基づいている。

　ロックは、個人はそれぞれ自ら自身、自らの労働、そして自らの労働の産物に対する所有権があると考えた。労働は私的財産権の基礎であった。ロックの財産に関する理論は、長年にわたって議論の焦点となっている。C. B. マクファーソンはロックを、「所有的個人主義」とブルジョア階級の利益擁護者と解釈した（Macpherson 1962）。ロックの批判者は、ロックの権利に関する理論が、キリスト教的自然法の枠組みの中にあり、財産権は共同の利益と人間の利益のために作られた道徳的義務を前提としている点を指摘してきている。ロックの財産に関する理論は、明らかに富の多大な不平等を許しているが、同時に誰に対しても生存のための自然権を与え、余分な富を蓄えている者には自力では生存のための要請を満たせない者を助ける義務を課している（Tully 1980, 1993; Aschcraft 1986; Waldron 1988）。

　ロックの財産擁護論をイギリスの植民地主義に対する彼の支持と関連づける学者も複数いる。トゥリーは、ロックがアメリカを自然状態の地と信じていた、と解釈する。ヨーロッパは、生産的な農業様式を有し、近代的で財産法もあったが、アメリカはこれらのうち何もない。それゆえヨーロッパは、原住民の同意なくしてアメリカの土地を専有する権利があった（Tully 1993: 129, 141-5, 151-64）。この見方によれば、ロックは、ヨーロッパの帝国主義を正当化するために自然権の概念を使っていた、ということになる。ヴィトリアとラス・カサスはまったく逆の見方をしており、自然権理論をヨーロッパ帝国主義に反対する根拠にしていた。

革命の時代

1689年の名誉革命の後、急進的な平等主義の自然権信奉は沈静化したが、ロックの基本思想である立憲君主制、生命、自由、財産の権利は、自由主義のウィッグ派のイデオロギーの一部となった。18世紀後半、急進的ウィッグ派は国民の改革する権利を訴えたり、国民の権利を保護しなかった政府の解任を求めるなどした。良心の自由に関する自然権は、国家は信教を理由にいかなる者も差別してはならないとし、世俗国家においては誰もが平等な市民であるとの原則を伴うものである、と考えられた。急進派の中にはわずかではあるが、メアリ・ウルストンクラフトを筆頭に、女性の自然権を訴える者もいた（Dickinson 1977）。

自然権の概念は、18世紀のアメリカにも普及した。アメリカは信教の自由の保護を政治的自由と結びつけた。イギリス政府は専制的であるというアメリカ人の見方、及びイギリス政府内にアメリカの代表者がいないという事実は、抵抗運動を正当化することを容易にした（Dickinson 1977: 225; Bailyn 1992）。ロックはアメリカの独立運動に影響を与えたうちの一人にすぎなかったが、アメリカ独立宣言（1776年）は確実にロックの思想を反映している。

> 我々は、以下の事実を自明のことと信じる。すなわち、すべての人間は生まれながらにして平等であり、その創造主によって、生命、自由、及び幸福の追求を含む不可侵の権利を与えられているということ。こうした権利を確保するために、人々の間に政府が樹立され、政府は統治される者の合意に基づいて正当な権力を得る。そして、いかなる形態の政府であれ、政府がこれらの目的に反するようになったときには、人民には政府を改造または廃止する権利がある。

バージニア権利章典には、国家の介入から保護されるべき権利として、報道の自由、信教の自由、法の適正な手続に基づかずには自由を奪われない権利といった特定の自由権が盛り込まれていた。1791年にアメリカ権利章典が、アメリカ合衆国憲法の修正条項として制定された。この権利章

典には、信教の自由、報道の自由、表現の自由、集会の自由、不当捜査・押収に対する保護、自らに不利な証言を強要されない権利、法の適正な手続に対する権利が盛り込まれていた。これらの権利はすべて、英国の権利という歴史的先例を踏襲したものであったが、神の法に基づく自然権を主張することによって正当化された。神への言及はあったものの、独立宣言は自然権の概念をほぼ完全に世俗化するものであった。アメリカ人は、権力の分離を規定した憲法は自由の土台となると信じる強固な憲法主義者であった。独立時におけるアメリカの自然権には、女性の権利は含まれておらず、一般的にみて奴隷制とも整合するものとみなされていた。先住民保護についてもほとんど盛り込まれていなかった（Dickinson 1977; Bailyn 1992; Griffin 2008: 13）。

　18世紀に徐々に発展した自然権の概念の世俗化は、重要な哲学的問題を惹起した。道徳性と政治の原則は、理性によって自然から導き出されなければならなかったのである。18世紀後半、世俗的自然権の思想家はこれを可能と考えたが、その論拠はしばし脆弱なものであった。

　この時代において、権利に関する最も偉大な哲学者はエマニュエル・カントであった。カントは、同意や総意でなく理性に訴える自然法こそがすべての権利と義務の根源である、と主張した。自然法の至上の原則は、定言命法であった。定言命法とは、すなわち各個人が行動を決定する際、その行動が普遍的な法則となることを希望する限りにおいて、行動を正当なものとした。誰もが自己の人間性によって自由に対する固有の権利を有した。市民の条件が整えば、すべての自然法は公法となるはずであった。自由に対する固有の権利は、表現の自由や結社の自由といった、人権の基礎を提供するもととなった。定言命法は、誰しも他者を自己目的のために利用してはならないことを要求した。このことは、誰もが他者の尊厳を認めなければならないことを意味した。カントにとって、権利は、利益の保護や幸福よりも自由のためのものであった。権利の完全性は、自由の正当な配分であった（Ellis 2005: 39, 184; Brown 2006: 663-4）。

　自然の状態では、権利に対する主張の妥当性は不確実なものであった。権利を主張する者は誰もその主張の妥当性を決定する権利を有していないため、公平な者だけがその権利を有することができた。紛争を解決する権

利を有した者は、自然法に従ってそれをなさなければならない。権利を取得するために必要な条件は、誰もが他者の権利を尊重すると保証することであった。この保証は、外部からの強制によってのみ与えられることができた。権利を規定する法を作成、適用、執行する至上の権利を持つ人間のいる市民社会のみが、十分な権利の保証を制定することができた（Brown 2006: 655）。

　自由に対する固有の権利は、財産権を伴うものであった。あるものを最初に物理的に保有した人物がそれに対する権利を取得したが、そのような権利は暫定的なものであった。市民社会の下では、取得した財産にかかるすべての権利は、権威による法の認定や適用に依存していた。私有財産に関する権利はあったが、必ずしも、たとえば資本主義といった特定の所有形式に関わるものではなかった。国家は、基本的要求を満たせない人々を助けるために、財産保有者に課税する権利を有していた。

　カントは、彼の主張する自由の原則が、いかなる国家（民主主義国家をも含む）であっても国家の正当な権威を制限するものであったことから、民主主義者というよりも自由主義者であった。政府の責務は、すべての人の自由を保護することであり、幸福や宗教を促進することではなかった。カントは、女性は市民には適していないと信じていたが、その根拠は脆弱なものであった。彼は一般論では革命に反対したが、フランス革命の原則は、法の下での共和政体による自由であると信じたことから、それを支持した。カントは、国際的な公正と平和は自由な共和国による連合を通じてのみ達成できる、とも論じた。力もしくは欺瞞によってもたらされた植民地主義は、不当なものであった。世界市民法を制定し、国籍にかかわらずすべての人間の権利規定を設けることを論じた（Ellis 2005: 95; Brown 2006）。

　賛成する者にとって、カントの普遍主義は人権に強固な支持を与えるものである。しかしカントの批判者は、カントの普遍的理性の概念が道徳的多元論を拒絶していることから、潜在的に権威主義的、帝国主義的なものとして、また幸福よりも自由を優先していることから、非人道的であるとみなした。カントの法の下における自由の原則は、資本主義と国家の是認として、またそれゆえに、見かけほど人権を保護するものでない、とされることが多い。定言命法は、まさにカントが除外しようとした文化的要素抜き

では中味のないものである、と批判されている。カントの説明は、それが包括的な道徳理論を提示するものであることから、人権の概念よりも広いものであると解釈されると同時に、逆に、自由を人間の利益に優先させていることからより狭いものである、とも解釈されている。したがって、カントの理論の利点及びその人権との関係には見解の相違がある（Hunter 2001: 308, 311; Ellis 2005: 17; Saurette 2005; Brown 2006: 665-6; Griffin 2008）。

　カントの哲学の根拠及び論理に議論の余地がある一方で、18世紀後半の自然権提唱者は、自然権の根拠や論理に多くの注意を向けることなく、主張する傾向にあった。自然権の批判者は、自然権提唱者の論拠の乏しさを嘲笑した。自然権を文化横断的なコンセンサスから導き出そうとする試みは、そのようなコンセンサスが存在しないという証拠によって阻害された。18世紀後半において自然権は、アメリカ独立戦争によって実際的な勝利を収める一方で、不安的な理論的基盤の上にあった。

　フランス革命が1789年に勃発したとき、新たに形成された国民議会は、新しいフランス憲法が基本とすべき原則を規定するための「人間と市民の権利の宣言」（フランス人権宣言）を公布した。この宣言の中で、人間の自然権の保護はすべての政治結社の目的である、とされた。これらの権利とは、自由、財産、安全、そして圧政への抵抗の権利であった。この宣言は、法の下の平等、恣意的な逮捕からの自由、無実の推定、表現及び信教の自由、他者を害さない限りにおいていかなることもなしうる一般的自由、そして、財産の所有権を確認するものであった。宣言された権利は、制限や条件によって繰り返し制限され、法の支配の下に置かれた。個人の自然権と社会秩序の要請は、革命家間のイデオロギー的相違に深く反映された（Backer 1994: 192-3）。

　フランス人権宣言は、市民の総意の名の下に遂行された革命によってなされたものであったが、革命政府は、新たな秩序の安定を脅かす多くの実際的問題に直面した。そして、人間の権利宣言から恐怖統治への革命の退行には、理論的及び実際的な原因がいくつもあった。深刻な実際的問題に直面する中で、個人の自然権、国民主権、そして公共の利益に対するコミットメントというイデオロギーの混合は、それらのどれをも保護するのに不

十分であった。

　フランス革命のイデオロギーは、平等主義の観点から表現されていたが、平等な権利の理論的概念はさまざまな形の不平等が存在する社会において実行されなければならないものであった。フランス革命は3つの観点からアメリカ独立戦争よりも平等主義的であった。フランス革命の中で、労働、教育、社会保障といった経済的及び社会的権利が宣言された。女性の権利に関する問題も、とくに1791年に女性と市民の権利宣言を公にしたオランプ・ド・グージュによって提起された。しかし、女性の人権・市民権に対する要請は国民議会で否決され、ド・グージュは1793年にギロチンにかけられて処刑された。こうして女性の権利という考えは抑圧された。また、革命家は奴隷制も廃止したが、ナポレオンはこれをすぐに復活させた。

　フランス革命に触発されて、過去に例がない改革を望んでいたイギリスの急進派は、歴史的な権利を訴えるのではなく、人間の権利に関する新たな概念を採択した。トマス・ペインほどフランス革命の重要性を普遍化しようとした者はいなかった。彼は、人間の権利は人類に新たな時代を約束するものである、と主張した（Dagger 1989:301）。人間の権利は、人間が人間であることで有する権利であった。人間は、社会にも国家にも負うものはなかった。国家は、個人の自然権を保護するための組織としてのみ価値があり、その範囲内でのみ市民に義務を課することが許されていた。ペインによる自然権の概念は、妥協のない個人主義、普遍主義であった。人間の権利は、いつでもどこでもすべての人間の権利であった（Paine 1988: 171; Roshwald 1959: 347, 375-8）。

　またペインは、自由で商業的な社会は、それによって生み出される富の不平等はあっても、個人の権利と公共の利益の双方を確保しうる方法で、政治的民主主義と結びつけることができる、と信じていた。女性の投票権については一度も考慮しなかったが、個人の理性を政府の基礎とする彼の主張は、彼をロックよりもより強固な国民主権信奉者にした（Philp 1989; Dickinson 1977）。

　ペインは、歴史のどの時点も権利の基礎として他の時点に優位性を持たないのであることから、歴史に基づく権利論は擁護しえない、と主張した。彼は、尊厳な人類の創設にのみ人権の起源がある、と論じた。平等の権

2　起源──自然権の盛衰　31

利は、誰もが他者に対する義務を満たすための動機を与えるのに必要とされる。権利のシステムは必然的に義務のシステムであり、我々すべてが権利を有するのであれば、我々すべてが他者の権利に対して義務を持つものであった。権利に神聖な起源があるという側面はあるものの、人間の権利に関するペインの理論は理性に基づいており、それゆえ人権の世俗的概念を支持するものであった (Paine 1988: 65-70, 114; Philp 1989)。

ペインは、市民社会を相互協力的で進歩的なものとみなし、政府による規制の必要性を限定的なものとみていた。むしろ、国家の本質は抑圧であった。市民社会がより複雑に発達するにつれて、国家による略奪行為からの保護を必要とするとともに、その保護を確保する能力も有した。ペインは、自己利益追求は市民社会では正当なものであるが、それは政治領域の中で公共の利益に従属されるべきものである、と考えた。

ロックのように、ペインも理性や能力の産物である限りにおいては富の不平等性を受け入れたが、ペインはロックよりは貧困の悲惨さを憂慮した。ペインはその著作『人間の権利』及び『農地の公正』の中で、革新的な課税制によって支えられた公共の福祉制度のための提案を行った。彼は、最低限の福祉にかかる公的保障は自然権を侵害するものではまったくなく、すべての権利を保障するものである、という社会民主主義の主張を先取りしていた (Philp 1989)。

自然権の衰退

18世紀の終わりには、自然権の概念は保守派からは平等主義的、破壊的すぎるという理由から反発を受け、急進派からは富の不平等を認めすぎているという理由から反発を受けた。神学的基盤が弱まったことにより、哲学的根拠が不確かなものとなってしまった。フランス革命は、保守派の懸念を裏づけるものに思われた。イギリスにおいて、フランス革命は自然権の概念への信頼を失墜させたが、改革への流れを止めることはなかった。保守派と改革派は、それゆえ異なる動機から自然権の代わりとなるものを求めていた。

エドマンド・バークは、自然権の概念を完全には拒絶しなかった。彼は、

生命、自由、良心の自由、労働の成果、財産、そして法の下での平等に
関する自然権を認めた。しかしながら、バークは自然権を、よくても役に立
たない形而上的な抽象論、悪くて社会秩序を破壊するものとみなした。バー
クは、政治は複雑な状況における判断を伴う実際的な活動であるべきと
信じていたため、公共政策における抽象的、神学的考えを信じるのに値し
ないものとみなした。フランス革命の人間の権利という信条は、単純で教
義的であるがゆえに危険であった。

　バークは、自然法の理論には同意したが、自然権の概念の普遍性につい
ては、それが国民的、文化的多様性を無視していることから反対した。彼
の文化相対主義は、暴政に耐え忍ばなければならなかった人々にはほとん
ど何ももたらさなかった。バークは、アイルランドにおけるプロテスタント
支配のような、がまんできないと彼が考える暴政を分析する際に、自然権
の概念を引用した（Freeman 1980）。

　ジェレミ・ベンサムは、バークよりもさらに完全に自然権の概念を拒絶し
た。ベンサムは、合理的な理屈に基づいて法を設定すべき、と考えた。こ
れはすなわち、曖昧で、虚構でしかない概念はすべて排除することを意味
しており、自然権の概念はこの双方の要素を有していた。自然権は、自然
法から導き出されるとされていたが、それは虚構であった。ベンサムは、
自然権が神聖法の概念から切り離されたことにより基盤を完全に失った、と
論じた。彼にとって、権利とは法的権利のことであった。快楽と苦痛の存在
こそが合理的な法を作るにあたっての土台であり、倫理と政治の目的は、
最大多数の幸福もしくは公共の利益であった。これが法の功罪を評価する
うえでの客観的基準である功利の原則であった。法的権利は公共の利益に
貢献する限りにおいてのみ有効であった。自然権は馬鹿げているだけでな
く、社会を不安定化させる、危険なものでもあった。自然権に対する希求
は漠然としたものであったから、それをめぐる紛争は往々にして暴力による
解決を必要とした。ベンサムは、それがフランス革命における人間の権利
と暴力の併存を説明するものである、と信じた。また、ある権利に対する
要求と他の権利に対する要求が両立しない可能性があることから、絶対的
な権利など存在するはずがなかった。しかし、権利の範囲を限定するとす
れば、それには、権利を制限し権利間の衝突を解決するための明確な基

準が存在しなければならなかった。功利の原則が、公共の利益に対する相対的な貢献度という観点から権利を評価できるのに対し、自然権の理論は、権利を制限するに十分明確な説明を与えるものではなかった。自然権の魅力も危険性もその単純な独善性にあり、社会の複雑な環境で一般原則を実施することに伴う帰結を考えるという、知的作業を拒否することにあった。ベンサムにとっては、功利の原則こそが受け入れられるべきものであり、自然権は拒否されるべきものであった（Waldron 1987: 35-43）。

　19世紀、功利主義は、イギリスにおいてもフランスにおいても改革の理論的基礎として自然権にとって代わるものとなった。イギリス同様、フランスにおいて、自然権という概念と功利主義は、相互に両立するものと考えられていた。革命が進むにつれて、フランスでは、自然権は無秩序なものとみなされるようになっていった。夢想家（イデオローグ）として知られる哲学者のグループは、人間の権利という考え方を捨てて、幸福を促進することを目的に、いかにして心理学を基礎に社会を再構築できるかを示そうとした。しかし彼らは、その心理学的理論を説得力のある方法で政治に転換することはできなかった（Welch 1984）。

　この心理学的アプローチとは対照的に、フランスの社会科学の関心は、政治権力と自然権に対する関心から、経済に対する関心へと移行していった。経済学こそが、自然権がなしえなかったことをできるであろう、と期待された（Welch 1984）。サン・シモンは、政治よりも社会と経済を、個人よりも集団を、哲学よりも科学を優先させる、科学を基本とした産業社会構築のための提案を行った。自由主義的な政治哲学は置き去りにされた。財産の権利に関するロックの理論は、物質的生産の法則へと転換された。サン・シモン主義者は、産業社会における功利主義が社会主義を要求するものである、と結論づけた。フランス革命時代の自然権信奉者に無視された貧困という問題は、組織化された労働階級運動へと形を変えていった。

　カール・マルクスは、人間の権利は共同体から切り離されたエゴイストの権利である、と論じた。人間の権利という概念では、社会は個人の外にあって自然な自由を制限するものとされていた。人間の権利は普遍的なものであるとされたが、実際には、ブルジョア階級の利益を代弁し、個人の権利を強調することによって、階級社会にはびこった構造的な不平等を覆

い隠すものであった。さらに、人間の権利の下では、個人同士は実際ないし潜在的に敵であると考えられており、それは資本主義の下では実情かもしれないが、自然のものでも普遍的なものでもなかった。人間の権利は、前社会的、自律的個人を自然とし、政治を自然権といわれるところのものを単に保護する手段としてしかみなさなかった。このブルジョア的な自然権の概念は、労働、生産及び富といったものの、人間の福祉のための根本的な重要性を無視していた。人間の救済は、それゆえ社会主義経済にあると考えられた（Waldron 1987: 126-32; Dragger 1989: 302-3）。マルクスは、共産主義社会が自然権を完全に必要としないのか、それとも、権利の概念からブルジョア的なものを排除しさえすればいいのかについて、明確ではなかった。20世紀において、共産主義国がマルクス主義、そして個人の権利の否定とともに発展したことは、マルクス理論の深刻な欠陥を浮き彫りにするものであった。個人の権利は国家権力から保護されなければならないというネオ・ロック主義的な考えは、実際の共産主義社会における政治の中で重要な役割を果たした。

19世紀及び20世紀初頭、社会主義の生みの親であるマルクス、ウェーバー、デュルケームは、近代産業資本主義によってもたらされた劇的な社会変革に感銘を受け、これを可能にした巨大な歴史的勢力を理解しようとした。個人や個人の自然権はその分析に含まれなかった。初期の社会主義者は、社会を科学的に理解すべき自然の存在と認識し、倫理原則によって形作られる人工の創造物ではないと考えていた。まさにそのような考え方の中で権利の概念が生まれたわけであるが、それは倫理的政治的行動を誘発するための基本的な哲学的分類としてではなく、むしろ、社会科学によって説明されるべき観念的な構造物としてであった。権利という概念はアメリカ合衆国憲法には生き残り、トクヴィルやJ. S. ミルやウェーバーといった思想家たちは、巨大な官僚的組織の時代に個人の自由について懸念した。しかしながら、先述のとおり、社会改革のための運動の原動力としては、功利主義が自然権にとって代わっていた（Waldron 1987: 17-18）。その一方で、労働者階級と社会主義運動は、経済的・社会的権利の獲得に向けて極めて重要な役割を演じた。

19世紀後半、個人の権利という概念は生き残ったが、自然権としてより

もむしろヘーゲルのような哲学者によってもたらされた功利主義的、もしくはネオ・アリストテレス的な基盤に基づく公共の利益に資するものとしてであった（Dragger 1989: 303）。奴隷制、少数者、植民地支配といった、ある種の現実政治的問題が、人間の権利として議論され、フランス人権連盟などといった現代の人権NGOの前身が設立された（Waldron 1987: 154）。女性の社会的政治的権利を訴える運動や、社会主義運動、戦時における人道法の発展といったその他の社会運動や動きは、その後の人権に重要な基盤を与えた。これらの動きは2つの観点から重要であった。第1に、今で呼ばれるところの経済的及び社会的権利の前身となるものをもたらしたことであるが、それ以前の時代においてこれらの権利が無視されてきたと考えるのは誤りであり、生存権などはおそらく最も古い人権問題のひとつである。第2に、技術の進歩により移動や通信にかかる時間がより短く簡単になったことで、NGO間の国際的団結が開拓されたことである。

　第1次世界大戦は人道的惨事であったが、経済的及び社会的権利、女性と少数者の権利、帝国主義に対する民族自決権を発展させるきっかけとなった。戦争末期には国際連盟が設立され、植民地における公正、少数民族、労働者の権利、奴隷制、女性と子どもの権利、難民の苦境などの問題が取り上げられることなった。しかし、国際連盟規約は人間の権利に言及していなかった。日本は人種の平等の原則にかかる条項を提案したが、アメリカとイギリスの働きかけにより、盛り込むことはできなかった。国際連盟は結果的に頓挫し、人間の権利（Rights of Man）を人権（Human Rights）として再び蘇らせるには、ナチスの蛮行を待たねばならなかった。

1945年以降
権利の新たな時代

国連及び人権の復活

　1948年12月10日に国連総会が世界人権宣言を採択して以来、人権は現代政治において広く知られた概念のひとつとなっているが、歴史的観点からすると、これは驚嘆すべきことである。最近まで疑わしいとされていた概念が異例の復活を遂げ、さらには欧米的なものであるとみなされていたにもかかわらず、グローバルなものとなったのである。フランス革命から第2次世界大戦までの期間は、人権概念にとって暗黒時代であった。現在、我々は人権概念の第2の時代にいるのである。

　19世紀中、人間の権利という概念の信頼性は大きく損なわれたが、こんにち我々が人権問題と呼ぶ関心事項は、奴隷貿易、奴隷制、人種差別及び植民地主義の反対運動や、労働者の権利、人道法、少数者の保護及び女性解放のための運動を通して展開され続けてきたことを第2章において確認した。1890年、奴隷貿易を禁止する国際条約が締結され、奴隷制そのものを廃止する条約は1926年に起草された。国際労働機関（International Labor Organization: ILO）は労働者の権利に関する問題に取り組み、国際連盟は難民及び少数民族の問題解決を試みていたが、少数民族に関する条約はごく一部の国家にしか適用されず、その大部分は失敗に終わった（Donnelly 1989: 210; Thornberry 1991: 38-54）。

　人権の概念は、第2次世界大戦の間に連合国側の言説の中心となった。

1941年1月6日、ルーズベルト大統領は、毎年恒例の一般教書演説において、言論と表現の自由、信教の自由、欠乏からの自由及び恐怖からの自由という「人類の普遍的な4つの自由」に基づいた世界観を示した。彼の提唱した「自由」は「あらゆる場所で人権が最高位にあることを意味する」（Franklin D. Roosevelt Presidential Library and Museum）。1941年8月のルーズベルトとイギリス首相、ウィンストン・チャーチルとの共通の目的に関する会談では、大西洋憲章として知られることとなる8カ条が宣言された。同憲章は、共通の目的としてとくに、「すべての国のすべての人類が恐怖及び欠乏から解放されてその生命を全うすること」を保障するような平和の確立を挙げている（Avalon Project）。1942年1月1日、連合国共同宣言において、連合国各政府は、勝利が「人類の権利及び正義を保持するために」不可欠のものであると主張した（Nickel 1987: 1; Morsink 1999: 1）。ルーズベルト大統領は、1944年1月11日の一般教書演説において、健康、教育、労働、衣食住及び休暇に関する権利を含む「第2の権利章典」を公表した（Newman and Weissbrodt 1996: 49-50）。

　しかし、人権概念が復活した直接の理由は、第2次世界大戦中のナチスの残虐行為が広く知られたことであった。19世紀の間中、自然権概念を軽視した功利主義や科学的実証主義という2つの体系もナチズムの残虐性の説明としては不十分であり、人権という言葉を用いるほうがより適切に思われた。ナチスの指導者を裁いたニュルンベルク裁判は戦争犯罪に限定されたものであったが、人権概念に対して肯定的な状況を生み出した。

　戦時中に掲げられていた原則に従い、新しい世界秩序の確立をめざして国連が設立された。主に中南米、欧州及び第三世界の小国やNGOが国連による人権への強いコミットメントを要求したが、大国、とくにアメリカ及びソ連が反対した。それでもNGOによる断固としたロビー活動も功を奏して、1945年のサンフランシスコ会議では、国連憲章中に多くの人権に関する条文が盛り込まれることとなった（Cassese 1992: 25-7）。

　国連憲章の前文は、国連の目的のひとつとして「基本的人権と人間の尊厳及び価値と男女及び大小各国の同権とに関する信念をあらためて確認」することを挙げており、同憲章第1条は「すべての者のために人権及び基本的自由を尊重するように助長奨励することについて、国際協力を達成す

ること」を国連の主要な目的のひとつであるとしている。第55条において
は、国連が「人種、性、言語または宗教による差別のないすべての者のた
めの人権及び基本的自由の普遍的な尊重及び遵守」を促進しなければな
らないと定め、第56条では、すべての加盟国が、第55条に述べられてい
る目的の達成のために、国連と協力して、共同で及び個別に行動すること
を誓約している。また、第68条は、経済社会理事会（経社理）が、経済
的及び社会的分野における委員会、及び人権の伸長に関する委員会を設
立することを規定しており、同条に基づいて、同理事会は世界人権宣言を
起草する人権委員会を設けた。そして、第62条により、同理事会は「人権
……の尊重及び遵守を助長するために、勧告をすることができる」とされ
ていることから、国連総会に対して、世界人権宣言を採択し、公表するよ
う勧告したのである（Robertson and Merrills 1996: 25-6; Morsink 1999:
2-4）。

　これらの条文は、国連に対して「本質上いずれかの国の国内管轄権内に
ある事項に」干渉する権限を付与するものでないとした同憲章第2条第7項
により制限されているが、人権侵害がこのような事項に該当するかどうかと
いう問題は、人権に関する法及び政治において最も議論されていることの
ひとつである。国連は、南アフリカにおけるアパルトヘイトに関して根強く
懸念を示してきており、このことは、国連設立当初から、国際社会におい
て十分な意志とコンセンサスがある場合には、同憲章第2条7項により国
際的な行動が妨げられないことを示している。同条項は、国連総会におい
て人権問題について議論されることを特段禁止しておらず、人権侵害を調
査する手続の確立も妨げていないが、その実効性に関しては障害となる可
能性がある（Cassese 1992; Robertson and Merrills 1996: 31）。

世界人権宣言

　人権擁護者たちが世界人権宣言をまるで聖典のようなものであるとする
一方で、同宣言を悪しき価値観に関する稚拙な文書だと批判する者もいる
ことから、同宣言がどのように作られたかを論じることは有意義である。カ
ナダの法律家であったジョン・ハンフリーが、各国の憲法を比較した調査

に基づいて同宣言の第1草稿を作成し、人権委員会はその後、約2年間で81回の会合を行った。最終草案はほぼ満場一致で承認され、社会、人道及び文化に関する国連総会第3委員会は、1948年9月から12月の間に100回以上の会合を行った。この過程において1,233票もの票が投じられている。同委員会は結局、賛成29、反対0、棄権7で同宣言を採択し、1948年12月10日の国連総会では、賛成48、反対0、棄権8（6つの共産主義国、サウジアラビア及び南アフリカ）で同宣言が採択された。このように、ほとんどの国連加盟国が同宣言の大部分を支持していたが、その多くは欧州、北米及び南米とアフリカ及びアジアの数カ国であった。

　世界人権宣言の起草及び承認過程において、主導的な役割を担った諸国家は植民地帝国であり、世界の人口の多くはその植民地支配の下で生活していた。同宣言の採択以後、アフリカ及びアジアから圧倒的な数の国家が新たに国連に加盟し、加盟国数は3倍以上になったが、このことは、同宣言がこれらの新たな加盟国に対して適用可能であるかどうか、という問題を提起する。この関係で、1948年当時においてでさえ、国連には資本主義国家及び社会主義国家が加盟していること、またアメリカのような富裕国からエチオピアのような貧困国までが加盟していること、さらにクリスチャン、ムスリム、ヒンドゥ教徒または仏教徒が多数を占める社会が含まれているということは注目に値する。欧米諸国は有力であったであろうが、「第三世界」の国家もまた、植民地主義及び人種差別主義に対抗する手段、及び社会正義の促進の手段として、この人権のプロジェクトを強く支持したのである。同宣言の最も革新的な特徴——たとえば、人種平等、ジェンダー平等、ならびに経済的及び社会的権利——に関して、主要な欧米諸国はさまざまな形で懸念を示したが、それ以外の国家により推進された。「欧米諸国」がそれ以外の国家に人権概念を押しつけたという、一般に多く見られる見解は、歴史的に誤っているだけではなく、欧米諸国の人権へのコミットメントを誇張している（Morsink 1999; Cassese 1992; Waltz 2001: 65, 70-2）。

　重要な点は、世界人権宣言作成に参加した諸国家の性質及び参加した動機を、参加した理由と混同しないことである。世界人権宣言は、ナチスが行ったような残虐行為の再発を予防することを意図しており、このことは前文第2段落に「人権の無視及び軽侮が、人類の良心を踏みにじった野蛮

行為をもたらし」たと述べられていることに表れている。人権委員会は、国連加盟国の宗教、哲学及びイデオロギーの多様性については容認する一方で、人権の哲学的基盤に関してはほとんど関心を示さなかったが、ナチズムが理論及び実践において人権を侵害したことを考慮し、国連がナチスのイデオロギーとは反対の人権概念を採用したことは、間違いなく、ある種のネオ・ロック哲学理論とさえいえる。「自然権」ではなく「人権」という用語が用いられた背景には、実際に基礎となる権利に関して、議論を排除する狙いがあったと思われる (Morsink 1999: 283, 294-6, 300-2)。同宣言は、伝統的な、しかし、論争の的となる自然権の基盤について触れておらず、新たな基盤を示していない。その戦略は、基本的価値及び信仰に関する合意を追求することなく、基準に関して合意を追求することであった (Nickel 1987: 9)。しかし、人権概念は欧米自由主義の伝統として位置づけられるロックの自然権概念に大幅に類似しているため、人権が西洋のものであり、さらには自由主義的なものである、という二重の議論を呼んでいる。影響力のある人権概念は、多くの人々を惹きつける一方で、哲学的基盤を欠いているといわざるをえない (Waldron 1987: 151, 166-209)。しかし、いかなる概念でも、その哲学的基盤を見出すのは困難であり、ある概念が哲学的には議論の余地を残すものでありながら、道徳的及び政治的には依然として有用であることもしばしばみられる。敢然とナチスに対抗した人々の行為は哲学的な基盤を欠いているが、そのことによって当該行為が悪いものとはならない。

　世界人権宣言において、義務よりも権利、集団的権利よりも個人的権利、経済的、社会的及び文化的権利よりも市民的及び政治的権利が強調され、また帝国主義の問題に関する明示的な懸念が欠落していることから、欧米の不公平な判断を露呈しているとされている (Cassese 1992: 31)。しかし同宣言は、19世紀及び20世紀初頭にいくつかの産業国家において勝ち取られてきた、労働、健康及び教育に対する権利などの経済的及び社会的権利を含んでいる。ドネリーは、同宣言が市民的及び政治的権利を優先している、という見解自体に異議を申し立てている (Donnelly 2007b: 38)。

　世界人権宣言は国家に法的責任を課すことを意図しているのではなく、国家が努力するよう期待される目標を設定している (Robertson and

Merrills 1996: 28-9）。しかし同宣言は、一応の説得力を持って普遍性を主張しうる、道徳的及び政治的原則に関する初めての宣言である（Morsink 1999: 33）。ロックの理論及びフランス革命後の宣言は、原則として普遍的なものであろうが、国連で採択された世界人権宣言は世界規模の政治勢力により支持されたものであり、いかなる哲学的な限界を有しているとしても、顕著な法的及び政治的影響力を有している。第2次世界大戦以前は人権に関する国際法はほとんど存在しなかったが、現在では約200の人権に関する法的な国際文書が存在し、そのうち65の文書が世界人権宣言に依拠している。同宣言に依拠して、抑圧、不公正及び搾取と闘う国際的、そして国内で運動を行っている政治活動家も多数いる（Morsink 1999: xi-xii, 20）。

　世界人権宣言第1条は、すべての人間が「生れながらにして自由であり、かつ、尊厳と権利とについて平等である」ことを明らかにしている。また、「人間は、理性と良心とを授けられており、互いに同胞の精神をもって行動しなければならない」としている。これはロックとフランス革命の影響を受けていると同時に、従来の古い自然権理論ではなく、ファシズムに対する自由主義の反撃でもある（Morsink 1999: 38）。第2条は、すべての者が「人種、皮膚の色、性、言語、宗教、政治上その他の意見、国民的若しくは社会的出身、財産、門地その他の地位又はこれに類するいかなる事由による差別をも受けることなく」同宣言に掲げられた権利及び自由を享有することができる、と述べている。これは、人権概念が平等主義的であることの明言であり、この点は伝統的な自然権の思想家が曖昧にしていたところである。また、ナチスの人種差別的なイデオロギーの完全な拒絶でもある（Morsink 1999: 39）。同条に関しては、すべての者が法の前に平等であること、及びいかなる差別もなく法による平等の保護を受ける権利を有することを規定した第7条において詳述されている。第3〜5条は「身体保全の権利」と呼ばれることもある権利を規定している。第3条は、生命、自由及び身体の安全に対しての伝統的な権利についてあらためて述べており、第4条は、奴隷、奴隷制度及び奴隷取引を禁止している。第5条は、「拷問又は残虐な、非人道的な若しくは屈辱的な」取扱いもしくは刑罰の禁止を規定している。現代社会において、拷問は広く非難され、禁止されてい

るが、「残虐な、非人道的な若しくは屈辱的な」という文言の解釈に関しては議論が続いている。

　第6〜12条は、法的な扱いに関する権利を定めている。特定の文脈で適用される場合はともかくとして、一般論として、これらの条文について議論はあまりない。しかし、法的権利と社会的及び3権利のバランスに関しては、尊厳ある人生への積極的な貢献よりも、国家に対する私人の法的保護を重視してきた欧米における人権の歴史に過度に影響されている、という批判がある。

　すべての者が「迫害を免れるため、他国に避難することを求め、かつ、避難する権利を有する」と定める第14条は、ナチスのユダヤ人に対する処遇の影響を受けている。近年、深刻な人権侵害から難民の流入が生じ、人権の擁護者であると主張する多数の国家が、同条に基づく外国人の権利を保護することに消極的なことから、庇護権は最も重要な人権のひとつである一方で、同時に論争の的となっている。

　第16条においては、成年の男女が「人種、国籍又は宗教によるいかなる制限をも受けることなく、婚姻し、かつ家族をつくる権利を有」し、「婚姻中及びその解消に際し、婚姻に関し平等の権利を有する」とされ、また「婚姻は、両当事者の自由かつ完全な合意によってのみ成立する」とされている。これは婚姻に関する自由主義的な立場であり、ナチスによって制定された人種差別的な婚姻に関する法への反発である。しかしながら、家族の構成や形成は宗教倫理の中心とされることが多く、婚姻に関する自由主義的な立場とその他の立場、とくに家族によって決められた結婚を支持する立場との間には顕著な緊張関係が生じている。同条第3項は、家族が「社会の自然かつ基礎的な集団単位であって、社会及び国の保護を受ける権利を有する」ことを規定している。同宣言において珍しいこの集団的権利は、ナチスの家族政策を踏まえると当然のものであったが、すべての集団と同様に、家族もまた人権を侵害しうるのである。その例としては、女性に対する家庭内暴力や児童虐待などが挙げられる。したがって、同条第3項は、当初思われていたよりも問題をはらんだ条文なのである。

　歴史的に権利の概念は財産権と密接に関連してきたが、19世紀に起きた社会主義運動により、その関係性に問題が生じた。世界人権宣言第17条

3　1945年以降——権利の新たな時代　43

は「すべての人は、単独で又は他の者と共同して財産を所有する権利を有」し、「何人も、ほしいままに自己の財産を奪われることはない」と述べている。同条文は、財産権としては比較的弱いものであり、さまざまな財産制度と両立しうるものである。

　すべての者に対する「思想、良心及び信教の自由」についての権利と、「布教、行事、礼拝及び儀式によって宗教又は信念を表明する」権利とを規定した第18条は、歴史的に最も基本的な自由権のひとつであったが、他の人権を尊重しない宗教の存在という問題を抱える可能性がある。したがって、同条と世界人権宣言上のその他の権利とが対立することも考えうる。同様に、法の下の平等を規定した第7条は、差別の扇動に対する平等な保護という権利を内包していることから、すべての者が表現の自由を有するという第19条と対立しうる。このことは、いわゆる「ヘイトスピーチ」、すなわち特定のグループに対する憎悪や侮辱を含む表現行為が、表現の自由に含まれず、同宣言に対する違反となるのかどうか、という問題を提起する。

　世界人権宣言が、それまでの人権宣言にはほとんど含まれてこなかった、経済的及び社会的権利を含んでいることは周知の事実である。しかし、前章で論じたように、経済的権利は一般に思われているよりもかなり古い概念なのである。必要最低限の生活に対する権利は、中世後期のキリスト教思想から生まれた。19世紀、経済的及び社会的権利は通常自然権に含まれないと議論されていたが、労働者階級の人々は、多くの経済的及び社会的権利が保障されるよう求めて運動を展開した。第2次世界大戦前、1919年に設立されたILOは公正で人間らしい労働環境のために活動していたが、「人権」という用語を用いるようになったのは第2次世界大戦後であった。正式に人権条約に分類されているILO条約はごくわずかであり、そこには結社の自由、労働組合を結成する自由、強制労働からの自由及び雇用における差別禁止に関するものが含まれている。近年、ILOは労働権を保障するために、市民的及び政治的権利を次第に強調するようになってきた。ILOが世界人権宣言中の公正な労働環境に対する権利の履行を求めていることを理由として、ILOの活動すべてが人権に関連しているとする論者もいる（Leary 1992: 582-4）。

経済的、社会的及び文化的権利に関しては、国連憲章がその先駆けであった。同憲章第55条は、国連が「諸国間の平和的且つ友好的関係に必要な安定及び福祉の条件を創造するために」、「一層高い生活水準、完全雇用並びに経済的及び社会的の進歩及び発展の条件」と「文化的及び教育的国際協力」を促進すると定めている。経済的、社会的及び文化的権利が世界人権宣言に含まれることになったのは、それらの権利がファシズムの復活を防ぎ、国連の目的を促進するために必要だと考えられたからであり、これらの権利の承認は、伝統的な自由主義的権利と社会主義的権利との融合を意味していた。

　世界人権宣言第22条においては、すべての者に対し、「国家的努力及び国際的協力により」、「各国の組織及び資源に応じて、自己の尊厳と自己の人格の自由な発展とに欠くことのできない経済的、社会的及び文化的権利を実現する権利」を認めている。第25条では、「すべて人は、衣食住、医療及び必要な社会的施設等により、自己及び家族の健康及び福祉に十分な生活水準を保持する権利並びに失業、疾病、心身障害、配偶者の死亡、老齢その他不可抗力による生活不能の場合は、保障を受ける権利を有する」と述べられている。第22条において、経済的、社会的及び文化的権利の実現が各国の資源に依存するとされているが、第25条ではそのようなことは認められていない。多数の国家において、資源不足のために経済的、社会的及び文化的権利を保障することが不可能であることを理由として、当該権利を批判する者もいる。そのような理論では、必要とされる資源に対する権利も存在しえないであろう。第24条の条文中に、「定期的な有給休暇」が包含された点に関しては、限られた社会状況においてのみ適切なものを普遍化しているとして、嘲笑の対象とされることも少なくない。このことは、人権と他の権利との区別が困難であることを示している。

　国際連盟は少数民族の権利に関するレジームを構築したが、国連は少数者の保護に関する小委員会を設立しながらも、世界人権宣言に当該権利を含めないと決定した。差別の禁止以外に同宣言に含まれている少数者に関する権利は、第27条において認められている「社会の文化的な生活に参加」する権利のみである。しかしながら、この「社会」の意味するところが曖昧で、国内社会を指しているのか、少数者によって構成される社会も

含むのかという問題があり、少数者にとってあまり有益な条文ではない。

第29条第1項では、すべての者が「その人格の自由かつ完全な発展がその中にあってのみ可能である社会に対して義務を負う」としており、同条第2項は、他者の権利を確保し、「民主的社会における道徳、公の秩序及び一般の福祉の正当な要求」を満たすことを目的としている場合には、人権に対する制限を認めている。同条は極めて曖昧な規定である。世界人権宣言において、人権概念が義務の重要性を過小評価していると異議を申し立てられる傾向があり、このような見解に対しては反論は可能であるが、周到な論拠を用意することが必要になる。

世界人権宣言は、さまざまな理由で哲学者や社会科学者、政治家からの批判を招いている。しかし、この文書がマニフェストを意図したものであり、哲学的な論文でもなければ、世界のための社会政策でもないことを想起する必要がある。同宣言は、一般の人々のために比較的平易な用語で書かれており、それゆえ政策決定の指針となるよう、過度に単純化される必要があったのである（Morsink 1999）。同宣言の価値は、これから論じる、その影響により評価されるべきである。

理論から実践へ

冷戦

世界人権宣言はただの宣言でしかなく、その履行確保に関する条文はない。すべての者に対して権利を付与している一方で、誰がこれらの権利を尊重し、保障するよう義務づけられているのかについては、ほとんど書かれていない。1948年当時、国連は国家主権と人権に関する事項に熱心に取り組んでいたが、国家が人権を侵害した場合に何をなすべきか、ということについては、何も決めることができなかった。実際、すべての国家政府が口を揃えて、宣言は法的拘束力を持たないと述べていた。奴隷、ジェノサイド及び外国人に対する著しい権利侵害以外の人権侵害は、国際法上、違法ではなかったのである。国連は人権委員会を設立したが、その委員は政府の代表から構成され、NGOが同委員会にアクセスする方法は限られていた。同委員会の主な任務は、条約及びその他の法的文書の起

草に限られていた。1947年、国連経社理は、同委員会が人権侵害に対応するための権限が何ひとつないことを明言した。国連が毎年受ける、数千にも上る申立てを処理する手続が創設されたが、国連の人権機関のトップは、その手続が「世界で最も大げさな紙くず箱」だとこき下ろした（Alston 1992: 128-9, 140-1; 1994: 375-6）。1948年から1960年後半まで、国連と「国際社会」は、人権保障のために実効的な活動を行うことがほとんどできなかった（Alston 1992: 139）。

　1948年以降、冷戦によって、国家は人権基準の遵守に対してよりいっそう消極的になり、世界人権宣言の存在にかかわらず、1950年代に人権は国際政治の隅に追いやられた。冷戦の主要な2つの立役者であるアメリカとソ連は、直接的または間接的に深刻な人権侵害に関与する一方で、お互いを攻撃するプロパガンダとして人権の概念を用いた。拘束力のある人権条約の構想の登場は、1960年代半ばまで待たなければならなかった。

　1950年代及び1960年代、世界規模の脱植民地化の動きにより、植民地からの独立、民族自決権、人種差別禁止という人権に関する新たな問題と優先事項を抱える国家が多数、国連の加盟国となった。1965年の国連総会による人種差別撤廃条約の採択にみられるように、新たな国家の国連への加盟により、現状を変えようとする勢いは増したが、その主な矛先は南アフリカ、イスラエル及びチリに向けられ、偏りがあった。新たな反植民地主義及び反人種差別という課題は、人権が「欧米的」なものであるという意識を弱めるのに一役買ったが、同時に、偏向した政治的対立は人権概念の普遍性を損なうものであった。

　しかし、偏りがあったとしても前述の動向は先例を作ったことで人権の普遍性を促進した。たとえば1965年、非植民地化特別委員会は、人権委員会に対して、アフリカ南部の事態に関して受け取っていた申立てに応じるよう要請し、また、経社理は「すべての国家における」人権侵害について検討するよう求めた。国連総会は1966年、経社理と人権委員会に「人権侵害の発生がいかなる場所であっても、それを止めるための国連の能力を向上させる方法及び手段について早急に検討する」ことを要請した（Robertson and Merrills 1996: 79）。それにより2つの新しい手続が創設されることとなった。1967年、経社理は、決議1235により、人権委員

会に対し特定の国家における人権侵害について議論する権限を付与した。1970年、決議1503に基づいて創設された手続は、「大規模で、かつ、信頼できる証拠によって裏づけされた、一貫したパターンのある人権侵害」と思われる事態について、問題とされている政府と非公開で審議するものであった（Donnelly 1989: 206）。独立した旧植民地は、委員会が人種差別の問題に対処することを希望し、共産主義国家はそれにより西側諸国を苦境に陥れようと考えていた。西側諸国は人種差別を看過していると思われることを恐れる一方で、人権を議論する国際的な場において、人種差別が注目を集めることを望まなかった。このようにして、冷戦と第三世界の駆け引きが、国連人権委員会における新しい手続と幅広い権限を生み出したのである。

　1970年代、決議1235に基づいた人権委員会の取組みは偏向したものであった。同委員会は、たとえば南アフリカやイスラエルによる占領地域、チリに対して大きな関心を寄せる一方で、東パキスタン（現バングラデシュ）、ウガンダ、カンボジア、中央アフリカ帝国、東ティモール、アルゼンチン、ウルグアイ、ブラジル及びその他の地域における深刻な人権侵害については対応しなかった。1980年代になると、同委員会の活動は大幅に拡大した。政治的公平性を欠いていると批判されることもあったが、その活動範囲は以前のものより拡大し、また決議1235採択以前に想定されていたよりも多岐にわたっていた。しかし実際の対応がなされるまでに時間がかかり、制裁が行われる可能性も低かった。1235手続は、国連の人権基準の履行では前進ではあったが、その実施は恣意的で、世界の人権問題にとって重要なものとならなかった（Donnelly 1989: 208; 1998: 9; 1999:76, 101; Alston 1992）。

　1503手続により、個人は人権侵害について国連に申立てを提出できることとなったが、救済は与えられなかった。人権委員会は検討に上がった国家を公表し、それにより当該国家政府にプレッシャーをかけることを意図していた。しかしながら、同手続が少しでも効果を発揮するには、申立てが受領されてから少なくとも2年を要し、そのうえ政府が審議を引き延ばそうとしたり、同委員会内の対立があったりした場合には、さらなる対応の遅れがある場合もあった。結果として、1503手続が深刻な人権侵害という

状況に及ぼした影響は小さかった（Alston 1992; Ronertson and Merrills 1996: 79-89; Donnelly 1998: 9, 53-4）。同手続の進行は遅く、複雑で、内密に進められ、また政治的影響に左右されやすいという点に関しては見解の一致が見られるが、同手続が利益以上に害をもたらしたのかどうかという点に関しては、専門家の中で意見が分かれている（Donnelly 1989: 208; Alston1992: 150-5）。

1966年、市民的及び政治的権利に関する国際規約（自由権規約）と、経済的、社会的及び文化的権利に関する国際規約（社会権規約）という2つの国際条約が全会一致で採択され、署名及び批准のために開放された。両条約は、発効要件であった35カ国による批准書が寄託された1976年に発効した。両条約から財産権は除外されたが、自決権は含まれていた。世界人権宣言とこの2つの国際規約は合わせて、国際人権法の中核をなす国際人権章典として知られている。2010年9月3日までに、国連に加盟している192カ国中80%以上の国家が各規約を批准している。両規約の起草過程において欧米のNGOが積極的に発言していた一方で、欧米以外の多くの市民社会の団体が十分な発言力を有していなかったことから、国際人権法の文化的な正統性に関して疑問が生じている。

1976年に設立された自由権規約委員会は、個人の資格で選出される専門家で構成され、その任務は締約国による同規約の履行を監視することである。締約国は、同規約上の権利の実施状況の報告書を提出するよう義務づけられている。また同委員会は、同規約に基づいて、締約国からの、他の締約国の同規約の不履行に関する通報を受理することができ、選択議定書に基づいて個人からの通報を受理することもできる。NGOは情報源としての役割を増大させてきた。国家による同委員会への協調の程度はさまざまであるが、立法分野における変化をもたらしたところもあり、対話や議論、助言により人権状況の改善に貢献することもある。個人通報者が、同委員会の決定の恩恵を受けた事例もある（Donnelly 1989: 208-10, 1998: 57-9; Opsahl 1992; Robertson and Merrills 1996: 45-6, 66, 71）。ほかに、社会権規約、人種差別撤廃条約、女性差別撤廃条約、拷問等禁止条約、及び児童の権利条約という5つの国連の「中核人権条約」の履行を監視する委員会がある。それぞれ財源、作業方法、実効性などの点で違い

があるが、どれも影響力には限界がある。これらの委員会がより大きな実効性を持つことの障害となっているのは、主に、締約国政府の側に委員会と協力する能力もしくは意志がなかったり、委員会に十分な資源を提供しないことである（Alston and Crawford 2000）。

　1970年代、外交政策を通して人権を確保するという、新しい考えを持った国家が現れた。1975年、アメリカの海外援助政策は被援助国における人権状況を考慮すると決定され、1977年に大統領となったジミー・カーターは、外交政策に人権を導入した。実行においては一貫性がなかったが、このような外交政策は画期的なものであった（Donnelly 1998: 10）。一方で、人権NGOは次第に影響力を増してきた。たとえば、アムネスティ・インターナショナルが、カーターが大統領となった年にノーベル平和賞を受賞したことが挙げられる。国連は1979年に女性差別撤廃条約を、1984年に拷問等禁止条約を、そして1989年に児童の権利条約を採択した。新しく「テーマ別」の手続も展開するようになり、1980年には、アルゼンチンとチリで起きた事態に応じて、強制的非自発的失踪に関する作業部会が設立された。1982年には略式及び恣意的処刑に関する特別報告者が、また1985年には拷問に関する特別報告者が任命された。ほかに、宗教的不寛容や、外国人傭兵による人権侵害に関する特別報告者が任命され、1991年には恣意的拘禁に関する作業部会が創設された。初期のテーマ別手続は市民的及び政治的権利に適用されたが、近年では、人権に関連して、極度の貧困（1998年）及び経済の構造調整や対外債務の問題（2000年）、また教育の権利（1998年）、食糧の権利（2000年）、居住の権利（2000年）、健康の権利（2002年）が特別手続の対象となっている。特別報告者は次第に増加し、多様な人権状況を調査するために任命されてきた。2007年までに、22の特別代表または報告者が、国連人権委員会に報告書を提出している。これらのことは国連における人権の履行確保に関する手続の発展を意味している一方で、人員及び資金不足という問題を抱えており、人権侵害の救済を果たせないことも多い。世界中の人権を保障するにあたり、前述の諸手続の影響力は依然として些細なものなのである（Alston 1992: 180-1）。

　冷戦は国連における人権の発展に影を落とし、人権にとって圧倒的な逆

風であった。共産主義国家が深刻な人権侵害を引き起こす一方で、アメリカに率いられた西側諸国は、深刻な人権侵害を行ってきた世界中の政治体制を支持した。しかし皮肉なことに、「勢力均衡」という冷戦時代の不安定さが同時に人権の進展の発端を生み出した。1979年代初期、共産主義圏は、西側諸国との間に、安全保障と経済に関する合意を取りつけようとしていた。その見返りとして、西側諸国は人権保障を求めた。1973年、欧州安全保障協力機構（Organization for Security and Cooperation in Europe: OSCE）の前身となる全欧安全保障協力会議（Conference on Security and Co-operation in Europe: CSCE）が開催された。そのことが、共産主義の諸国家が人権保障を認めた、1975年ヘルシンキ宣言の作成へと結びついた。以後数年にわたって、ヘルシンキを拠点とした人権NGOがソ連に設立されたが、ひどい迫害を受けた。1977年、人権団体である「憲章77」がチェコスロヴァキアで創設された。短期間でみれば、これらの出来事の実際的な影響は小さくみえる。しかし、これらにより人権に関する国際的な議論が高まり、前述したような団体が、後に東欧における共産主義制度の解体の際に一役買ったのである（Donnelly 1998: 78-82; Forsythe 2000: 124-5）。

　多くの非欧米及び貧困国が国連に加盟したことから、国際的な議論の場で、経済的権利に関して新たに重点が置かれるようになり、1974年には、いわゆる新国際経済秩序に関する多くの文書が採択された。これらの文書の目的は、個別の国家における人権侵害から、グローバルな経済的不平等の中の構造的な人権侵害の原因へと注意を喚起することであった。この第三世界の人権に対するアプローチは、いわゆる「第3世代」の人権という、人権概念の発展をもたらした。この新しい思想によると、市民的及び政治的権利は「自由」に関する第1世代の人権であり、経済的及び社会的権利は「平等」に関する第2世代の人権である。そして今、「連帯」の権利という第3世代の人権が必要であるという。そこには、発展、平和、環境及び自決権が含まれる。1986年、国連総会は発展の権利宣言を採択した。

　「第3世代」の人権に対しては、以下のようなさまざまな批判がある。1）世代とは互いに受け継がれていくものであるが、ここでいわれている人権の世代はそういうものではないため、「世代」という言葉を用いるのは不適

切である。2）世界人権宣言において第1世代と第2世代の両方の人権が規定されているのに、「世代」の考えはその事実を反映していない。3）これらの権利の保有者が個人なのか、民族なのか、国家なのか、それともこれらの混合であるのか、明確ではない。4）何に対する権利なのか明確でない。5）これらの権利に付随する義務を負っているのが誰なのか、その義務とは何なのか、明確ではない。6）これらの訴えにより、独裁政権が人権を侵害することが覆い隠されてしまう。7）第3世代の人権は、すでに認められた人権に含まれている。たとえば、経済的及び社会的権利を重視すれば、発展に対する権利はそれらの範囲に含まれることとなる（Donnelly 1993）。

　1980年代と1990年代初期、国連内の人権に関する議論において、「文化相対主義」というテーマがより注目されるようになった。1984年、イランは、イスラム教の教義に反するいかなる国際的な原則の有効性も認めないことを公言し、1993年にウィーンで開催された世界人権会議の準備段階では、「アジア的価値観」と人権との間の対立に関する多くの議論がなされた。会議の最終文書であるウィーン宣言及び行動計画は、人権の普遍性を再確認する一方で、人権は「国家的及び地域的特殊性、ならびにさまざまな歴史的、文化的及び宗教的背景の重要性を考慮」して、「動的かつ発展的な」国際基準設定の過程の文脈において検討されなければならないことを認めている。

冷戦後

　冷戦終了直後、旧共産主義圏における市民的及び政治的権利の確立など、人権に関する発展がみられたが、一方で新しい世界秩序は人権に関して複雑な状況を生み出した。国連総会及び人権委員会はより活発化し、人権の欧米支配に対しての、いわゆる南側の貧困国による挑戦は弱体化した。平和維持及び人権保障という国連の目的は次第に一体化するようになった。国連事務総長室は、エルサルバドルにおいて政府と反政府勢力との間で人権に関する合意を求めて交渉した。その合意は、国連の文民及び軍事要員による強制的な監視を含むものであった。ハイチやリベリアにおいても、国連は、政治的紛争解決の一部として、人権状況の検証に関与

するようになった。ナミビアとカンボジアでは、全般的な政治の再編成の一環として、国連が人権保障のより包括的な役割を担った。国連事務総長のイニシアチブまたは安全保障理事会（安保理）のマンデートにより、ニカラグア、ハイチ、エルサルバドル、ナミビア、アンゴラ、カンボジアなどにおける国連による選挙監視の基盤が形成された。1991年、「砂漠の嵐」作戦はクウェートを軍事占領していたイラク軍の撤退をもたらし、その後、迫害されていたクルド人の「安全な避難場所」を作るためにイラク北部への、そしてシーア派の人々を守るためにイラク南部への軍事介入が行われた。翌年、国連は戦闘行為を停止させ人道的救援を提供するためにソマリアの内戦に介入した。戦闘行為の停止よりも人道的救援のほうが功を奏するものであったが、この介入は、国連、介入国、とくにアメリカ及び対象とされた受益者それぞれにとって問題をはらんだものであった。

　ソマリアへの介入が限定的にしか成功を収めなかったとすると、旧ユーゴスラヴィア紛争はより複雑な課題を提示している。旧ユーゴスラヴィアは解体したが、クロアチア内にはセルビア系マイノリティが、ボスニア・ヘルツェゴビナ内には3つのマイノリティ・グループ（セルビア人、クロアチア人、ムスリム）が、コソヴォ内には対立民族であるアルバニア系マイノリティが残されたままであった。セルビアは、セルビア系マイノリティの保護という目的を建前としてクロアチアに対する武力攻撃を開始し、ボスニアのセルビア系住民を保護する名目でボスニアに侵攻した。このボスニア紛争の際には、「民族浄化」（単一民族により構成される領域を作り出すために、人々を強制的に移住させること）や、大量虐殺や集団レイプを含む深刻な人権侵害が行われた。国連及び一部の大国は、紛争に軍事力を用いて介入することに消極的であった。その理由のひとつはソマリアでの経験であり、またひとつは、その紛争の解決が軍事的及び政治的に困難であることが認識されていたからである。国連は人道援助に関してはかなりの成果を上げていたが、深刻な人権侵害の予防に関しては甚だしく失敗した。1999年、北大西洋条約機構（North Atlantic Treaty Organization: NATO）は、コソヴォのアルバニア系住民に対する人権侵害を防ぐために、セルビアに対して軍事攻撃を行った。当時、安保理においてロシアと中国の反対があったために、国連は行動することができなかった。NATOによる爆撃開始直

3　1945年以降——権利の新たな時代　53

後から、アルバニア人への人権侵害が悪化し、また、セルビア系の一般市民の多くが爆撃の犠牲となった。NATOが軍事的に勝利した後には、セルビア人に対するアルバニア人による報復が行われた。セルビア共和国の大統領スロボダン・ミロシェビッチによる残虐及び腐敗した政治体制は転覆され、彼は逮捕された。その後、彼は旧ユーゴスラヴィア国際戦犯法廷において、人道に対する犯罪、戦争犯罪及びジェノサイドの罪で告発されたが、判決に至る前に死亡した。前述のNATOによる介入の合法性は、人権を擁護する者たちの間でも疑わしく、議論を呼んでいる。国連による暫定統治が開始して数年経過した2008年2月、コソヴォは独立を宣言した。2010年7月、国際司法裁判所は、その独立宣言は国際法違反ではないと判断した。当時、アメリカ、EU加盟国を含む69カ国がコソヴォの独立を容認していた一方で、ロシア、セルビアを含む国連加盟国の多くはその独立を認めていなかった。

　旧ユーゴスラヴィア国際戦犯法廷、1994年のジェノサイド後にルワンダ国際戦犯法廷を設立したことは、国連のさらなる新しい試みであった。1998年、120の国が国際刑事裁判所を設立するローマ規程を採択し、同規程は2002年に発効した。法と政治のこの連携の成果は依然として議論のあるところであり、結論は出ていない。

　国連はこれまで長い間、人権に関してわずかな資金しか提供されない中で、法制度構築など、技術的な援助の取組みを行ってきた。1990年代初期になって、その取組みが若干ながら拡大した。より対立的な圧力の代わりとしてそのような援助を積極的に推進する者もいる一方で、このような取組みの効果は薄く、人権侵害から関心を逸らすことになると考える者もいる。国連もまた難民高等弁務官事務所（United Nations High Commissioner for Refugees: UNHCR）を通して、人権侵害の影響を軽減するよう行動している。UNHCRは極めて重要な働きを担っているが、基本的に深刻な人権侵害が生じた後に行動を起こす組織であるため、その努力にもかかわらず、難民問題は好転することなく、悪化の一途をたどっている。

　1993年のウィーン会議では、人権の普遍性、不可分性及び相互依存性が再確認された。また、女性、児童、少数者、先住民、障害者、移住労

働者、難民などのような特定のグループがとくに人権侵害を受けやすいことが強調された。その結果が1994年の女性に対する暴力に関する特別報告者の任命、2003年に発効した移住労働者の権利に関する条約、2008年に発効した障害者の権利に関する条約である。加えて同会議では、人権高等弁務官の任命への道が開かれた。

9.11とその後

2001年9月11日、イスラム教原理主義集団のアルカイダが、ハイジャックした民間航空機を使ってニューヨークの世界貿易センタービル、ワシントンDCの国防総省本庁舎に衝突した。ハイジャックされたもうひとつの航空機は、当該航空機に乗っていた者の手によりペンシルヴァニアで墜落した。およそ3,000人の人々が亡くなった。

アルカイダは、ソ連のアフガニスタン侵攻への抵抗運動を通して、サウジアラビアの裕福な実業家の息子であるウサマ・ビン・ラーディンにより組織された。アフガニスタンからのソ連軍の撤退以降、ビン・ラーディンは、その矛先を自国政府とその同盟国で超大国のアメリカに向けるようになった。とくに、イスラム教発祥の地を擁するサウジアラビア政府が、1991年の湾岸戦争の際に、クウェートからイラク軍を追放するための基地として、領土内に米軍の駐留を許可していたことについて怒りを感じていたようである。アルカイダは、統制がとれた組織というよりも緩やかに結びついたネットワークであり、その支持者たちのイデオロギーも多様である。しかしながらビン・ラーディンの最終目標は、第1次世界大戦後のオスマン帝国の解体後に生じた、「ムスリムの地」への欧米諸国の侵入を覆すというものであった。

アメリカ及びその同盟国は、9.11の同時多発テロ事件を受けて、アルカイダを匿っていたアフガニスタンのタリバン政権転覆を狙い、北部同盟を支援した。2003年3月、アメリカは、イラクの大統領であるサダム・フセインが安保理決議に違反して「大量破壊兵器」を保持していること、テロリズムを支援していること、転覆されるべき独裁者であることを理由にイラクへ侵攻した。アメリカ陣営は、サダム・フセインが何らかの形で9.11の同時多発テロ事件に関与していることを示唆していた。しかし、大量破壊兵器

3 1945年以降——権利の新たな時代 | 55

は見つからず、アルカイダとの関連も立証されず、またイラク侵攻の結果として大量の血が流されたので、この戦争には極めて多くの賛否両論がある。イラクでは民主的に選出された政府が樹立したが、その安定性や人権への取組みは不確かである。

　「テロに対する戦争」は軍事分野に限らない。多くの国家において反テロ法が成立し、それは人権団体や、時には裁判所によって批判されることもあった。「テロに対する戦争」による最も悪評高い人権問題は、キューバの米軍グアンタナモ湾収容キャンプにおいて、数百人のテロリスト容疑者に対し裁判なしの拘留が行われていたことと、アフガニスタン、イラク、グアンタナモにおいて、または「特別引渡し」によって拷問が常態化している国に移送し、捕虜に対し拷問または非人道的な扱いが行われていることが挙げられる。アメリカとその同盟国は、この「テロに対する戦争」に協力する見返りに人権状況の悪い国家の政府を支持するようになった。一方でアメリカ連邦議会とNGOは、反テロのパートナーであるそれらの国家において人権状況が芳しくないことを批判し続けていた。

　「グローバリゼーション」が人権にとって脅威である、という懸念が増大している。この「グローバリゼーション」に関する懸念が、人権の分析において経済的及び社会的権利が前より支持されるようになったことに影響され、多国籍企業のような非国家主体の人権義務に関する問題が呈されるようになった。また「グローバリゼーション」に関連した人権問題として、難民の増加と、それらの権利を完全に保護することに消極的な国家の姿勢がある。さらに関連した問題として、気候変動が挙げられる。気候変動と人権の関係はまだ十分には理解されていないが、気候変動はすでに経済的及び社会的権利、内戦、難民の流出などに影響を及ぼしている可能性がある。これらの問題については、第8章においてさらに検討する。

　2006年3月、国連総会は人権委員会の廃止を決定し、代わって人権理事会を創設した。この新しい制度が作られた背景には、甚大な人権侵害国として悪名高い国の代表が人権委員会のメンバーに選ばれていること、同委員会があまりに政治化されすぎて人権機関としての信頼性を失ったことから、同委員会に対する不満が広まっていたことがある（Lauren 2007: 308-9）。正式なお役所用語では、理事会創設は主要な国連人権機関にと

って「昇格」である。人権理事会は経社理ではなく国連総会に対して直接報告書を提出するようになり、国連のヒエラルキーの中で経社理と同等の位置づけになるからである。ほかにも、人権委員会が毎年6週間のみの会期であったのに対し、人権理事会は少なくとも年3回、合計10週間を下回らない期間で会合を行い、特別会期も開催できることや、理事国に立候補する国は自国の人権の推進と保障について貢献していることが期待され、それを同理事会において誓約することが奨励されること、同理事会のメンバーを53カ国から47カ国に減らすこと、同理事会がすべての国家の人権状況について定期的に審査すること（普遍的定期審査）、重大かつ組織的な人権侵害に関与している理事国は国連総会によりその権利を停止されうることなど、多くの制度改革が行われた。

　前述の制度改革を、確信を持って評価するには時期尚早である。人権理事会は、たとえば、ひどい人権侵害に関与している国を排除し、すべての国家を普遍的定期審査の対象としたことから、一定程度進歩したと主張する者がいる。しかしその一方で、深刻な人権侵害に関わっている国家が理事国として選出されているという事実を強調し、未だに公平性に欠けており、深刻な人権侵害への対処に失敗していると言う者もいる。国連加盟国が、人権保護よりも自国が属する地域に対してより強い忠誠心を持っており、その結果、同じ地域の国家の投票によって、人権侵害国が同理事会の理事国に選出されてしまう事実が、依然として重要な課題である。同理事会の限界は、北朝鮮が、普遍的定期審査において指摘された167の勧告を何ひとつ受け入れなかった際に露呈した（International Service for Human Rights 2010）。同理事会に対して、政治的であり、また人権侵害者を非難から守っているという批判は確かにある。人権委員会から人権理事会に昇格しても、国連が国家の集合体であり、そのそれぞれの国家が人権に関してかなりの温度差がある、という問題は解決されていないのである。

結論

　1945年以降、国連は数多くの「基準設定」や制度構築、人権の促進を

行ってきた。現代において、人権概念は最も影響力を持つもののひとつであり、多くの貧しい人々や抑圧されている人々が、正義を求めて依拠するものでもある。しかし、その基準を実現させる能力は未だに微々たるものであり、国家主権の概念及び国際社会の力関係により、人権基準の実施には偏りがみられ、概して不足である。人権に関しては政府によるリップサービスや偽善が横行している。これは、人権侵害者に恥をかかせ、人権の発展を促しうるが、一方でリップサービスは実行の代わりにされてしまう可能性もあり、それを実効的な行動へと転換させるために、NGOが重要な役割を担っているのである。

　国連における人権プロジェクトについて正確に評価を下すことは難しい。その成果が限られたものであることは明白で、深刻な人権侵害は未だに頻発しているが、国連諸機関、諸国家の政策及びNGOの総体の努力によって、多くの国家の人権状況が改善されてもきた。しかし、ルワンダにおいて、ジェノサイドが発生する可能性が早い段階で予測されていたにもかかわらず、国連が実効的な対応に失敗したことは、国連の限界が今もなお大惨事に結びつきうることの証左である。国連は国際政治の場において、人権革命を実行した。しかしそれは長期にわたる改革の初期段階であり、その成功の保証はない。人権は国際政治の一部であり、そのため秩序だった原則の履行というよりも、相当な規模の利己主義、現実主義及び短期的な危機管理という特徴を持つものである（Forsythe 1995: 309-10）。

　また、国連は人権の不可分性に対する支持も怠ってきた。国連の主要機関、とくに総会及び人権委員会は、経済的、社会的及び文化的権利に対し無関心であり続けてきた。しかし、近年になって、以前よりも真剣に取り組むようになった。ILOは、経済的及び社会的権利について比較的明確な基準を数多く提示してきたが、国連人権制度においてILOは周辺的な存在であり、その人権に関するILOの影響は限定的である（Leary 1992: 619; Donnelly 1998: 52-4）。

　国際人権レジームは、数多くの宣言を有している一方で、その実施に関しては弱い。これは国家という国際社会の主要なアクターの利益の反映である（Donnelly 1989: 211-12）。しかし、その同レジームは国際政治において多少ながらも信頼を集めており、影響力が増している。国際社会の要

請に応じ、人権レジームが問題のある国家に圧力をかけた場合には、人権状況は改善されるだろう（Donnelly 1998: 82-4）。そのレジームは政治的なものであり、哲学的なものではない。状況に対して現実的な対応をとるものであり、その結果として一貫性がないのである。したがって世界人権宣言における比較的一貫した理想は、実行において公平に遂行されていない。国連の法的機関はより中立的であるが、手続的に厳格で、外交的かつ慎重である。国連の法的機関と比較すると政治的機関はより自由に活動できるが、より選択的になる可能性がある。

忘れてはならないのは、人権に関する哲学的論争の歴史及び国際的な力関係の現実を考慮すると、国際人権レジームの存在自体が驚くべきものであるということである。そして国際的なレジームに加えて、欧州、米州及びアフリカには地域的なレジームが存在していることも心に留めておくべきである。これらは実効性において大きく異なっており、欧州のレジームは比較的有力で、アフリカのものは極めて脆弱である。さらに当然のことながら、多くの国家が、自国の憲法及び法律において人権に関する条項を有している。それらの多くは紙の上では素晴らしいものであるが、実際に街や戦場で起きていることにはほとんど関係していない。

今はまさに人権の時代である。しかし、本当に実現したものは何なのだろうか。このことを、（a）過去の者たちによりなされた批判と（b）現実の一貫性のない実績の観点から、どのように評価するべきだろうか。次章では、人権概念を明確化し正当化することを試み、この問題について比較的正確な解答を示してくれる理論を検討する。

4 人権理論

なぜ理論をみるのか

国連による人権の再活性化は、従来の自然権の概念に対する批判を無視するものであった。

人権宣言の実施や促進、基準設定、制度作りなどは、外交官や法律家によって行われ、活動家によって促進され支援された。彼らは理論的な正当化を不必要とみなしたのかもしれない。人権は主に、人種差別、植民地主義、政治的抑圧といった人間の明白な悪行に対抗するものとして用いられた。アメリカ独立宣言が言うように、人権は自明のものとみなされがちかもしれない。

しかし、人権の概念が明らかに議論の余地があるもので、正当化が必要であることを考えると、これでは不十分である。人権の概念の歴史がこのことを示している。

自然権の古典的概念はキリスト教の自然法理論に基づいていることから、概念の世俗化はその基盤自体に疑問を投げかけるものであった。概念の正当性が神の意志によって保証されなくなったとき、人間の権利は、理性とともに、あるいは自然から導き出されるといわれた。しかしながら、この理由づけは非常に物議をかもすものであった。バーク、ベンサム、マルクスに代表される人間の権利に対する批判は、理性や自然に訴えても、異なった結論を導き出すことも可能であることを証明している。19世紀において「理

性」は「科学的理性」として理解され、科学は自然権の概念に敵対するものであった。自然権理論の個人主義に対する反発もあったし、社会は政治哲学の第一義的概念であるとのアリストテレス派の復興もあったといえる。それゆえ、社会科学は2つの意味において、自然権と対立するものであった。すなわち、自然権の概念が、非科学的であり、かつ非社会的なのである。国連は人権の概念を復活させたが、近代哲学及び社会科学の観点からは、論理的一貫性が非常に欠けていた。

　人権に関する懐疑論には、論理的一貫性はある。ローティは、いかなる信条にも論理的な基盤というものはないのであるから、人権にも論理的な基盤はないと論じた。しかし、我々は人権を必要としており、そのためには理論ではなくむしろ共感が必要なので、論理的基盤のなさは憂慮する必要がないとした（Rorty 1993）。しかし、ローティの主張は、動機と正当化を混同するものである。共感は感情であり、感情に基づいた行動が正当化されるかどうかは、その行動を起こす動機に左右される。ローティは不確かで形而上的な理論を哲学から排除しようとしたが、人権理論に対する彼の批判は行き過ぎたもので、論理的思考そのものを排除するものであった。我々は、人権に基づく行動を支持するための論理的裏づけを必要としている。人権の原則がどのような行動を必要としているのかが往々にして明確でないうえ、人権反対論者がやはり論理を展開して人権反対の主張をするので、我々の論理のほうが優れていることを我々自身が納得しなければならないのである。

　政治学者デービッド・フォーサイスは人権理論に対し、さまざまな異論を唱えてきた。彼は、哲学的理論はそもそも議論の余地があるものものであり、理論をめぐる懸念は人権の実行を妨げるものである、と主張した（Forsythe 1989）。フォーサイスの関心は主に人権法の政治的側面にある。しかし、人権の政治的側面は理論によって影響を受けており、理論を無視することは、政治的側面を不適切に理解することにつながるばかりか、その実施面の不十分な正当化を導くものとなる。フォーサイス は、国際政治における主体の多くが人権思想を気にかけて行動していると述べることによって、この事実を暗に認めている（Forsythe 1989: 60）。

　それぞれ理由は異なるが、バーク、ベンサム、マルクスは皆、フランス

革命における人権宣言のような宣言は厳しく批判されるべきものと考えていた。彼らの批判は世界人権宣言にも向けられており、その批判を頭ごなしに誤りであるとするのは無責任であろう。権利宣言に対する理論的な批判には、理論的な反論が必要とされる。フォーサイスが主張しているように、国際政治においては、異なる理論間の実用的な折り合いが望まれる。しかしながら、なぜそれが望まれるのか、いかにしてそれが可能なのか、なぜそれを実現するのが難しいのかを理解するためには、人権の概念を支持ないしは阻害するさまざまな理論をよく検討する必要がある。

　フォーサイスは、人権法とその実施は、理想論的な基準によってではなく「実態的な可能性」によって評価されるべきとしている（Forsythe 1989: x）。しかし、こんにち、政治理論は一般的に「理想論」と「非理想論」を区別している。理想論は実態を描くものではないが、実態を評価するための一定の基準を与えるために、論理的に有効な議論とされる。非理想論は、実態を提示し、それにより実態的な可能性の分析を可能にする。理想論は実現するに値する実態的可能性を我々に示唆するので、非常に実際的で、理想論は実態を評価するための基準を認め、我々の行動を導く。実態は、理想の追求を非常に厳格に制限しうるが、理想の概念なくして、どのようにしてそうなるのかを理解することはできない。フォーサイスは、人権の概念には議論があり、その意義は、永続的な道徳的、政治的、法的議論及び検討プロセスを通して構築されるともっともな指摘をしている（Forsythe 2006: 253）。人権理論の役割は、そのプロセスを評価するために最もよい論拠を提示することにある。明確さと的確な理由づけは、人権の不明確で議論の残る概念の政治的濫用の可能性を減らすうえで必要なのである。

　ジェウィスは人権理論を支持し、次のような主張をする。すなわち、人権に関するあらゆる要求は、自分に正当性があるものと信じてなされるものである。しかしながら、こうした考えの背景にある理由は往々にして明らかではなく、果たして適切な理由があるのかないのか、我々にはわからない。さらにいえば、異なる個人が相反する人権を主張することもありうるため、人権理論がなければ、合理的にどちらが正しいかを判断することはできない。人権理論は次のような疑問に対する答えを模索している。すなわち、人権というものは存在するのか、それぞれの人権の関係はいかなる

ものか、絶対的な人権というものは存在するのか、それとも人権はある特定の状況下において無効となりうるのか、といった疑問である（Gewirth 1981）。ドネリーは、人権理論はその概念の意義、発生する義務の正当性の基盤、及び人権とその他の価値観との関係を説明するものでなければならない、と述べている（Donnelly 1985a: 1）。我々はこれらの疑問に対し法的に答えを出すことができるが、そのような答えは単に、その法が正しいかどうかというさらなる疑問を惹起するにすぎない（Griffin 2008: 204）。人権法は議論の結論を掲示するが、人権理論はその議論のほうを提示するのである。

　世界人権宣言が起草された際、国連の文化推進の機関であるUNESCOは、そのような宣言の理論的問題点に関して研究を行った。ジャック・マリタンは、その研究報告の冒頭で、宣言の起草は、人権にその概念の正しい解釈と正当性を与えるような学問的基盤を作ろうとする試みである旨述べている。マリタンは、人権の概念に正当性を与える必要性があるが、世界には種々異なる思想があるため、正当性に意見の一致をみることは不可能である、と述べている。人権とは何かについて合意を得ることは可能かもしれないが、なぜそのような権利があるのかについて合意を得ることは不可能である。実際的な合意は、理論的な不合意と結びつけられるものといえよう。であるがゆえに、哲学的に人権を正当化する方法は多様でなければならない。異なる思想は、人権を実施するうえで設けられる適切な制限や、異なる人権それぞれを関連づける正しい方法に関する不合意を生み出すものになるかもしれない。マリタンは、世界人権宣言に過度の期待を抱くべきでない、との警鐘を鳴らした。文言上では合意を得ることが可能かもしれないが、人権の実施についての合意は、価値観に関する合意を要求するものであり、国際社会における価値観の違いに鑑みれば、それは困難なものとなろう。最善なのは、理論ではなく、実施面で合意を得ることである（Maritain 1949）。

　UNESCOの研究に参加した何人かは、権利と義務の関係に懸念を有していた。マハトマ・ガンディは、すべての権利はそれに付随する義務の履行によって担保されなければならないと主張した（Gandhi 1949）。E. H. カーは、市民が政府を支持せず政府に必要な資源を提供しなければ、政

4　人権理論　63

府が市民の権利を守ることはできないという理由から、権利は義務を想定するものであると主張した（Carr 1949: 21-2）。しかしこんにち、人権学者の多くは、義務の履行は人権の前提条件ではないが、他人の人権の尊重、及び他の道徳的、社会的義務の実現の観点から、義務を伴うものであるとしている。

マーガレット・マクドナルドは、世界人権宣言が起草されていた時期に書いたエッセイの中で、自然権の概念に実証哲学の観点から疑問を呈した。彼女は、どうやって自然権の定義を有効なものにすることができるのか、と問うた。実証的観測では実証することはできないであろう。自然権の理論家は、自然権は「理性」によって認識されうる、と主張した。マクドナルドは、理性に関するこのような主張、すなわち、人間は人間であるから人権を有していると主張するのは、人間は人間であると主張するのと同じようなものであり、反語反復にすぎない、と考えた。自然権理論家は、人間は理性的であるがゆえに自然権を有する、と答えるかもしれない。これに対し、マクドナルドは、人間が理性的であると想定しても、人間が自然権を持つという結論には論理的に至らない、と主張した。「理性」と自然権の間には、自然権理論家が埋められないギャップがあった。マクドナルドの考えでは、自然権に対する希求は、社会的条件で苦しみを強いられる個人の窮状を強調する中から生まれたものであった。しかし、自然は何らの評価基準を与えるものではなく、そのような基準は人間の選択により生まれるものである。人間性を証明する方法はさまざまあり、哲学者は人間性についてさまざまな結論を導き出してきた（Macdonald 1963）。マクドナルドの、自然権は経験的に実証可能な事実でも自明の理から導き出される推論でもない、という主張は、人権理論の正当化が直面する問題を明らかにするものである。しかし、人権は人間による選択の産物であるという彼女の結論は、人権を正当化する余地を一切与えないものである。ナチズムに対する回答としては、これでは不十分である。

国連は、哲学的正当化が非常に不確かな中にあって、人権の概念を当時の国際法及び国際政治の中に導入した。この不確実性は、自然権に関する歴史的な批判と人権の原則に関する哲学的合意の欠如の両方によって生まれたものであった。さらに悪いことに、人権の概念はとくに以下の主張

によって疑問を呈された。

1. 人権は自然界に存在しない。すなわち、人権は人間による創造物であり、それゆえ、自然でも自明でもなく、それが道徳的に不可欠で正当な主張から導き出される限りにおいては道徳的に説得力がある。

2. アリストテレスが、人間は社会的動物であると述べたのは正しい。人権理論はそれゆえ善なる社会の理論に従わなければならず、それに優先されるものであってはならない。

3. 社会的利益は個人的利益に優先される。個人の社会に対する義務は、個人の権利に優先される。

4. 善なる社会の概念は多様であり、そこから導き出されうる権利の概念も多様である。権利について普遍的な概念は存在しない。

5. 国際人権法は、政治力や実際的合意及び限定された道徳上の合意の産物であり、十分な理論的正当性はない。一般原則に関する文言上の合意はそうした原則の意味や政策上の暗示を覆い隠すものかもしれない。

　人権を正当化するためには、こうした主張と対峙しなければならない。これが人権理論の任務である。

人権理論

権利

　人権は特殊な権利でなければならない。人権はしばしば特定の社会規範や習慣から発生する法的権利や市民権と対比される。人権は一般に、単に人が人間であるがゆえに有する権利といわれているが、これでは十分な説明とはいえない。人間であるというだけでなぜ特定の権利を有することができるのかが不明確である。世界人権宣言に規定されている権利をなぜ人が有するのかについてはとくに不明確である。実際こうした理屈では、世界人権宣言をうまく説明することはできない。たとえば、世界人権宣言第21条は、すべての人は自国政府に参加する権利を持つとされている。しかしそのような権利は単に人が人間であることから当然導き出されるものではない。たとえば子どもはそのような権利を持たない。第22条は、すべての人は、「社会の一員として」社会保障の権利を有しているとしている。

4　人権理論 | 65

義務や善行を強調するような道徳の議論と違い、権利の議論のポイント
は、仮にXに対し権利を持つにもかかわらず、Xを得られない場合、それ
はそれ自体が不当であるばかりでなく、権利の保有者に対する不当でもあ
る、ということにある。権利の議論は、権利を正当に保有する人に対して
注意を向けさせるものである。権利の決定的な価値は、権利を享受するこ
とが脅かされた場合ないし否定された場合に、正当な主張を行う特別な資
格を権利保有者に与えることにある。このことは、権利を保有することが単
に利益を享受したり、他者の義務から利益を受けることとは、違うものであ
ることを意味する (Donnelly 1985a: 1-6, 12-13; 1989: 9-12)。学者の中
には、執行できない権利はそもそも権利ではないと主張する者もいる。し
かし、たとえ執行不可能であっても、何かに対して道徳的権利を有するこ
とは可能である。ナチス・ドイツにおけるユダヤ人は、執行することができな
くとも多くの道徳的権利を保有していた。執行不可能な道徳的権利を認め
ることは、将来それらの権利を執行可能とすることを助けるかもしれない。
　人権は、単に人間であるがゆえに保有する権利ではないかもしれない。
しかし、とくに政治権力の濫用に対抗するための手段として、道徳的に正
当で基本的な人間の利益を保護するために考えられた重要なものである。
人権は、他の主張に対して特別の重みを持ち、例外的で強固な理由によっ
てのみ侵害されうる。ドウォーキンは、権利は、日常的な政治行政の目標
に対してのみ切り札となりうるとしているが、これは権利の概念としては比
較的弱いものである (Dworkin 1978: xi, 92)。
　通常の政治政策以上のものに優先される観点から、人権はより強い意味
で切り札となるかもしれないが、ありとあらゆるものに優先されるといえる
かどうかは疑わしい。世界人権宣言第29条は人権に、「民主的社会におけ
る道徳、公の秩序及び一般の福祉の正当な要求を満たす」ためとの制約を
設けている。この条文は非常に曖昧なもので、人権に対し懸念すべき広範
な制約を与えるものとなっている。
　人権には3つの特徴があるとの一般的合意がある。すなわち、1) 人権は
普遍的であり、すべての人が人権を有する、2) すべての人が平等に人権
を有する、3) 人権は個人の権利である、という特徴である。この3つの特
徴のいずれもが、人権を正当化するための理論に論点を与えるものとなっ

ている。普遍的権利であることを示すためには、そのような権利が文化を超えて共通であるとの説得力を持った説明ができなければならない。人権についてすべての人が平等であることを示すためには、すべての人が平等でありながらも、社会的不平等がどのような場合に正当化されうるかを説明し、それを正当化することができなければならない。人権は常に個人の権利であるという点についてはすでに広く受け入れられているが、近年においてはさらに、人権において集団的権利、たとえば先住民の権利などが存在するという考えについても広く受け入れられるようになっている。

正当化

　人権の最も単純な正当化は、人権は「自明」のことであると主張することである。たとえば、大量虐殺は人権侵害であるという考えに理由を求めること自体、道徳的に間違っていると考える者もいる。しかしこれは、実質的には人権には正当化は必要ないと主張することである。これは不十分な主張であり、実際問題として人権の概念自体に議論があるからこそ、人権の正当化が必要とされているのである。

　人権は国際法に基づいた一般的な国際的合意があるという理由から正当化されることがある（Donnelly 1989: 21-4, 1999: 85, 2003: 40-1, 51-3）。しかしこれは、いくつかの理由から弱い主張となっている。国際人権法に関する明白な合意は完全なものでも、必ずしも誠実なものでもない。たとえば女性の権利について合意はない。国際法のテキストの抽象的文言にかかる実際的合意は、最も基本的な道徳問題についてさえ合意があることを意味しない。たとえば、生命に対する権利については合意があるかもしれないが、妊娠中絶の道徳性については明らかに合意がない。部分的な合意は政治的エリートの間に存在するが、それが必ずしも支配する国民を代表しているわけではない。欧米思想家の間でさえ、人権について合意はない。政治エリートの間における、人権に関する部分的合意は、彼らの政治、経済政策における人権無視によって阻害されている。最後に、そして最も根本的な問題として、その合意は客観的な事実にすぎず、なぜ合意がよしとされるのかということについて明確な理由がない。

　人権は人間の尊厳に関わる基本的価値から導き出されるという主張が一

般的にある。しかしながら、人間の尊厳という概念自体が曖昧であり、たとえば、義務を優先することにより人権無視を擁護するような道徳理論に根拠を与えるものとなりかねない。文化によっては、女性の尊厳を認めることは男性の尊厳を脅かすことを意味する。人権は、人間の尊厳を基本とするかもしれないが、人権を正当化するためには、人間の尊厳から人権を導くような論拠がなければならない。

　自然権の概念に関する古典的正当化は、神の意志、理性、ないしまたはそれに加えて自然信奉をもとにした論拠から導き出されていた。人権の論拠をこの3つのうちの1つか2つに求める者もいる。現代の学者の多くはこうした論拠に説得力があるとは考えてはいないが、しかしそれでもなお、人権を自然権の観点から擁護する試みがなされてきた。そのような試みは通常、議論の余地のある形而上学的な主張を避けている。近代自然法学者たちは、生命、社会、知識のように、合理的に否定できない客観的な公共財が存在すると主張する。それらは、合意や実定法によって認められているか否かにかかわらず、有意義なものである。これらの利益は、人間の幸福にとって客観的に必要な条件といわれている。人権の自然法理論は、個人の自由が共通の利益を促進する一方で、共通の利益は安定した社会条件を提供することにより個人の自由を推進するとの考えから、共通の利益を個人の権利と調和させるものと主張する。このため人権は、共通の利益に規定されるものではなく、構成要素である。それゆえ、人権は人権同士で相互に制約を受けるとともに、共通の利益の他の側面からも制約を受ける可能性がある。そして同時に、人権はいかなる制約が正当かを規定することもできる（Finnis 1980）。

　この理論は、アリストテレス派による共通の利益の概念とロックの個人の権利とを結びつけようとするものであるが、異論が非常に多い。公共財に関する主張はあまりにも曖昧であり、あまりにも論点が多い。公共財は存在するということに同意する者の中にさえ、何がこの公共財に当たるのかについては合意がない。したがって、共通の利益は個人の権利と調和されてきたとの主張があるが、論証されてはおらず、個人と社会との間の対立に関する多くの疑問を投げかけるものである。

　似たようなアプローチが、人権の正当化ではなく、国の富の増加がもた

らす生活の質の向上に焦点を当てた「発展」の概念に置き換えるものとして導入された「潜在能力」という概念についてとられている (Nussbaum and Sen 1993)。この概念は、人間の繁栄という価値を基本とするアリストテレスにも通じ、また、人間各個人の繁栄に価値を置くという意味でリベラルである。個人の潜在能力は、それがいかなるものであったとしても、人間の生命にとって基本的で重要な行動をする、あるいはそういう状態になる能力である。潜在能力には、生命を完全に人間的なものにするためのものとして本質的な価値がある。どの潜在能力にも価値があり、それゆえ相互に交換可能である範囲はかなり限定的なものである。この理論では、基本的潜在能力が非基本的潜在能力に優先することで、能力間の対立が生じた際に優先順位を設けることができるとされている (たとえば、食は遊びよりも重要といったように)。しかし、これはあくまでも限られた範囲においてのみである。人権の概念のように、潜在能力の概念も文化を越えて適用可能といわれている。それは、認められた潜在能力のリストが、常に文化を越えた対話を通じて開かれていることを意味する。潜在能力主義者は、自由主義や民主主義の権利、基本的幸福はすべて人間の繁栄という目的によって求められていると主張する。

　潜在能力主義者は、自然論者同様、人間の客観的、基本的公共財を特定していると主張する。潜在能力の概念は、すべての人が自己の能力が保護される権利を有するという意味で、人権に付随することができる。潜在能力理論は、人権ほどは義務が国家のみ、あるいは主に国家に課されている国際法の原則を強調していないが、潜在能力理論も人権理論も、政府が一義的には義務保有者であると考える。潜在能力理論も現代人権理論も、世俗的であり、議論の余地のある形而上学ないし宗教を避けようとする傾向にある。人権の概念が理論と実践を求めている中で、潜在能力理論は、統合された市民、政治、経済、社会、文化権によく適合している (Nussbaum 1997)。

　潜在能力理論は、近年、とくに国連において、開発問題を考える際に非常に大きな影響を与えてきた。その人権との関係はしかしながら、完全には明確になっていない。潜在能力理論は、いくつかの問題を提起しており、その最も根本的な問題は、能力は (実在するものも潜在的なものも)、人

間の実態にすぎず、それゆえその道徳性について疑問を呈される余地がある、ということがあろう。たとえば、人間の繁栄に必要な能力は良い目的にも悪い目的にも使用される可能性があり、それゆえ我々は良い能力と悪い能力を区別するための道徳理論を必要とするのではないか。潜在能力主義は普遍的で平等主義的（すべての人間は能力を平等に有しており、必要としている）なので、良い能力は、他の潜在能力を阻害するものではなく、むしろ促進するものである。たとえば、想像力は芸術にも拷問にも使える能力であるが、芸術は一般に拷問より他の能力と融合的であろう。しかし、たとえ良い潜在能力を定義できたとしても、それに付随する義務を理論づけるまでには至っていない。潜在能力理論は、何が公正な能力の配分なのかを示すことができないことから、人権の概念と同様、公正配分の理論ではなく、最低限の資格の理論のようなものである（Pogge 2002b）。潜在能力を特定するのも、その重要性を図るのも、優先順位をつけるのも難しい。この問題を解決するのに最善なのは、文脈に頼るということかもしれない。このことは、能力が文化を批判する根拠を提供することになるのか、文化が能力を特定する根拠を提供することになるのかという、さらなる問題を提起する（Clark 2005: 7）。

　現代自然法も潜在能力理論も、人間個人を自律した合理的主体とする考え方を持ちつつ、古典的自然権の形而上学的思想を拒否している。ジェウィスは人権理論の中心に「主体性」の概念を置いた。彼は、この世界には多くの、かつ多様な道徳が存在するが、道徳自体が目的のある行動を前提としており、すべての主体は、その行動の直接的な必要条件を必要財とみなさなければならない、とした。そしてこの必要財とは、自由と幸福である。自由は、適切な情報に基づき、外部からの強制なしに自己の行動を選択することである。幸福は、主体性に必要とされる他の一般的な能力を持つことに存する。当然ながら、すべての主体性は、少なくとも暗黙的に行為の必要財としての自由と幸福に対する権利を認めなければならない。

　行為に必要とされる財は、すべての主体性にとって平等に必要なものであり、だからこそすべての主体は当然、他者が自らと同様にこれらの公共財に対する権利を有することを認めなければならない。すなわち、自由と幸福に対する権利は、すべての主体に他のすべての主体にとって最も重要

な公共財を考慮することを求めるので、道徳権である。これは誰もが他者の自由と幸福を侵害すべきでないということ、誰もが、他者が自身の努力によって自由と幸福を得られることができない場合にはその他者を援助すべきこと、また、対価を生じさせることなく他者を援助できることにつながる。そのような援助は通常、適当な機関によってなされるのが最善である。

　自由と厚生に対する権利は、人間が実際的、将来的、もしくは潜在的な主体であることから、人権である。人権は、同じ人間の持つ人権同士の間に対立が生じうるのと同様、他の人間の人権とも対立を生じうる。人権はそれゆえ一見して存在はするが、絶対的権利ではない（Gewirth 1981）。しかし、人権を認めることは当然論理的に必要であるというジェウィスの主張と、特定の状況下において人権は否定されうると認める彼の主張には、論理的矛盾があるかもしれない。ジェウィスの主張は非常に注意深く展開されてはいるが、彼の主張における論理的結論と経験的仮定の関係は、完全には明確でない。

　ジェウィスの主体性に関する主張はアリストテレス派というよりもカント派であるが、彼の自由と幸福に関する主張は、どことなく潜在能力理論に似ている。しかし、彼の主張はいくつかの理由で批判されている。すなわち、彼は権利を必要性から不当に導き出している、彼は必要とされる公共財が何のために必要なのかを明確にしていない、権利は行動にとって論理的ではなく、実証的に必要とされるものである、道徳的平等は欧米的自由主義的主張であり、あらゆる道徳に普遍的なものではない、といった批判である。ジェウィスは人権を体系的に擁護しようとしているが、彼が主張するほどには説得力のあるものとはなっていない。

　主体性を使って人権を説明しようとする理論の問題は、完全な主体性がない人間、たとえば子どもや精神障害者などは、権利の面で不平等になりうるということである。学者の中にはこの論理を受け入れる者もいるが、同時に他者は不完全な主体に対して強い義務を持つともする。人権は、能力に比例した権利であると主張する学者もいる。それゆえ、子どもは、拷問を受けてはならない権利は有するが、投票権は有さない。権利の根拠としての主体性に最も対峙するのは、直観（考えるよりも感じること）である。この考え方によれば、拷問はそれが主体性を侵害するからではなく、不当

な苦痛を与えるから非難されるべきということになる。しかしながら、直観論では、人権と動物の権利を区別することができず（それをむしろ歓迎する人もいようが）、表現の自由や結社の自由といった権利に通常与えられる重要性の根拠ともならない。

主体性はニーズ、すなわち必要性と複雑な関係にある。たとえば生存権のようないくつかの人権は必要に基づいているといえるが、我々は必要と感じているものすべてに対して権利を持っているわけではない。我々が必要とするものは、些細なものであったり非道徳なものであったりする場合がある。基本的要求を人権の基礎とする考え方を提唱する者もいるが、たとえば愛されるニーズといったような、基本的要求のすべてを満たすのが人権ではない。そのようなことは不可能であるばかりでなく、あまりに負担が大きい。基本的要求の概念は、権利保有者の尊厳よりも、慈善活動について考える場合のほうがより適している。

人権学者の間では、人権の根拠が主体性、もしくは「人間性」（Griffin 2008）にとって必要とされる条件から構成されるのか、それとも人間の繁栄にとって必要とされる条件から構成されるのかについて、合意がない。前者を主張する学者は、人権が普遍的で現実的なものであるためには最小限のものでなければならず、それゆえ明らかに人間の生活にとって必要な条件に限定すべきであり、贅沢な生活のためである必要はないとしている。後者は、潜在能力理論及び、おそらくは人権宣言を念頭に、人間の幸福に対してより野心的である。双方ともに、人権の分野において人間の自由をより拡大しようとする。ニッケルは、人権は政府に対し最小限の基準を設けるものであり、それゆえ民主的な意志決定にかなりの重きを置いており、文化的にも機能的にも多様でありうる、と主張している（Nickel 2007: 36-7）。

人権を「人間性」から導き出そうとする試みは、2つのかなり異なる反論にあってきた。第1の反論は、人間性には多くの考え方があり、どれが最も正しいかを決定する方法について合意はない、というものであり、第2は、人間性は生物学的な概念であり権利を構成するものではない、というものである。しかしながら、人権最小限主義者ですら、道徳的な主体性が人間の特質であると考えている。一般的に許容され、人権を正当化するよ

うな人間性についての説明はないが、人権の正当化には人間性の何らか
の概念が必要である。人間性は社会的に構築されるものであるとの見方が
あるが、これは、人間の性質は社会的に作り上げられるという考え方を前
提としたものであり、通常の人権理論の前提条件と一致している。

　何が最も人権を正当化するものかについて合意はなく、そのような合
意を得ることができるかは不明である。しかしながら、人権の強い正当
化がいくつも存在するという事実は、人権の道徳的説得力を強化している
（Nickel 2007: 53-4）。

具体化

　人権理論は、人権の概念を正当化するものであるべきであり、どのよう
な主張や権利が人権に当たるのかに指針を与えるものであるべきである。
世界人権宣言はほぼ正確に人権を列挙したものと一般的に考えられている
が、人権を支持する学者の中には、世界人権宣言が列挙した人権すべて
を支持するわけではない学者もいる。ロールズはたとえば、世界人権宣言
の第3条から第18条のみが本来の人権に当たるものであり、その他の権利
はむしろ自由主義に基づくもので、普遍的でなく、特定の制度を前提とした
ものであるとの立場をとっている。彼は、「万民の法」という提唱の中で人
権を位置づけ、人間は道徳的生き物であるといったような人間性に関する
理論に頼るべきではないと主張した。しかし、彼は人間の道徳性を否定す
るような文化の具体例を提示しておらず、また、そのような文化があったと
しても、それでも人権が尊重されうることについては、何も述べていない。
ロールズは、限定された人権の提唱を正当化する理論を、何ら示していな
い（Rawls 1999）。

　普遍的権利の概念は帝国主義的であると信じつつ、国家の政府が善良
な行動をとるための最小限の基準を持つべきとの考えを捨てきれない学者
によって、「基本的権利」の概念が提唱されてきた（Miler, D. 1995）。シュ
ーは、基本的権利は他の権利にとって必要とされるものであるが、概念的
にも実証的にも、1つの権利が他の権利にとって必要であると規定するのは
難しいと論じた。たとえば、食べることは言論の自由権を享受するために必
要であるが、食べる権利までは必要としない。さらに、食べる権利は、移

4　人権理論　｜　73

動の自由権よりも基本的なものであるが、食べるためには移動の自由が必要とされる場合もあるのである (Shue 1996; Nickel 2007: 131-2)。生存の権利を享受することは、安全の権利を享受するために必要でもなく、その逆もしかりである (Pogge 2009: 118-19)。主体性にとって必要なものが正しく基本的権利であるとの説もある (Griffin 2008)。しかしドネリーは、基本的権利の特定が尊厳のある生活にとって必要な他の人権を無視することにつながりうることを懸念する (Donnelly 1989: 38-41)。多くの学者は、基本的人権は存在するとの立場ではあるが、具体的にどの権利が基本的権利にあたるのかについては、正当化の面でも特定化の面でも合意はない。

　特定の権利をより一般的な権利から導き出そうともする思想家もいる。たとえばグリフィンは、自律権が道徳主体性にとって必要であるという理由から、自律権は基本的で一般的な人権であると主張した。自律権は、生存権や教育権といった多くの特定の人権を伴うものである。自律は数多くある価値のうちのひとつにすぎず、自律に特権を与えることは寛容や多様性の価値と相容れないとの反論がある。しかし、自律を完全に拒絶する文化があるとは考えられず、仮にあったとしても、それが人権を尊重するかどうかは疑わしい。グリフィンは自律を自由と区別している。人はどのような宗教を信仰するかの決定にあって自律的に行動する。強制や虚偽によらず宗教を信仰する場合には自由に行動する。自由の権利は、表現の自由や結社の自由といった特定の権利を伴うのが一般的である (Griffin 2008)。

　市民的及び政治的権利は、政府に不作為 (たとえば拷問をしないなど) を求めるだけでのものあり、それに対して経済的及び社会的権利は、特定の普遍的ではない制度 (たとえば福祉国家) に依存しており、国によっては財政的にも保証しきれないため、市民的及び政治的権利だけが普遍的に実現可能であり、真の人権であるとする見方が一般にある。不可能なことを行わなければならない義務はなく、経済的、社会的需要を満たすことができない場合には、それを満たすための権利もないということになる (Cranston 1973)。しかし、シューとドネリーは、こうした主張に効果的な反論を与えている。ドネリーは、2 種類の権利の区別は明確ではない、たとえば、財産権は経済的権利ともみなすことができるし、市民的権利とみなすこともできる、と指摘している (Donnelly 1989: 30)。シューは、生

存権のようないくつかの基本的な経済的権利を尊重しないことは、市民的及び政治的権利を無価値なものとすることにつながる、と主張している。両者とも、市民的及び政治的権利を擁護すること（たとえば公正な裁判を提供するなど）にも資金が必要な場合があるし、政府からは不作為のみならず作為も必要とする場合がある、と論じる。それゆえ、市民的及び政治的権利のみを本来の人権として扱うことには何の根拠もない（Shue 1996; Donnelly 1989）。人権を実施するために資金を要することはよく知られた問題であり、これは社会的及び経済的権利と同じく市民的及び政治的権利にも影響するものである。

　どのような一般的権利があるのかについても、一般的権利からどのようにして特定の権利を導き出すのかについても、合意はない。その結果、人権を確実に特定化することは難しい。しかしこのことは、権利侵害の余地を残すことにはつながるが、民主的議論と状況に応じた柔軟性を人権の特定化に与えることになるので、必ずしも憂慮すべきことではない。

民主制

　国連による人権の曖昧な定義づけをより明確なものにするにあたり、制度は重要な役割を果たしうるが、どのような制度が最適かについては概念的及び実証的問題がある。民主主義の原則に基づく人権の解釈は実際的であり、かつ正当化が可能という意味において、人権と民主主義は融合可能である。しかし、民主主義は一般に他の政治制度に比べ人権を尊重するものではあるが、完全なものではなく、民主主義でない国も多い。人権保護にとって最適な国際・国内制度が何かについては、それゆえ明確ではない。

　人権と民主主義は相互に支持し合い相互に関連している、と一般的には考えられている。1993年のウィーン宣言は、たとえば、民主主義と人権は「相互依存関係にあり、相互に補強し合う」と強調している。しかし、両者の関係は極めて複雑である。個人の尊重のように、同じ価値が人権と民主主義の双方の根拠になる可能性がある。民主主義は、実証的に人権を保護するのに最適な政治制度でありうるが、民主主義国家の中には経済的及び社会的権利を保護しないものもあり、権威主義国家の中にはそれらを保

4　人権理論 | 75

護するものもある。それでもなお、人権と民主主義には異なり、かつ潜在的に相反しうる論理的基盤がある。民主主義の論理では、誰が統治するかが問われ、「国民」と答える。人権理論は、統治者がどのように振る舞うべきかが問われ、支配者がすべての個人の人権を尊重すべきと答える。民主主義は集団的であり、個人の人権を侵害しうる。人権の概念は政府の権限を制約する目的で描かれており、政府を国民の管理下に置くという意味において、民主主義の性格を持っている。しかし人権は、民主主義国家も含むすべての政府の正当な権力を制限するものでもある。結果として、人権は憲法の中に盛り込まれることにより保護されることが多い。これにより、民主的に選ばれた政治的意思決定者から、通常民主的に選ばれたわけではない判事に権力が委譲されることになる。

　ウォルドロンは、権利が憲法に盛り込まれることについて、権利に基づく批判を行った。彼は、人権の価値が個人の尊厳から導き出されるのであるとすれば、そのような個人の民主的参加による帰結は、裁判所の判断に優先されるべき、と論じている（Waldron 1993）。ダールは同様に、国民は何が彼らにとってよいことかについて最良の判事であり、それゆえ最も安心できる権利の擁護者である、としている。その意味において民主主義は、権利に優先する（Dahl 1989）。ドウォーキンはしかし、多数派主義と平等主義を区別している。多数派民主主義は、多数派による専制を可能とするもので、すべての市民の平等性を否定していることから、不完全な民主主義である。平等主義的民主主義は、すべての市民の平等性を認め、多数派による侵害から彼らを保護するために憲法の中に彼らの権利を盛り込んでいる。民主主義の権利を憲法により保護することは、ドウォーキンによれば、民主主義的平等を保護することを意図するものであるから、非民主主義的ではない（Dworkin 1978; 1996）。この論争を解決するのは困難であり、それには、この論争が裁判所の決定の帰結に関する複雑な実証上の問題を含有することがひとつの理由となっている。実際の民主主義の大部分が、基本的権利の保護を独立した裁判所に委ねている。裁判所が常に法律を解釈しなければならず、加えて最も基本的な権利のみを保護するなら、民主主義にかけられる制約は最小限のものにとどまる。しかし、裁判所も選挙によって選ばれた立法府も、確実に人権ないし民主主義を保護す

るわけではない。したがって学者の中には、特定の制度より人権や民主主義を強く支持する政治文化のほうがより強いセーフガードである、と主張する者もいる。

　人権の中には、投票権のように、民主主義の構成要素となっているものがある。言論の自由のような権利は、民主主義にとって必要なものである。教育を受ける権利のように、十分な民主主義にとって必要なものもある。信教の自由のような人権は、民主主義との結びつきは比較的弱く、おそらく時として民主主義に対して融和的ではない。人権が民主主義にとって必要である以上、民主的政府は、民主主義を維持するための制約を受けなければならない。

その他の価値

　権利論を批判する者は、権利よりも重要な道徳価値があり、権利の主張はそうした価値を害する可能性がある、と述べることがある。たとえば、親は子どもを愛するべきであり、子どもは親を敬うべきである。親や子どもが自身の権利を主張した場合、この愛と尊敬の相互関係は損なわれることとなろう。仮に親が子どもに深刻な害を与えるなら、成人を代理人とした子どもは彼らの権利を主張するかもしれない。理想的には優先されうる価値が機能しなかった場合、権利が問題となる。権利論の基本的正当性は、社会秩序が不正となったときにその社会秩序に立ち向かうことにある。社会が公正であるときには、権利に対する主張は必要とされない。これが、権利の概念は社会調和を害するという異論に対する答えである。

　思想家は時に権利を基礎とした道徳について語り、人権はそのような道徳のひとつの例と述べることがある。しかし、この考え方を否定する理由がある。第1に、権利が道徳の基礎を形成するのであれば、より根本的な価値に基づく批判から、権利を擁護することは不可能となろう。第2に、権利はその他の価値とバランスをとらなければならず、権利のほうが他の価値と比べ常により根本的であるとするのは独断的である。権利の限界に説得力のある根拠を持たせるためには、その他の価値を考慮に入れなければならない。たとえば、他人の宗教を侮辱する権利を持つかどうかという問いに対して、単に、権利は他の価値を常に凌駕するからと答えることは、当

然できないであろう。他の価値観の道徳的重要性を特定し評価しなければならない。権利は重要であるが、道徳すべてに相当するわけではない。我々は、たとえば不当に政府を非難することなど、すべきでないことをする権利を有することもありうる。権利と道徳価値の関係はそれゆえ、たとえ人権がとくに重要な価値であるというのが真実であったとしても、複雑である。

世界人権宣言は、人権は正義の土台であるとしているが、むしろ正義が人権の土台であるともいえよう。こんにち多くの学者が人権の尊重は正義の要請であると考えているが、人権が社会にとって最小限の基準しか設けないものである限り、正義の要請を完全に満たすことはできない。社会が人権を尊重しつつ、富と負担の配分は不公平となりうる。それゆえ、正義の理論は人権の理論より広範囲であるが、人権の概念は、たとえば統治者の義務よりも権利保有者の資格を強調することで、正義の理論に独特の貢献を行う。

正義論者の中には、相応の賞罰に従って当然の報いが与えられるべきである、と主張する者もいるが、そのような考え方は人権とは異質である。たとえば、犯罪者に対して、投獄が正当な罰であったとしても、罪人が投獄により人権までは失ったりはしない。人権は正当な処罰を禁じはしないが、同時に本人の行為に左右されるものでもない。

近年において、人権と関連する2つの正義論が盛んに議論されてきた。1つは移行期の正義である。この理論は、社会正義の「通常」の要請が、どのようにして過去の不正や重大な人権侵害に対する正義の要請と結びつけられるべきか、という問題を提起している。これらは互いに相反するものでありえ、それが問題でありながらも、実際上も「未来志向」の正義が往々にして人権侵害を受けた犠牲者の正義に優先されている（Waldron 1992; Mendez 1997; Thompson 2002）。この問題は、20世紀末の権威主義的政府から民主主義への移行との関連ではじめて提起されたものであるが、こんにちでは植民地主義や奴隷制度といった過去の悪行に対する賠償や謝罪要求の問題に発展してきている。2つ目の正義論は、こんにちではさらに議論を呼ぶもので、グローバル・ジャスティスの理論である。グローバル・ジャスティス理論のほとんどは人権をある程度認めているが、その範囲は狭義の人権のみを認めるものから、国連の提唱する人権のようなものを支

持するものまでさまざまである（Rawls 1999; Pogge 2002a）。グローバル・ジャスティスの理論は議論の余地のあるものであるが、人権を特定するひとつの手段でもある。この点については第8章で再び触れたい。

義務と負担

　権利は一般的に義務を伴うものである。これらの義務は、権利を侵害してはならない義務、他者を権利の侵害から保護する義務、そして権利を侵害された犠牲者を援助する義務を含む。人権は義務の履行状況に左右されてはならない。しかしながら、人権の尊重は義務の履行を伴うものであることから、義務の履行なくして人権を享受するのはフェアでないといえるであろう。義務は負担を伴うため、権利の正当性はそれに付随する負担の正当化を要求する。

　誰が人権義務を負うのかについては議論がある。伝統的な見方（とくに国際法の考え方）は、唯一あるいは主に国家及びその政府に義務があるというものである。古典的な自然権理論ではしかしながら、すべての人がそのような義務を持つとされていた。世界人権宣言第30条は、人権は非国家主体によって侵害されることを想定している。多国籍企業のような強力な非国家主体に対する懸念や、女性の権利が侵害されているとするフェミニストによる分析により、人権義務をさまざまな非国家主体にも拡大すべきとの新しい見方が持ち上がってきている。これに対し、国家が民間企業による人権侵害を阻止し、女性を保護する一義的義務を負う、という反論もありうる。さらに、人権の概念が市民による損害にまで拡大された場合、広範な犯罪もカバーされることになってしまい、人権の固有性は失われることにならないか、という懸念もある。国家は通常、主に自国民に対し人権義務を負うものと考えられているが、どの程度の範囲までかについては議論があるにせよ、自国民以外にも義務を負っている。一義的な義務保有者がその義務を果たすことが不可能あるいはその意志がない場合、他の者がその義務を支援ないし引き継ぐ義務があるといえるかもしれないが、そうした主体は別の義務を有することもあり、どのようにして優先順位をつけるべきか判断するのは難しい。道徳論者のほとんどは、他者のために限られた犠牲のみを要請しているが、実際にはそれよりも少ない犠牲しか払われない

4　人権理論　79

ことが多い。

オニールは、人権の議論は、誰が誰のために何をすべきかについて特定できていないことから、最も必要とするものが欠けているとしている（O'Neill 2005: 40）。権利はそれに付随する義務を特定しなければならないが、人間の福祉権についてはこれができてない。福祉は制度によって生まれ、そうした制度は普遍的ではないため、それを達成する権利は人権ではない。アシュフォードは逆に、すべての権利はそれらが有効であるための制度を必要としており、拷問を受けない権利は個人が拷問を行わないことのみならず、制度がそれを保障することを要請している、と主張する。福祉の権利のケースは、それが人間の尊厳の構成要素であることが根拠となる。制度は権利の実現にとって必要とされるが、権利の存在そのものにとって必要とされるわけではない。拷問と窮乏の原因は両方とも複雑であり、複雑な一連の義務を伴う。人権侵害の原因が複雑であり、原因を起こした者は、それが人権侵害に当たると知っていた、あるいは不当にも無視し、それが避けられたような場合には、人権侵害の責任を分担することとなる（Ashford 2006）。ポッゲは、富裕者や権力者が人権侵害の決定的要因である国際秩序に一義的責任を有し、それゆえ、彼らが人権のための秩序作りに一義的責任を負う、としている（Pogge 2005a: 31; 2007）。

国家が緊急事態にあって人権義務のいくつかを免除されるという国際法の規定は、人権を保護するための負担が過大となりうることを認めている。しかし、この規定は「国家の緊急事態」の概念が曖昧であること、ならびに免除される義務と免除されない義務という区別が人権は不可分であるとの原則と相反することから、議論の余地がある。国際法は、国家の緊急事態に当たらない危険な状態における人権については、何ら制約を認めていない。

権利間の対立

人権が複数の利益から導き出され、資源を必要とし、漠然としたものであることから、人権間で対立が生じうる。スタイナーは、権利の対立は耐えがたい恣意性を生み、それゆえ権利は共存可能でなければならない、そして対立を避けることができる権利理論のみが合理的である、と主張した。

彼の権利理論は、国連によって認定された経済的及び社会的権利のほとんどを除外し、私的財産に対する権利のみを認めるものであった（Steiner 1994）。彼の理論は、財産権によって基本的人権の耐えがたい「切り捨て」を許してしまうことになる、と批判されている。ほとんどの人権理論家は、世界人権宣言第29条がそうしたように、人権間の対立が生じうることを認めている。

　そのような対立は主に2種類ある。他者の人権との対立と、一人の人間の有する人権間での対立である。たとえば安全に対する権利は、他者の公正な裁判や自らの移動の自由の権利と対立しうる。しかし、明白な権利の対立は、慎重に権利の範囲を特定することにより解決しうる。たとえば、言論の自由の権利は、ヘイトスピーチを除外するように特定することで、人種的憎悪を受けない権利との関係では対立しないであろう。権利の対立は、重要性に区別を設けることや優先順位をつけることでも解決できる。しかしながら、人権を利益の計算式にしない限り、これを体系的に行うことは難しい。これに対する反論のひとつは、それに必要とされる計算などできない、というものである（Jones 1994: 199-201）。

　このほかに、権利の対立を、権利保護を最大限にする方法で解決する「権利の功利主義」というアプローチがある。これは従来の功利主義と同じように、多数者のために人権が制限されうると、多くの批判にさらされている。より適切なアプローチは、すべての権利を尊重するが、犠牲にせざるをえない場合は公正に犠牲を分配する、というものである。これは漠然としているかもしれないが、人権を他者の利益のための手段として考えるというおそれを排除できる。人権の基盤を主体性に求める学者は、主体性にとって最も重要な権利に優先順位を与えている。たとえば、困窮しない権利は有給休暇の権利に優先される（Gewirth 1982）。これは理論的には一貫しているが、等しく重要な権利の間における対立を解決するものでない。「基本的権利」を特定できると考えている者は、それらの権利を保護するために必要となれば他の権利は侵害できるが、基本的権利は非基本的権利を保障するために侵害されてはならない、と考えるだろう。しかし、これまでみてきたように、基本的権利の概念には議論の余地がある。おそらく人権理論の中で人権の対立をすべて解決できるものはないかもしれない。

人生は我々に悲劇的なジレンマを与え、人権理論はこれを変えることができない。

人権の概念は功利主義の思想とは相容れないものと通常考えられている。功利主義が最大効用のために人権を犠牲にすることがあるからであるが、ジョーンズは、功利主義が権利間の対立のジレンマから人権理論を救うかもしれない、と考えた。規則功利主義は、我々は共通の利益を最も促進する規則によって生きるべき、としている。規則功利主義は、ある者の人権を守るために他者の人権を侵害することは、正しい規則の違反にあたるため許されない、とする。規則功利主義は、たとえ短期的にみて害よりも益をなす場合にであったとしても、同様に許されない、とする（Jones 1994: 203-4）。これは、大多数の人の人権を保護するために少数の人の人権を侵害してはならないと考える人々にとって受容できる解決策であるが、我々が常にこうした立場をとるべきとは限らない。

人権に対する異論

第2章において、人権の概念に対する批判は人権の概念と同じくらい長い歴史を持つことをみてきた。「自然権」から「人権」への移行は、自然権に対する批判を、そのような批判が「自然」に関するものである限りにおいて、取り除いた。それでもなお、古典的概念に対する批判のいくつかは、現代的概念についても行われてきている。独断的である、絶対的すぎる、個人主義的すぎる、思想的基盤がない、非現実的な期待を惹起し、それによって社会的対立や無秩序を促進する、責任の重要性を無視し、共同体の価値を低める、価値の対立の問題を解決することができない、法律至上主義的、及び形式的すぎる、それにより真の苦悩や不正に対応していない、などである。概念自体を否定しなくとも、権利のインフレについては批判する者もいる。すなわち、権利のインフレは、権利を矮小化し、不必要な負担を義務保有者に課し、自由に過剰な制限をかけ、民主主義の範囲を制限し、寛容と多様主義の役割を制約し、家族などといった貴重な社会関係を阻害するからである。

人権に対する最近の挑戦は、「コミュニタリアン」として知られる思想家からなされてきた（Caney 1992; Mulhall 及び Swift 1996）。彼らは、個

人の自律を過大評価し共同体を過小評価するものとして、自由主義を批判する。しかし、人権と共同体が相互に排他的と考えるのは誤りである。共同体の中には人権を侵害するものもあるが、これを保護するものもある。人権の中には明示的に共同体の価値に触れているものもあるし、表現の自由の権利のように適正な共同体を求めていると解釈されるものもある（Gewirth 1996）。コミュニタリアンは、複雑な問題を提起しており、必ずしもすべての考え方が人権と相容れるものではないが、人権と共同体との間で想定される相反性はしばし誇張されたものとなっている。たとえば、迫害と貧困は共同体や家族生活を害し、人権保護はコミュニタリアンが擁護しようとする連帯的価値を強化することもある。我々はまた、共同体の価値が、擁護されるべきでない、残虐や非道な行為（とくに女性や子どもに対する）を隠蔽するのに使われることがあることも想起するべきである。

結論

　人権の概念は、個人主義的である、義務よりも権利を強調している、利己的行動を奨励しているなどの批判をよく受ける。しかし、ロックの古典的自然権理論は、すべての人が他人の権利を尊重する義務を課す自然法に基づいている。権利の概念は利己的に使われうるが、いかなる概念でも濫用されうる。たとえば、義務の概念も強者が弱者を管理することに使われうる。人権を推進する者はしばしば他者の権利のために戦うが、それは利己的な行動ではなかろう。世界人権宣言第29条は、すべての人が社会義務を負うことを想定しており、ジェウィスは、人権の概念は、人権を支える共同体に義務を履行することを個人に課している、と主張する（Gewirth 1996）。人権の概念は非社会的個人の概念を前提としているといわれることがあるが、人権は一義的には正当なガバナンスの理論の基盤となるものである。それゆえ、人権の概念は政治的な概念であり、決して非社会的なものではない。

　世界人権宣言は、人権を承認することは世界における正義の基礎となると述べている。しかし、人権と正義の関係には議論の余地がある。自由主義的な正義論者は、正義の概念は人権の概念よりも根本的と主張しており、

なるほど正義の理論は人権の概念よりも、どのように権利が配分されるべきかについて述べるものといえる。しかし、それでも、人権は正義論の中で重要な位置づけを有している。人権に対する主張が妥当かどうかは正義によって確認されるかどうかにかかっている、と信じる学者もいる。これに対し、ドネリーは、人権の概念は正義の概念に比べ、より明確でより議論の余地がないと主張している（Donnelly 1982）。実際、人権の概念は、いかなるグローバル・ジャスティスの理論よりも、より議論の余地がなく、それゆえ政治的にもより有用である。しかし、人権の多くの側面が非常に議論の余地があることを我々はみてきた。自由主義的な正義論は通常人権を認めるが、それは権利を基礎とした、あるいは正義を基礎としたアプローチが国際政治にとってより効果的かどうかという理屈よりも、むしろ実際的な判断の問題である。

　権利は自然からではなく、特定の社会の文化や制度からのみ導き出すことができる、という一般的な批判もある。この批判は世界人権宣言に盛り込まれている権利の少なくともいくつかについてなされている。ジョーンズは、世界人権宣言第22条が、「すべて人」は各国の組織及び資源に応じて、自己の尊厳に欠くことのできない経済的、社会的及び文化的権利の実現に対する権利を有し、社会保障を受ける権利を有すると述べていることを指摘する。彼によれば、第22条は人権というよりもむしろ「市民権」を規定したものである（Jones 1994: 160-3）。しかし、この規定は、異なる国の組織や資源に応じて普遍的権利の実施が異なりうることを述べたものとして読まれるべきである。人権に限界がある限り、社会はその限界を規定する。その意味において人権は社会的でなければならず、それゆえさまざまな形に特定される（Jones 1994: 192-4）。世界人権宣言第29条は、特定の目的のために法によって人権が制約を受ける可能性を認めているが、残念ながらこの条文の文言は非常に曖昧なものとなっている。

　権利は人間同士の関係を規定することから生まれている。その意味で、権利は社会にとって不可欠なものであり、この事実は、権利は権利保有者に力を与えるものであるという考え方と一致する。力は社会関係であり、正当な力は権利を保護する規則によって制約を受ける。権利保有者のエンパワーメントはしかしながら、概念としての権利の特徴である。人間の義務よ

りも人権を強調することは、人間個人の道徳的地位は他者への義務も伴うということを否定することなく、権利保有者の道徳的価値を強調することである。人権の概念は人間個人を道徳的主体として尊重することと、侵害を受けうる脆弱な生き物としてみなすことを求める。人権の概念は利己的でも反社会的でもなく、個人の責任も共同体の価値も否定しない。人権は個人の自律を尊重しつつ、人間の連帯を認める概念である。マリタンとフォーサイスが、世界の宗教的、思想的多様性、及び哲学というもの自体の「避けられない論争的性質」に鑑みれば、人権の思想的基盤に完全に合意を得ることは不可能、と述べていることは正しいといえよう。おそらく人権には、ただ一つの思想的基盤というものは存在しない。人権によって異なる正当性がありうるし、人権の概念自体さまざまな正当化がありうる。このことはしかしながら、思想的基盤という考え方自体、非常に問題であることから、人権の概念にとって深刻な打撃ではない。人権には、人間の尊厳に基礎を求めるもの（ドネリー）、道徳的行動に基礎を求めるもの（ジェウィス）、人間の共感を要求するもの（ローティ）、人間の繁栄を条件とするもの（ヌスバウム）など、それを支えるさまざまな強い論拠がある。自由主義に関する合意をベースに、人権に関する合意を形成することが近い将来、可能かどうかについては疑念が示されてきたが、人権にとって最善の理屈は、自由主義的な理屈である一方で、合意はさまざまな理由をベースになされるというのが実態であろう。人権は、道徳や政治全体を構成するものではない。人権は、社会秩序などといった他の価値とバランスをとらなければならない。また人権は、互いに対立し合うことから、絶対的なものではない。それでも、政治理論の中で人権の概念に主導的役割を与える道徳的、人道的主張は、非常に強いものである。

　人権はそれゆえ、人間性と厚生に基礎を置かなければならないが、「自然のもの」ではない。社会的構築物として、人権はそれを支える理屈が強固であるほどに「正当」である。タルボットは、すべての正当な確信に合理的に疑問が挟めないことを求めること、すなわち彼が呼ぶところの「証明パラダイム」に疑問を呈した。人権は疑問を超えるものではないという事実は、人権を道徳的に無効とするものではなく、他の多くの妥当とされている確信に比べてより疑わしくさせるものでもない（Talbott 2005: 23）。権

利の個人性と社会の利益との間に一般に設けられている区別は、正確でない。人権の概念自体が、個人の利益と社会の利益をいかに最適に調和させるかという考えを伴うからである。また、権利に基づく理論と義務に基づく理論の間の区別も、人権の理論は義務の理論も伴わなければならないという点において、同じように正確でない。正当化が強固な場合においてのみコンセンサスを支持する意味があるのであるから、人権の正当化は、人権に関するコンセンサスとは区別されるべきである。人権の概念は、個人に対する不正や、権力の抑圧を明確に論じるための基礎である。それは、多くの道徳的矛盾を惹起するものであるが、その核心にある道徳的力は極めて力強く、相当の影響力を持ってしかるべきである。

5 社会科学の役割

イントロダクション──人権と社会科学

　人権概念は神学、哲学、及び法学から生まれたものである。自然権の概念はそもそも中世後期のローマ法から発展したが、それは財産権を神学的に擁護するため、そして、ヨーロッパの帝国主義を擁護もしくは逆に批判するためであった。さらに17世紀には、財産権と、現在、我々がいう市民的及び政治的権利を絶対君主政府から守るために発展したのである。この概念は規範的であった。すなわち、人々がどのように振る舞うことができ、また振る舞わなくてはいけないのかを規定していたのである。現代の人権概念はこの規範的性格を受け継いでいるのである。まず意図されていることは、政府が何をするべきで、何をするべきでないのかを規定することである。しかし、フランス革命と国連創設の間、自然権の概念に挑戦した科学哲学の実証主義は、新たに誕生しつつあった社会科学に大きな影響を与えた。この哲学によると科学は規範的なものではなく、すなわち人々に対してどのように生きるべきかを示すものではないのである。人権概念と社会科学の緊張関係は1947年に明白になった。アメリカ人類学会の執行委員会が国連人権委員会に声明を提出し、世界人権宣言が世界の異なる文化に対して十分な敬意を示していないという懸念を表明したのである（American Anthropological Association Executive Board 1947）。この声明は後に、人権に対する科学的なアプローチは存在せず、科学組織であ

る人類学会は人権について発言するべきではない、と人類学会内部で批判されることになった（Barnett 1948）。

　人権法は規範的概念としての人権と社会科学の断絶を橋渡しする。法は権利と義務を規定するという意味で規範的であるが、社会科学は、なぜ、そしてどのように人権法ができ上がり、なぜ実施されたりされなかったりするのかを分析できる。異なる文化的文脈で人権問題がどのように理解されるのかを説明することによって、社会科学の解釈は人権の法的議論を補えるのである。社会科学による解釈が橋渡しする断絶は、法的な抽象概念と、それによって守られるとされている普通の人々の日常生活の間にある。

　法制度化は多くの場合、人権の実施のための最良の方法だが、常に必要なわけではなく、また十分でもない。時に法は、道義では達成できないことを達成する。しかし人々に保障する必要があるのは、人権によって提供されるものであって、法的権利それ自体ではない。人権の法制度化は、効果的な保護を伴わない形式的なものならば、その実施の妨げにさえなりうる（Nickel 2007: 50-1, 92-3; Pogge 2005a: 13-14）。社会科学者は人権法に関わる、国家、国際機関、NGOの行動や影響を経験的に研究してきたのである。

法学の優越とその批判

　1970年代以前、人権に関するほとんどすべての学術的研究は法律家によってなされており、そのほとんどの論文は法学誌に発表されていた。UNESCOが1970年代初めから1980年代半ばまでに出版された学術誌を分析した結果わかったことは、人権関連のそれが主に法律中心であり、人権に関する論文を載せる他の学術誌でも、社会科学はほとんど寄与していなかったということである。大学における人権教育に関する複数の調査で明らかになったことは、法学的視点が圧倒的に支配的ということである。しかしながら、人権に対する法学的アプローチは、人権の倫理学的、政治学的、社会学的、経済学的、人類学的側面を適切に分析できない。人権法は社会的、政治的な起源を持ち、社会的、政治的な結果を生むが、法学的な分析はこれを理解する助けにはならないのである。社会科学の本質的な関

心と研究方法は法学研究とはまったく異なるものであり、人権の実践を明らかにすることができるのである（Pritchard 1989）。しかし、社会科学は近年になるまで人権にほとんど関心を示してこなかった。

　法律家は人権が尊重されていたか侵害されたかについて判断を下す。社会科学者が試みるのは、なぜ人権が尊重されたり侵害されたりしたのかを説明することである。判断のための学問は人権尊重を促進する手段についてはさまざまな前提を持つことがあるが、社会科学者は仮説を経験的に検証し、効果的な政策形成に貢献できるのである。

　政治哲学者たちが長らく主張してきたのは、政治は法の支配に服すべきで、法は利益と権力の政治の上位にある、ということである。しかしながら、政府に制約を課す限りにおいて、法は政治的である。法によって権力をなくすことはできないが、それを隠蔽あるいは正当化することはできる。国際人権法は、普遍的平等という虚構に基づいているという理由から批判されてきた。そして、構造的な不平等を覆い隠すことで、多くの人権侵害の原因を隠蔽してきた、ともいわれてきた。しかし、国際人権法はある程度の自律性を持つことができ、権力に支配される人々に正義をもたらすことができる。とはいえ、この自律性も決して完全ではない。法は一見すると公正で客観的にみえるが、それは幻想かもしれない。このような幻想は、不確かな世界にあって確かなものを定めているように思える限りでは魅力的であろう。しかし、そのような確実性はやはり幻想なのである。なぜなら法の解釈と適用は、法的にも政治的にも争われるものだからである。人権法の存在、性質、解釈、実施が、論争的な政治的問題を引き起こすことは不可避である。

　法が人権を保障するかどうかに関する経験的証拠は驚くほど少ない。キースの1977～96年を対象とした研究によって明らかになったことは、憲法における言論、集会、結社、信教、報道の自由の規定は概して、目立った人権の改善をもたらさないということであった。しかし、公正な裁判を受ける権利の規定は、個人の身体保全の権利を改善させた。これらの研究が示すところによると、憲法による人権保障の効果は法律家や活動家が想定するほどではないが、懐疑的な人たちが思っている以上のものだということである（Keith 2002）。しかしながら、ブラシとシングラネリが明らかにし

たように、憲法が人権促進の効果を持つのは、司法の独立のような適切な制度が設けられている場合である（Blasi and Cingranelli 1996）。

モラヴチックの発見によれば、欧州人権レジームの成功要因は自由な市民社会と司法の独立であった。人権レジームは反自由主義的な体制を自由化させることはなく、民主主義体制においてすでにある程度良好な人権状況を改善させる。最も効果的な国際人権の実施制度は、先行する思想的及び制度的支えがあってはじめて成り立つのである。したがって人権の実施は、最も必要とされるところに最も難しいのである。欧州と米州の人権レジームの比較が示すのは、人権保障において制度よりも人権の価値に関する合意がより重要だということである（Morvcsik 1995: 158-9, 178-82）。

ハサウェイの主張によると、国際法の専門家は人権法の効果を体系的に評価することについては消極的である。人権条約を批准している国の人権状況は、批准していない国と比べて概してよい。しかし、条約義務の非遵守も広くみられ、最も深刻な人権状況の国において条約批准の割合が高いことが多い。つまり条約批准はしばしば人権状況の悪化と関連しているというのが彼女の主張である。人権条約の執行力は極めて弱いが、国家は批准によって幾分かの信望を得ることができるため、条約批准は実際の人権改善の代替になりうるのである。人権条約の効果は広範にわたる促進的なものであり容易には測れないとの主張もあるが、批准による長期的な効果は未知である。ハサウェイの結論は、人権の宣言は容易に定義して測ることができず、人権侵害の救済を保証する効果的な手段を伴わないため、逆効果にもなりうるというものである。したがって、人権条約の普遍的な批准を確保しようとする努力には問題がある（Hathaway 2002）。グッドマンとジンクスは、方法論的な根拠からハサウェイの発見に反論した（Goodman and Jinks 2003）。キースの研究では、自由権規約の批准国は未批准国よりよい人権状況であったが、批准それ自体ではなく経済的、政治的な要因がこの違いを説明していた（Keith 1999）。

ヌーマイヤーは、人権条約の批准が民主制と強固な市民社会においては有益な効果を持つことを発見した。このような条件を欠いている場合、条約批准は効果がないか、あるいはさらなる人権侵害とも関連しうる。（Neumayer 2005）。ハフナー・バートンと筒井は、多くの人権条約を批

准している国が、批准の少ない国と比べて人権をより保障するわけではない、と結論づけた。実際のところ、批准国は、未批准国より人権侵害を行う傾向にあるのである。自由権規約と拷問等禁止条約を批准している国は、これらの条約で規定されている権利を実施しない傾向にある。批准から15年も経って、どちらの条約も抑圧的な国家の人権侵害に対して制度的な影響を与えていないのである。したがって、批准による効果が現われるのには時間がかかるという主張は正当でない（Hafner-Burton and Tsutsui 2007）。ランドマンの結論は、確かな経験的根拠によれば、国際人権法が国家の行動に与える影響は限られている、ということである（Landman 2005a: 6, 137, 146-7）。シモンズは、人権条約の批准は時に行政府、立法府、司法府、そして市民社会に対して人権を促進する効果を及ぼすものであり、とくに、権威主義でもなく十分に民主的でもない国においてそれがいえる、と結論づけた。しかし、これは人権の改善に関して公の議論ができる場合についてである。また彼女は、さまざまな理由から他の権利よりも実施が難しい人権があるとも主張し、その理由は資源の不足に限らなかったということである（Simmons 2009）。

　国際人権法は政治と衝突することもある。人権の擁護者は人権犯罪の不処罰を終わらせ、さらなる侵害を抑止するために訴追を支持する。しかしロッドマンは、国際刑事法廷が紛争中の人権犯罪を抑止することは不可能だ、と主張する。旧ユーゴスラヴィアの経験や、スーダン大統領オマル・アル・バシールをダルフールでの戦争犯罪及び人道に対する罪で起訴した国際刑事裁判所（International Criminal Court: ICC）の最近の経験が示すのは、和平に加害者の協力が必要な場合、訴追は人権侵害の抑止にならない、ということである。ボスニア、コソヴォ、ルワンダ、シエラレオネにおいて、暴力を止めたのは法ではなく武力であった。フリントとデ・ワールは、国内反体制派の勢力が弱く、国際社会が武力行使に消極的であるため、バシールの逮捕と訴追の可能性が低いだろうと主張している。中国、ロシア、アラブ諸国及び多くのアフリカ諸国は、バシールを支援することに経済的、政治的利益を見出しているが、ICCはこれらの国に対してほとんど影響力を持っていない。フリントとデ・ワールの考えでは、スーダンの政治的紛争の唯一の解決策は、両者の妥協による権力分有の合意であ

る。ダルフールのような紛争においては、政治が法を凌いでしまう。国際刑事法廷は人権尊重の促進に貢献しうるが、それは政治と結びついた場合に限っての話である（Rodman 2008; Flint and de Waal 2008）。

　近年の旧ユーゴスラヴィアとルワンダにおける国際刑事法廷の発展とICCの創設には、第2次世界大戦後のニュルンベルク裁判と東京裁判という先例がある。国際法廷を国内法廷と比べると、長所と短所の両方がある。国際法廷は公正な裁判に関する国際基準により適合しやすいが、国内裁判所は関係する人々にとってより正統に受け止められることがあり、より大きな影響を与えられるだろう。人権の擁護者は人権犯罪に対する刑事法廷を原則的に支持する。しかし国家がそれに賛成するときには、リアリズムによる理想主義に対する「安上がり」な譲歩と考えている場合もある。すなわち、国家にとってリスクの大きい介入と、何もしないことの中間の手段と考えていることがあるのである（Rudolph 2001; Barria and Roper 2005: 358）。ICCは1998年に創設された。アメリカは同裁判所に反対して、自国民が裁かれることを防ぐ措置をとった。同裁判所は2007年7月に活動を開始し、2009年1月に最初の事案として、コンゴの軍人指導者であるトマス・ルバンガの裁判を開始した。ICCは、これまでの公式な捜査がすべてアフリカの事案だという理由で批判されてきた。同裁判所は警察力を持たず、一般的に活動対象国政府の協力に依存している。また裁判所は、資金、情報、証拠収集、容疑者の逮捕、非協力的な政府に対する圧力については、国際的な支援に依存している。しかし大抵の場合、そのような協力は得られない。ICCの価値について、評価はまだ出ていない。

　国際法廷と国内法廷にはともに異なる長所と短所があるので、両者の要素を備えた混合法廷が、シエラレオネ、コソヴォ、東ティモール、カンボジアで試みられてきた。しかし、国際裁判所と国内裁判所の長所を満足いく形で組み合せることが困難な場合もある。国内裁判所の中には最も深刻な人権侵害について「普遍的管轄権」を主張するものもある。1999年にロンドンで拘束されたチリの元大統領アウグスト・ピノチェトの送還をめぐる事件は、このアプローチの重要な先例となった。しかし、普遍的管轄権はいくつかの条約や国内法において限られた形で存在するものの、相対的には衰退している。

人権法廷が政治的な「見せしめ裁判」になっている、との懸念もある。しかしウィルソンは、旧ユーゴスラヴィアの法廷においては、ジェノサイドの告発によって、公正な裁判と広範な歴史観の結合が可能になった、と主張している（Wilson 2005）。対照的に二村は、東京裁判によってアジアにおける第2次世界大戦が適切に清算されたかどうかについて懐疑的である。また、東京裁判において集団の政治的目的と個人の法的責任が混合されてしまい、日本国民が自らの過去を受け入れる妨げとなったという疑いを発している（Futamura 2008）。カンボジアでは、法廷を設置するまでに何年もかかり、最も重要な加害者のうちの何人かはすでに死亡していた。それにもかかわらず、あまりに少なくあまりに遅い正義でも、まったくないよりはずっとましであると、生き残っている被害者が感じていた証拠もある。

　法は貧しい人々の人権を守ることができるが、その問題は法的解決策を必要としないかもしれない、という主張もある。法は彼らを解放するのではなく抑圧し、彼らの利益を意図した法改正も実際には実施されず、そして、彼らは裁判所にアクセスすることが困難である、との主張である。国連開発計画の推計によると、4億人（世界人口の3分の2）以上の人は法の支配の外で生活している。したがって、貧しい人々を法的にエンパワーする必要があるのである。とはいえ、たとえばアフガニスタン部族支配地域における女性の権利保護にみられるように、法的なエンパワーメント・アプローチには限界があるであろう。法的手続が人権侵害の構造的原因や最良の救済方法を覆い隠すこともありうる。それにもかかわらず、人権教育、社会運動、法的措置の組合せは、力を持たない人々に対して一番の希望を与えるかもしれない。そして、外からの支援によって現地での取組みを促進することができるのである。

　人権法廷が、国際的なものであれ国内的なものであれ、「移行期の正義」の一部分となってきたことは、前の章で簡単に考察した。抑圧体制から民主体制への移行期において、人権侵害者の訴追に関する政策は多様である。過去の人権侵害に対して何も行われなかった国もあれば、特赦が与えられた国もある。裁判が行われても、刑が軽い場合もあった。真実委員会が裁判の代わりとして設置されることもあり、両者が結合されたこともある。真実委員会を裁判と結合させることの問題のひとつは、真実委員会が人権

侵害者の協力を必要とし、裁判に直面している人権侵害者は協力する可能性が低いということである。

体制移行の性質は、移行期正義の手法と性質に影響を及ぼす。交渉に基づく体制移行では移行期正義は不十分であるかまったく実現しない可能性がある一方で、崩壊した体制を引き継ぐ場合、より厳しい手段がとられることもある。裁判と真実委員会か、あるいは裁判か真実委員会かというバランスは時とともに変化するだろう。そのため、時として移行期正義は長期間にわたることがある。国連は人権侵害者の処罰について、一貫した政策をとっていない。旧ユーゴスラヴィアとルワンダでは刑事法廷を設置したが、南アフリカについては、アパルトヘイトを何度も非難していたにもかかわらず、設置しなかった。移行期正義は、20世紀末にラテンアメリカにおける軍事政権が終焉したときに始まった。そして、南アフリカの真実和解委員会に代表されるようにアフリカやアジアに広まったのであるが、ヨーロッパではほとんど採用されていない。旧共産主義諸国においては「浄化」、すなわち旧共産主義の役人の追放が行われたが、これはしばしば批判の的になっている。

真実委員会にとっての「真実」は、刑事法廷にとってのそれと同じではない。真実委員会では証拠の取扱いが比較的厳密でないため、より多くの真実が語られうるが、真実でないこともより多く語られる可能性もある。このことがとくに問題になるのは、公正な裁判によらずに加害者として断定し、名指しする場合である。真実委員会は個人の罪の有罪性を超えた人権侵害の構造的原因を問題にし、制度改革の勧告ができる。また、真実委員会は被害者に発言の機会を与えることができ、刑事裁判よりも共感と尊厳を伴った扱いをするといわれている。刑事裁判では被害者も厳しい反対尋問の対象となりうる。また、被害者に対して補償が行われることもあるが、この点についてはこれまでのところ十分とはいえないであろう。真実委員会は任務と資源の点で極めて多様であるが、ほとんどの場合に資源が限られており、とりわけ時間が不足していることが多い。真実委員会が支持されてきたのは、それが罪の否認に対して反論し、被害者に対して行われた過ちを認め、そして刑事法廷ほど対立的ではないと考えられているからである。真実委員会は批判もされてきたが、その理由は正義をもたらすことに失敗したとい

うものであり、それと同時に、想定されてきた和解や安定への貢献にも疑問が提起されてきた（Hayner 2002）。

スナイダーとヴィンジャムリは、訴追がさらなる人権侵害を抑止するかどうかを経験的に調査し、抑止しないと結論づけている。旧ユーゴスラヴィアとルワンダの法廷は、その後に起きた大規模人権侵害を抑止しなかった。その一方で、公式あるいは暗黙の特赦は、エルサルバドル、モザンビーク、ナミビア、南アフリカ、及びアフガニスタンで人権侵害を抑制した。彼らの主張によると、民主主義派が反民主主義派に対して優位を占めていない場合、人権侵害者の訴追は武力紛争やさらなる人権侵害のリスクを増加させ、法の支配を制度化する妨げとなる。裁判が最も効果的となるのは、安定した民主主義で法の支配がきちんと制度化されている場合、すなわち、人権侵害予防の必要性が最も少ない場合である。したがって、「不処罰」に反対する人権キャンペーンは、しばしば人権に悪い結果をもたらすことになるかもしれない（Snyder and Vinjamuri 2003-4）。

この主張はシキンクとウォリングにより、経験的に批判された。ラテンアメリカは人権裁判の長い歴史を持っているが、民主主義を弱体化させたり人権侵害を増加させたりしたことはない、というのが彼らの指摘である。裁判は最悪の人権侵害が起きた国でも行われたが、大抵の場合、裁判の後に人権は改善したのである。裁判が行われれば行われるほど、人権も改善した。裁判は民主主義のレベルとは直接の関連なしに、人権を促進する関係にあるのである。そして裁判が紛争を悪化させるという証拠もない。裁判なしに体制移行が行われたところでは、人権は悪化したのである。特赦によって人権が改善するという証拠はなく、たとえば、エルサルバドルのように特赦も人権の改善の両方が一緒にみられる場合も、因果関係は証明されていない。ラテンアメリカの経験が他の地域でも繰り返されるかは不明であるが、裁判に対する懐疑的な見方は少数の事例と短期的な時間幅に過度に影響されているといえる（Sikkink and Walling 2007）。

人権実施に向けた近年における別の展開としては、国家人権機関（national human rights institution: NHRI）の設置がある。このような機関はすでに100カ国以上で設置されており、1990年代初頭から4倍の増加である。NHRIの活動は、国連総会が1993年に採択したガイドライン

に基づいているが、これは「パリ原則」として知られている。NHRIは政府に助言し、申立てを調査し、個別事件の解決や法改正に関する勧告を出し、そして人権教育に携わる。多くの場合、拘束力のある決定をする権限は持たないが、司法が効果的でないところでは有益である。1993年、国連人権委員会の支持を受けて、国内人権機関国際調整委員会が設置された。NHRIがとくに有益な働きをしうるのは、アジアのように地域人権レジームが存在しない場所である。しかし、NHRIは最も必要とされる場所で最も脆弱になりやすく、さらに悪いことに、抑圧的な政府の宣伝にすぎない可能性もある。NHRIが最も効果的なのはおそらく民主主義国においてであり、人権を保障するための国家、非国家機関の複合体を構成するひとつの機関となっている場合である。とはいえ、NHRIは人権機関が脆弱な国、とくに民主化移行期においても、ある程度の成功を収めている。NHRIはこれまでのところ、深刻な人権侵害の予防に対しては限定的な貢献しかしていないが、人権を促進することはできる。そしてその方法は、それほど厳密に法的ではないにせよ、国際人権法の基準に基づいている（International Council on Human Rights Policy 2000）。

　国際人権法は本質的に政治的である。人権裁判を行うか否かの決定は、常に政治的に動機づけられている。法は人権促進において役割を果たすが、その役割を理解するためには政治的分析が求められるのである。

政治学

　世界人権宣言が採択された1948年から1970年代半ばまでの間、政治学はいくつかの叙述的な研究を例外として、人権に注意を払ってこなかった。このような人権の軽視は、リアリズムと実証主義という、この学問分野に対する2つの主要な思想の影響によって説明できる。リアリズムが説いているのは、政治とはなによりも権力の追求であり、人権のように倫理的な考慮はせいぜい二義的な役割しか果たさない、ということである。また、実証主義が説いているのは、倫理的判断は非科学的であり、社会科学の研究からはそれをを排すべきである、ということである。このような状況が変わったのは、1970年代に人権が現実の国際政治において以前より重要

になったからである。主要な学術誌を対象とした近年の調査によると、人権に関する論文の掲載数は、1980年より前には34本だけであった。1980年代には36本が掲載され、1990年代には60本であり、2000年から2008年8月の間には459本が掲載されたのである。それでも、冷戦終結後、これらの学術誌に掲載された論文のうちのたった2％が人権に関するものであったにすぎない。そしてそのほとんどが、これらの雑誌のうちのたった2つに掲載されていたのである。したがって、政治学における人権の研究は増えているとはいえ、依然として重要とはいえない（Cardenas 2009）。

1976年、クロードは、人権を理解するためには、法手続だけを分析しても不可能であると主張した。社会科学者が研究するべきものは、人権発展の要因となる社会的勢力である。このような研究のためには、歴史と比較の両方に基づく研究手法が要求される。クロードは人権発展の「古典的な」パターンを、フランス、イギリス、アメリカの経験に基づき説明している。その議論によると、成熟した人権レジームへの発展過程において、政治的自由の保障、法的権利の保障、平等な政治参加に対する権利の確立、そして社会的及び経済的権利の承認と実施という、4つの問題が解決されなくてはならない。

クロードは比較歴史分析から導かれた、いくつかの経験的仮説を提示している。

1. より多くの人が私的経済活動に携わるほど、表現の自由が法的に保障されやすくなる。
2. 市民的平等に対する要求が強いほど、国家は強力になる。
3. より多くのエリートが支持を求めて競争するほど、大衆参加と市民的平等権を促すことになる。
4. 貧しい人がより政治参加するほど、経済的及び社会的権利が実施されやすい。

したがって「古典的」モデルが提起するのは、私的資本主義経済の誕生が人権法の制度化に向けた経済的基盤を提供するということである。成熟した人権レジームの発展に必要なのは、3つの意思決定方式を続けて導入することである。すなわち、法的保障が必要となる市場取引、新たな社会勢力の権利を拡大させるような交渉、及び複雑さを増す権利関係を規制及

び管理するための中央の意思決定、である。これらの国における人権の発展は、比較的緩やかな社会的、経済的変化という文脈の中で起きたことである。したがって、この過程の分析から導かれる結論が、急激な変化の途上にあるか、少なくともそれを試みている国に当てはまらないとしても無理はない。クロードの提起によると、そのような急激な変化の結果として生まれるかもしれない、より中央集権的な意思決定は、古典的モデルに基づく人権レジームの誕生を妨げるだろう、という（Claude 1976）。同じ書籍の中でストラウスとクロードは、計量分析に基づき、急激な経済発展は政治的権利に負の影響を与えることを発見している。彼らの結論によると、発展途上国が直面する困難なトレードオフ（二者択一）のジレンマは、市民的及び政治的権利の保障か、それとも急速な経済成長か、というものである（Strouse and Claude 1976）。

　ドネリーは、経済発展と人権の関係について異なる方法で検証している。そして彼は、その関係において想定される3つのトレードオフを特定した。すなわち、必要性のトレードオフでは、投資のためにベイシック・ニーズが犠牲にされる。平等のトレードオフは、急速な経済発展のためには大きな不平等が必然的に伴うという考えに基づいている。自由のトレードオフが想定するのは、政治的権利はポピュリスト的な政策を促し、経済発展を妨げるということである。ドネリーは、このようなトレードオフは経済発展に必然的に伴うという命題を、ブラジルと韓国の比較研究で検証している。

　1960～1980年において韓国は、ブラジルより急速な経済発展を達成したが、不平等はより小さく、比較的よく社会的及び経済的権利が保障されていた。この事例は、必要性と平等のトレードオフが急速な経済発展に不可避だという仮説に対する反証であろう。とはいえ、この時期の韓国の市民的及び政治的権利の状況は極めて悪い。このことが示すのは、政治的抑圧は経済発展を伴うかもしれないが、必ずしも必然的ではない、ということである。ドネリーは、インドネシアのように抑圧によって正統性の危機を招くこともあると主張している。したがって、開発独裁体制下にある社会の自由化、民主化は、そのような危機状況を安定化させる助けとなるかもしれないのである（Donnelly 1989: 163-202）。しかし、自由化と民主化が時に不安定化を招くかもしれないということを、ソ連と旧ユーゴスラヴィアの

例は示している。

　1986年、ガーは、実証主義を用いて人権に関連する問題を研究した。彼は国家による暴力を研究することで、人権が規範的な概念であるという問題を回避し、体制と挑戦者のモデルを用いてこれを行った。そして、国家が権威を確立し維持するための多くの政策選択肢のひとつとして、暴力を考察したのである。ガーは、国家、挑戦者、エスニシティと社会階層、そしてグローバルな環境について14の仮説を提示した。仮説はたとえば以下のようなものであった。挑戦者からの脅威が大きいほど、国家は暴力を用いやすい、エスニックの多様性や社会的不平等が大きいほど、国家は暴力を用いやすい、対外的な脅威に直面した国家ほど、対内的な暴力を用いやすい、など（Gurr 1986）。しかしガーは、仮説間の関係については曖昧なままである。たとえば、国家に対する脅威は国家の暴力を増長させる傾向にあるが、民主的制度は国家の暴力を軽減する傾向にある。ガーは、民主国家に対して大きな脅威が生じたときにどうなるかについては説明していない。また、これらの仮説は、暴力のダイナミズムについては説明していない。たとえば、旧ユーゴスラヴィアにおいては、エスニックの多様性が国家の暴力と相互に関連していたと考えられるが、これだけでは共産主義崩壊後に社会で起こった事象の説明として不十分であろう。

　ガーが国家の暴力を国家と挑戦者の関係で説明しようとしたのに対して、フォワレイカーとランドマンが考察したのは、社会運動がどのように権利レジームを作り上げたか、であった。社会運動は必ずしも権利を促進するわけではなく、さらなる抑圧を誘発することがある。しかし、国家は権利を与えることで正統性を獲得する場合もある。権利が最もよく保障されるための組合せは、活動的なNGOと、独立して、有効に機能しており、腐敗していない司法部である。社会運動が埋めようとする溝は法と政治、すなわち、「原則としての権利」と「実践としての権利」の間にあるものである。しかし、社会が権威主義から民主主義へと移行するにつれて、権利の保障は法的領域へと移っていき、社会運動はそれまでの顕著な役割を失うこともある。フォワレイカーとランドマンの主張によると、比較に基づく、経験的、計量的分析は、大衆社会勢力が民主的権利を生み出しうることを示した（Foweraker and Landman 1997）。

ランドマンは、人権理論と法の普遍性という考えについては国家横断的な経験的比較が必要だと主張している。比較研究が、原則として主張されることと、実際に観察されることの乖離を説明する助けとなるのである。彼が指摘するように、法的基準の意味は不確かで、そのため、経験的遵守を評価する際に規範的基準を用いることには問題がある。しかし、経験的研究が示しているのは、民主主義で富裕国が個人の身体保全の権利を侵害しない傾向にある、ということである。そして、国際及び国内紛争に巻き込まれている国は、これらの権利をより侵害する傾向にある。したがって、富や民主主義及び平和は、人権保障に関する最も重要な決定要因となる。しかし、グローバルなレベルで妥当する計量的関係は、必ずしもすべての地域において妥当するわけではない。たとえば、経済発展と人権にみられる正の関係は、ラテンアメリカでは妥当しない（Landman 2002, 2006）。

　民主主義と人権の経験的関係は直接的ではなく、大規模な人権侵害は、完全な民主主義体制と完全な独裁体制の間にある体制においてより見出される、という主張もある（Fein 1995）。しかし、ダヴェンポートとアームストロングはこの主張に挑戦し、一定の水準以下の民主主義においては人権に対する識別可能な影響は存在しないが、その水準の民主性を超えると人権尊重が促進される、と反論した（Davenport and Armstrong 2004）。古い民主主義は新しい民主主義と比べて市民的及び政治的権利を侵害しない傾向にある（Landman 2005a: 92, 117-18）。ダヴェンポートの指摘によると、一般的に民主主義が抑圧を軽減させることは十分に立証されているが、民主主義のすべての側面が抑圧を軽減させるのかどうかについては明らかでない。また、民主主義がすべての形態の抑圧を軽減させるのか、あるいは民主主義がすべての状況で、とりわけ武力紛争状況においても抑圧を軽減させるのかも不明である。彼の主張によれば、一般的に、民主主義における大衆的側面のほうがエリート的側面よりも抑圧を軽減させるのに効果的であり、民主主義は市民的権利の制約を予防するよりも、国家による暴力を軽減させるうえでより効果的であり、そして、大衆民主主義の好適効果は内戦状況においては落ちるのである（Davenport 2007）。

　比較計量分析は、人権尊重の水準とそれに関連する変数を特定する厳密な方法である。しかし、人権が改善する因果メカニズムを明らかにする

助けにはほとんどならない。リッセ、ロップ、シキンクは、人権の変化の因果モデルによってこの欠陥を埋めようとする（Risse, Ropp and Sikkink 1999）。リッセとシキンクが提示したのは、国際規範が人権を改善させる段階とメカニズムに関する理論である。5段階の「スパイラル」モデルが説明しようとするのは、国家がこれらの規範を内面化する程度の違いである。5つの段階とは、1）抑圧、2）物質的、規範的圧力とそれに対する抵抗、3）戦略的譲歩そして国内的反対派のエンパワーメントと対話、4）法改正、5）習慣における人権規範の内面化、である。このモデルは直線的な進化を仮定しておらず、すなわち政府は抑圧的行動に戻りうるのである。

　国際人権規範が拡散するかどうかは、国際レジームとつながっているトランスナショナルな主体と国内主体の間にネットワークを作り、維持できるかにかかっている。アドボカシーに携わるネットワークは、人権の持続的な変化に必要な条件である3つの目的を推進する。すなわち、1）抑圧国家を国際的な議題に挙げる、2）国内の反対派グループを支援する、3）抑圧政府に圧力をかける、である。この過程は、「ブーメラン」効果を生み出すことで、国内NGOが国際的なアクターを動員し、彼らが逆に国内NGOを強化し、政府に対して圧力をかけられるようになる。社会化による変化の過程には、規範との関連づけによるアイデンティティや利益の社会的再構築が伴う。5つの段階は、それぞれ次の段階を起こしやすくするが、第3段階がとくに重要である。便宜的に順応する（これによって、国家は実際的な動機で幾分か譲歩をする）ことで「言うべきことを言う」と、第4、第5段階において人権規範が制度化され、「やるべきことをやる」ことになるかもしれないからである（Risse and Sikkink 1999）。このモデルが提示する有益な枠組みにより、国際人権規範が国内法システムにおいて制度化されるか否かという過程を比較することができる。しかし、このモデルには予測として価値がほとんどなく、したがって説明的な意義もない。

　ホーキンスは、人権の変化に関するより説得力のある説明の提示を試み、彼が呼ぶところの「過程追跡」法によってチリの事例分析を行った。チリの人権侵害に対する国際的なキャンペーンが行われたのは、ピノチェト将軍によって統治されていた軍事政権期であった。このキャンペーンの成功要因となったのは、チリのエリート内部において、軍支配を目論む立場

と、法の支配による正統性の獲得をめざす立場が対立したことであった。国内及び国際的圧力の結合により、体制側の姿勢は抑圧から憲法改正へと変化した。ホーキンスの主張によれば、強力な人権圧力に直面したチリ政府の戦略の変化には、国内安全保障や経済における危機の不在、エリートの分裂、そして人権の文化的受容がそれぞれ必要で、それらが一緒になったことで十分に説明できるという（Hawkins 2002）。

社会学

　社会学は伝統的に、国際関係ではなく国内社会に関心を持ってきたため、国際人権にはほとんど興味を示してこなかった。ターナーは人権を分析するための社会学的な枠組みの構築をめざし、人権をグローバルなイデオロギーとして、国連によるその制度化をグローバリゼーションの社会的過程の一部とみなした。市民権の概念は近代国民国家と密接に結びついてきたが、グローバリゼーションは国民国家内には完全に収まらない問題を生み出した。それゆえに、市民権に基づく権利概念を人権概念へと拡張しなくてはいけない。社会学的には、人権は脆弱な人間を社会制度によって守る必要性から説明できるが、社会制度は逆に人間に対する脅威にもなる。人権の社会的、法的制度化は、近代社会固有のこのジレンマを解決するための有力な試みである（Turner 1993）。

　ウォーターズの主張は、人権の社会学理論は社会構築主義的アプローチをとらなければならず、人権の普遍性それ自体を社会的に構築されたものとみなさなくてはならない、というものである。この見方によると、人権の制度化は支配的な政治的利益を反映したものである（Waters 1996）。しかしこのアプローチは、なぜ利益を正統化するために人権が選ばれるのかを説明できない。

　スタマーズは、人権に対する法中心主義と国家中心主義のアプローチを批判し、人権侵害が起きているのは国家より下位の社会レベルである、と主張している。彼が擁護する、人権に対する権力論的視点によって明らかにできるのは、経済的及び社会的権利がしばしば私的経済主体によって侵害され、女性の人権が男性によって侵害されるということである。このよう

に国家を、人権問題を解決するものとして捉えている人たちは間違っているかもしれない。なぜなら彼らが人権義務を位置づけているところには、人権問題を解決するための能力が十分にないからである。また、国家に人権問題の解決を期待することで、国家中心主義者は国家権力の増大を求めなくてはいけなくなるかもしれないが、国家権力こそが人権問題のそもそもの起源なのである。権力論的視点から求められるのは、制度や社会運動が権利の法制度化にもたらす影響だけでなく、権力の分配にもたらす影響の考察である（Stammers 1999）。

　ハワードは、人権侵害とその改善を阻害する要因として社会構造的なものがある、と主張した。英連邦アフリカにおいて、脱植民地化後の支配者たちは、権威主義政府を植民地時代の前任者から継承した。国家エリートは経済を支配し、その結果として、経済的、社会的な挑戦者になりえた反対派に対して不寛容だった。これは、国家に対するブルジョア挑戦者の台頭を阻害した。農民は分散しており、教育水準が低く、経済的にも困窮していたため、人権のための社会運動に動員することは困難であった。アフリカの国家が権威主義的であった別の理由は、社会を規制する正統性と行政構造を欠いていることである。そのために、強制による支配に訴えたのである。国家の正統性が弱まったのは、多様なエスニック・グループから国民を形成ができなかったからであるが、アフリカでは珍しくないエスニック紛争はエスニシティだけでは説明できず、国家権力や社会的不平等との関係から理解する必要がある。

　ハワードの構造的アプローチは要因としての文化を排除していない。植民地前のアフリカは、一般的に共同体主義的な文化によって性格づけられていた。そこでは、人の価値は個人の権利よりもむしろ社会的な役割や地位と関連づけられて認識されていた。しかし、近代化は伝統的な社会組織を実質的に崩壊させ、それゆえに伝統的文化の多くも失われた。その結果として、多くのアフリカ人は伝統的な制度による支えなしに、近代化した個人として、近代アフリカ国家と支配的な社会階層に対処しなくてはいけなかった。近代化したエリートたちは、伝統主義に訴えることで挑戦者を支配しようとしたが、伝統的文化のいくつかの側面が人権と両立しないとはいえ、多くのアフリカ人が直面したのは構造的な政治経済における不平等という、

5　社会科学の役割　103

近代的な問題であった。近代化の構造的変化こそが人権文化の発展を可能にするのである（Howard 1986）。

　ウッディウィスは、近代化によって人権は類似する概念へと収斂する、というハワードの主張を否定する。経済的に成功した東アジア及び東南アジアの社会は、家父長的文化により社会的不平等を正当化している。そのような社会で自由権を強制することはできないであろう。とはいえ、自律を保障しない価値観や制度においても権利は表明しうるのであり、家父長主義は人権と両立する、とウッディウィスは主張する。すなわち人権は、自由民主主義国家や個人主義的価値観を必要としない。ジェンダー問題においては例外だが、それ以外に関しては、家父長主義は自由主義と同じ程度に人権と両立しうる。人権は自由主義的価値観を必要としないという、この主張は、自由主義的価値を平等や自立から分離する「人権」の再概念化によってもたらされるが、ジェンダー関係を例外とするのは大きな問題である。またウッディウィスは、家父長的文化が不変であると仮定しているが、彼自身の分析がそれは不変ではないことを示している。彼の主張では、ヒエラルキーや慈悲のようなアジア的価値観は、徳の追加的あるいは代替的な源泉として、国際人権の対話の中に取り入れられるべきである。そうすれば、人権の対話は本当の意味で普遍的となるであろう（Woodiwiss 1998）。しかし、人権概念は包括的な社会倫理になろうとするものではなく、権力の濫用に抵抗するための限られた規範の集合なのである。他の社会的美徳は、その範囲の外にある。

　ウッディウィスは、資本主義は人権を蝕むことになると考えた。資本主義によって分配される自由は、資本と労働の関係における個人の地位によって不平等であるからである。これに対して人権が要求するのは、個人は社会的地位にかかわらず平等に扱われる、ということである（Woodiwiss 2005）。しかし、人権が要求するのは、すべての自由が平等に与えられることではなく、人権とされるものが平等に与えられることである。資本主義社会でこれが十分に実現できるかどうかについては疑問の余地があるが、資本主義社会の中には比較的よい人権状況を示しているものもあり、ウッディウィスはよりよい現実的な代替案を提示していない。

社会心理学

　（個別の）人の心理に関する科学である心理学は、そもそも社会科学ではないと考えることもできるだろう。しかし、人権に関する行動は人の心の産物であり、心理学もその理解に役立つであろう。

　政府は、特定の目的を達成するための効率的な手段として、「合理的に」人権を侵害するかもしれない。しかし、人権侵害の中にはこのような意味でも効率的でないものがあり、その残酷さから有効でないばかりか、逆効果といえるほどのものもある。残酷さはそれだけで人権侵害を説明できるものではなく、特定の社会的状況において現われ、方向づけられ、抑制され、緩和されるものである。人権侵害は社会的に構築されるが、個人の残酷さはそれを生み出したり悪化させたりするかもしれない。

　人権侵害はある程度、スケープゴート理論で説明できるかもしれない。これは、欲求不満がたまっている人が攻撃的になりやすいという、欲求不満攻撃理論に由来する。攻撃の明白な標的となるのは、欲求不満の原因となるあらゆる人やものである。しかし、原因となるものは具体的に知ることができなかったり（たとえば世界市場）、アクセスできなかったり（たとえば世界銀行）、強力過ぎたり（たとえば軍隊）、あるいは、道義的に守られている（たとえば教会）かもしれない。スケープゴート理論では、原因を攻撃できない場合に標的は置き換えられ、知ることができ、アクセスができ、弱く、軽蔑されている者が対象となる。少数民族はしばしばこれらの特性を備えているため、不合理な攻撃の対象となりやすいのである。

　実験心理学が示すところによれば、通常人は、たとえ自分の道義的価値観に背いてでも自分が属するグループの基準や権威ある人の命令に従う傾向にある（Milgram 1974）。このような実験が提起するのは、大規模な人権侵害が起きやすいのは、残忍な指導者が、社会環境やその指導者に疑問を抱かない一般の支持者の協力を動員したときということである。しかしながら、ホロコーストの際にユダヤ人を救った人々に関する研究によって、人権を守る行動の動機となりうるのは合理的で独立した道義的思想でなく、人道的な集団やその指導者などに対する同化もそうなりうることが示されている（Oliner and Oliner 1988）。

5　社会科学の役割　　105

人類学

　すでにみたように、第2次世界大戦後のアメリカの人類学は実証主義と相対主義の組合せが影響力をふるっていた。1960年代には、相対主義を学んだ急進的な人類学者たちが、この分野のエリートの権威や、「帝国主義的」とみなされた他文化に対する彼らのアプローチに挑戦した（Washburn 1987）。

　この議論において、人権はほとんど役割を果たさなかった。しかし人類学者の中には、「意識の高い」急進派の人類学と人権を結びつけ始める者もいた。イギリスのサバァイヴァル・インターナショナルやアメリカのカルチュラル・サバァイヴァルは、学術的な人類学と先住民族の権利に対する関心を結びつける活動家組織であった。カルチュラル・サバァイヴァルは1988年に『人権と人類学』という書籍を刊行しており、その編集者は、人類学者の研究対象となる人々がしばしば深刻な人権侵害の被害者であることを認識していた。人類学者は学会を通して人権に対する関心を表明してきたが、人類学という学問としては人権を顧みてこなかった。人類学者が調査するべきなのは、文化的多様性を消滅させるような国家政策であり、そのような調査は科学的にも倫理的にも正当化されたのである（Downing and Kushner 1988）。

　ドーニングによれば、人権の理解に対する人類学の貢献は、権利概念が異なる文化においてどのような機能を果たすのかや、外から来た概念がいかにして文化に取り込まれるのかを明らかにすることである（Dawning 1988）。バーネットは、人類学は異なる文化における価値観に注意を払うが、同時にその価値観が対内的に抑圧的でありうるということも認識できる、と主張した。したがって、文化的差異の認定は、他の文化に対する介入の可能性を排除するものではなく、介入の対象となるような文化的背景に対して敬意を払う義務を負わせるものである（Barnett 1988）。ドーティの指摘によると、ラテンアメリカの「市民」の概念は伝統的に先住民を排除しており、その結果として先住民族は大規模な人権侵害の被害者となってきたのである。人類学者は文化的差異に対する国家政策を顧みてこなかっ

た。これは科学的、そして道義的な誤りであった（Doughty 1988）。

　メサーの主張によれば、もはや人類学者は、「文化」を現地特有の孤立した存在として研究するべきではなく、相互作用、相互依存している文化のグローバル・システムの一部とみなすべきである。国際人権法は文化的に多様な世界において実施されなくてはならず、その中には人権と少なくとも部分的には両立しない文化もある。人類学者は国際人権法と個別の文化の関係を明らかにすることによって、人権に貢献できるのである（Messer 1993）。

　ウィルソンの不満は、人権コミュニティで好まれる法実証主義が、人権侵害被害者の主観的な経験を正確に伝えていない、ということである。人権普遍主義はしばしば現地の文脈を顧みず、そのため人権をめぐる対立の社会的、文化的側面を理解しない。人権法の語り口は明快で確かであるが、人権の実際の経験は複雑で不確かなのである。主観性を超えて信頼すべき客観性に進むためには、逆説的なことに、人権をめぐる言説はその主体を非人間化することになるのである。人類学に課された課題は、人権に「人」を取り戻すことである（Wilson 1997a; 1997b）。

　シャーマーとストールはともに、文脈から切り離された普遍主義では、人権のための国際的介入が逆効果になりうると主張している。社会的な結果を考慮しない法改正を過度に重視したり、複雑な社会的、政治的関係を過度に単純化してしまうのである。人類学は文化的、社会的、政治的背景についてより深い理解をもたらすことで、人権に関する介入をより効果的にすることができるだろう（Schirmer 1997; Stoll 1997）。

　人類学者が出会う文化の中には、権利主体としての個人という概念を持たないものもあり、そのため、人権の規範的要求と人類学の民族史的実践は緊張関係にある。しかし、人類学者は「文化」を研究することによって、その文化が人権や人権実務家の「文化」に適合するかどうかを検討することができる。また、人類学は、社会運動が人権の言説を法的、政治的戦略にどのように取り込むかや、トランスナショナルなアクターが現地の文化に出会ったときにどのようにその活動を修正するかについても研究できるのである（Goodale 2006a, 2006b; Merry 2006）。

　メリーによれば、これに加えて人類学が示してくれるのは、どこでどのよ

うに人権概念や制度が作られ、どのように概念が広まり、そしてどのように日々の生活を形作るのか、である。人権概念は現地からグローバルに移行し、それからまた現地に戻ってくるのである。とはいえ、「現地」とか「グローバル」といった概念自体にも問題があるであろう。マンハッタンやジュネーヴにある、人権理事会の会議室や国連総会の講堂などという、人権に関するグローバルな言説にさえ特定の現場があるからである。彼らは「グローバル」な言説と「ローカル」な言説の相互作用は、両者の代理人として振る舞う「翻訳者」によって仲介される。そして、権力が不均衡な場において、「グローバル」なものを「ローカル」に、「ローカル」なものを「グローバル」に翻訳するのである。我々は、人権を翻訳する際に失われるものがあるかもしれない、と問うことができるだろう。文化的な分類や意味を翻訳することは、それを変容させることであり、元の言説を作る人が意味を操作する能力には限界がある。現地のアクターが人権アプローチを採用するかどうかは、彼らがそれを成功すると認識するかどうかに依存している。人権の言説は現地の人々に拒絶されるかもしれず、それは単に現地の慣習を飾り立てるだけかもしれない。また、現地の言説と結合し混ざり合うかもしれず、既存の言説にとって代わるかもしれないのである（Merry 2006）。メリーの主張によると、文化がさまざまな状況で挑戦され、歴史的に作られ、繰り返し定義し直されるものであるという理論によって、人権過程は手に負えない文化的差異に直面したため、制裁を科すことができない法としてではなく、漸進的な文化変容の促進という理解が強化されるだろう（Merry 2006: 100）。

国際関係論

　学問分野としての国際関係論は、アメリカの外交政策における人権を例外として、長年にわたって人権を顧みてこなかった。国際関係論に人権を持ち込んだ先駆者は、アメリカにおいてはフォーサイスであり、イギリスにおいてはヴィンセントである。フォーサイスは、政治が法の影響を制約することは認めつつも、国際人権法が国際政治に変化をもたらすということを、懐疑的な人々に対して説得しようとした（Forsythe 1983）。ヴィンセン

トは、人権が国際関係において二義的であり、また、国家が自国の利益のためにその概念を利用することも認識していた。それにもかかわらず、人権がグローバルな法や道義の一部となったことを指摘した。1975年の全欧安全保障協力会議（Conference on Security and Cooperation in Europe: CSCE）のヘルシンキ会議で、ソ連が人権を原則的に受け入れ、人権は冷戦国際関係の主要関心事項になった。このように人権概念が国際関係に取り込まれたことで、どの国も外交政策において人権を考慮せざるをえなくなった。それにもかかわらず、外交政策の専門家は概して人権に対しては慎重で、実施よりも基準設定を好み、具体性よりも一般性を好んでいたのである。そして、人権を外交政策における問題の解決策としてではなく、問̇題̇のひとつとしてみなしていた。この見方に対するヴィンセントの主張は、人権を慎重に外交政策に取り込めば国益を促進するだろう、というものであった（Vincent 1986）。

　人権を国際関係論に取り込めるのはレジーム理論である。国際人権システムは規制レジームである。ドネリーは、人権レジームを宣言的、促進的、実施、強制に分類し、それぞれについてさらに相対的な強弱を評価している。国際人権レジームは比較的強い促進レジームか比較的弱い実施レジームで、せいぜい最低限の強制レジームである。弱い強制力の宣言レジームは国家にとって魅力的である。それは道義的なものであり、国家にとって重要な実際の利益に対するリスクはほとんどないようにみえる。それにもかかわらず、国際人権レジームは政治的支持や技術的支援を与えることで、人権状況の改善を望む国家の助けとなる。欧州のレジームが比較的強いのは、欧州諸国の道義的コミットメントが比較的強く、国益に対するリスクも小さいからである。米州レジームはこれまでかなり活発であった。アフリカにはとても弱いレジームがあるが、エリート層において人権に対する道義的コミットメントが弱く、レジームを作らないことによる国家の利益が大きいアジアと中東にはレジームが存在しない。したがって、人権レジームは最も必要性が低いところで最も強く、最も必要とされるところで弱いか、まったく存在しないのである。レジーム分析によって、国際関係において道義的な関心がいくらかの役割を果たすこともあるが、大抵はさほど重要でない、ということが裏づけられている（Donnelly 1989: 206-18, 223,

5　社会科学の役割　109

227-8, 252-8）。

　人権は、国家の外交政策によっても国際関係に持ち込まれる。国家は人権を外交政策に含めることに消極的かもしれない。国益に資するとはみなされておらず、かつ一般的に他国の国内事情に干渉しないことに共通の利益を見出しているからである。しかし、このような動機は常に決定的なわけではなく、国家は道義的、あるいは現実的な関心から人権を促進することもある。たとえば、近隣諸国や広く国際社会に対する脅威となりうる国を安定させるためなどである。国家は他国の人権状況に影響を与えるために多様な手段を持っており、それは「静かな外交」から経済制裁や軍事介入に至るまでさまざまである。これらのすべての方法が失敗しうるが、その理由は介入する側が利己的であったり、標的となる国家が介入に抵抗するためである（Donnelly 1989: 229-37, 242-9; 1998: 85; 1999: 90-1）。

　「人道的介入の権利」については長い間議論されてきた。人権の側面を持つ軍事介入——1999年のコソヴォにおけるアルバニア系の保護のためにNATOが行ったセルビアへの空爆や、2001年のアフガニスタンと2003年のイラクに対するアメリカ主導の軍事侵攻など——は激しい論争の的となった。そのような介入は、ある意味では人権を改善するかもしれないが、多くの場合、多大な人的及び物的コストを伴ううえに、権利を尊重する安定した社会を築くことは非常に困難である。とはいえ、介入しそこねた場合も非常に厳しく批判されることがある。そのことは、1994年のルワンダにおけるジェノサイドやスーダン政府のダルフール抑圧のような場合が示している。

　国連が採択した原則である「保護する責任」が提起しているのは、政府が自国民の人権を守らない、もしくは守ることができないときは、国際社会が軍事力を用いてでも介入しうるということである。しかし、この理論の法的及び政治的位置づけについてははっきりしないままである。合意としてあるのは、仮に人権のための軍事介入が正当化されるとしても、それは最も深刻な侵害の場合だけであるということである（Donnelly 2003: 258-60）。ワイスは、国連安保理がハイチ（1994年）とシエラレオネ（1997年）に対する軍事介入を認めたのは、転覆させられた民主的政府をもとに戻すためと指摘する。赤十字国際委員会が行った、紛争を経験した12の

社会における調査によると、市民の3分の2がより積極的な介入を望んでおり、介入をまったく望んでいなかったのは10％にすぎない（Weiss 2004: 139, 142）。「保護する責任」をめぐる問題は、ダルフールに関するデ・ワールとリーヴズの議論によく示されている。デ・ワールは、「保護する責任」の原則をダルフールに適用するのは危険であるとし、その理由として、軍事介入はより多くの人命を救うのではなく失わせることになるだろう、と主張した。リーヴズは人道的な大惨事が進行中であることを強調して、国連がより強制的な介入をしそこなえば、いわゆる「消耗によるジェノサイド」を引き起こし、人権機関としての国連の信用が損なわれる、と主張した。両者はスーダンの問題が和平交渉によって解決されなくてはいけないという点では一致しているが、解決に導くための短期的な介入方法については意見が異なる（de Waal 2008; Reeves 2008）。

　国連はさまざまな機関を通して人権を促進している。たとえば、人権委員会（現在は人権理事会）、条約監視機関、特別報告者や作業部会、人権高等弁務官事務所、難民高等弁務官、ILO、総会、安保理、そして専門機関や計画として世界保健機関、国連開発計画、世界食糧計画などである。しかしながら、その影響力は限られている。その主な理由は、強力な国が十分な資金提供に消極的であることや、時には活動の障害にもなってきたことである。近年では、人権の「主流化」を図る試みとして、すべての国連計画に人権を取り込もうとしてきた。しかし国連システムは統一性を欠いており、たとえば、人権理事会、条約機関、高等弁務官の関係性は定まっていない。国連は次第に平和と人権の密接な関連性を認識するようになっている。そのため、安保理は人権により関心を持つようになり、国連平和維持活動には人権が重要な要素として含まれるようになった（Forsythe 2006; Mertus 2005）。

　しかしながら、レボーはその国連批判において、ボスニア、ルワンダ、ダルフールにおいて国連は介入すると言いながらも、不十分な介入にとどまったことから、大規模な人権侵害を引き起こした共犯であると主張している。いかなる状況でも、少なくとも安保理の常任理事国のうちの少なくとも1カ国は、介入しないことに利益を見出しており、効果的な行動を妨げてきたのである。人権委員会と人権理事会は、人権への関心よりも政治的利害

5　社会科学の役割　　111

の影響を受けてきた (Lebor 2006)。ドネリーの主張によれば、国連は国際人権法の源泉であるために、人権の実施におけるその重要性が誇張されてきたが、その一方で、異なる社会における多様性を理解するうえでの比較政治学の貢献は過小評価されてきた (Donnelly 1989: 260-9)。

　いわゆる「テロに対する戦争」は、近年、人権に対して大きな影響を与えている。冷戦終結後、アメリカは世界で唯一の超大国であり続けている。サウジの反体制派であるウサマ・ビン・ラーディンは、アルカイダとして知られる組織を創設し、ソ連のアフガニスタン侵攻に対する抵抗を支援した。ソ連軍のアフガニスタン撤退後、アルカイダはその敵意をアメリカへと向けた。その理由は、1991年のイラク戦争の際に、イスラムの祖国であるサウジアラビアを「侵略」した、というものであった。アルカイダはアメリカに対して一連の攻撃をしかけ、ついには、よく知られているように「9.11」を引き起こすことになる (2001年9月11日)。アルカイダの工作員が2機の旅客機をニューヨークの世界貿易センターに、そして3機目をワシントンの国防総省に衝突させて、約3,000人が犠牲になった。

　2001年9月20日、ブッシュ大統領は、「テロに対する戦争」を始め、世界中のすべてのテロリスト集団を倒すまで続けることを宣言した。議会は共同決議を可決し、大統領にテロリズムに対する武力行使の権限を与えた。これを受けてアメリカ政府は、アフガニスタン侵攻を主導し、アルカイダのトレーニングキャンプを爆撃し、北部同盟の反乱を支援することで、イスラム過激派であるタリバン政府を転覆させた。アメリカとその同盟国は、アルカイダやタリバンの支援者と疑われる人々を何百人も拘束し、アフガニスタン国内やキューバのグアンタナモにある米軍基地に拘禁した。

　アメリカ議会は「愛国者法」を可決し、ブッシュ大統領は2001年10月26日、これに署名し発効した。この法律では「テロリズム」が広範に定義され、盗聴が認められ、嫌疑がかけられた外国人をアメリカ憲法に基づく保護なしに拘禁する権限が当局に付与された。外国籍を持つ約5,000人が予防拘禁された (Cole and Lobel 2007: 10-13)。2006年、議会は軍事委員会法を可決し、グアンタナモ拘禁者に対する憲法の権利とジュネーヴ条約の権利を否定した。グアンタナモ拘禁者のうち、アメリカに対して何らかの敵対的な行為をした者は半数以下であることを、アメリカ政府も認めて

いる（Cole and Lobel 2007: 9）。アメリカ議会の報告によると、2001年以降、14,000人に上る人が「引渡し」と秘密拘禁の被害者となったであろう、とされている。別の報告の中には、その2倍の数を推計しているものもある（Campbell and Norton-Taylor 2008）。他の国も、テロリストの計画を発見し、予防するためにさまざまな法を可決している。人権団体は、これらの法が人権侵害をしている、と主張しており、暗殺、裁判なしの拘禁、拷問同様の取調べ手段、いわゆる「特別引渡し」に含まれる、テロリスト容疑者を拷問が恒常的に行われている国へ強制送還することなどを糾弾している（Foot 2005: 299）。民主国家であれ非民主国家であれ、多くの国がこれらの手法に協力している。

　2003年、アメリカ主導でイラク侵攻が行われたが、ブッシュ政府はこれを「テロに対する戦争」と結びつけようとした。しかしこの侵攻がもたらしたものは、アメリカ、同盟国及びイラク軍による恣意的な逮捕・拘禁と拷問が行われているという多数の申立てである。バグダッドのアブグレイブ刑務所における拷問は、これらの行為のうちで最も有名なものにすぎない。多くの政府は、それ以前に深刻な人権侵害を行っており、「テロに対する戦争」という口実によって、反体派に対する抑圧を正当化し、さらには強化した。

　「テロに対する戦争」は、人権の擁護者を動揺させた。人権に強くコミットしていると考えられてきた国が、その原則をいとも簡単に放棄する気があるかのようであったからである。赤十字国際委員会は2007年の報告書で、CIAによる尋問の方法は、「明確に」拷問であると結論づけている。ブッシュ大統領がグアンタナモ拘禁者をジュネーヴ条約の保護対象から外した決定が示したのは、アメリカが「テロに対する戦争」を法の支配の外で行う、ということであった。アメリカの人権侵害については、最高レベルで承認された政策であるという明らかな証拠があるにもかかわらず、地位の低い関係者だけが処罰された。

　「テロに対する戦争」における欧米政府の政策は、司法府を含むさまざまな方面からの抵抗にあった。アメリカとイギリスにおける多くの裁判所判決が、政府の対テロ政策に対して何らかの制約を課している。批判者は、「テロに対する戦争」という考え方自体が逆効果である、と主張する。これが、とくにムスリムの間で、反欧米主義への参加を増やすことになる、というの

5　社会科学の役割　│　113

である。

　オバマ大統領は2009年の就任後、CIAの秘密刑務所を閉鎖し、拷問と引渡しを禁止した。そして、拘禁者の処遇に関するジュネーヴ条約に対するアメリカのコミットメントを再確認し、1年以内のグアンタナモ基地の閉鎖を命じ、そこで行われていた軍事裁判の停止を要求した。当時、グアンタナモには245人の拘禁者がおり、2010年7月20日には178人が残っていた。2010年には、何百人もがアフガニスタンのバグラム空軍基地に裁判なしで拘留され虐待されている、と報告された（Andersson 2010）。2009年6月、オバマ政権は「グローバルなテロに対する戦争」という言葉を放棄した。

　マルコム・エヴァンスの主張によれば、テロリズムに対する戦争は人権侵害を引き起こし、国際人権規範を弱体化させたが、同時に、民主的な議論と司法判決を通してその規範の再確認もされたという。裁判所と議会の両方が行政府による人権の制限のうちいくつかに抵抗したのである（Evans 2006: 196）。テロリズムへの対応は人権の尊重を伴うべきである、という明白なコンセンサスはある。しかし、どのようにするかについてのコンセンサスは、より不明確である。コールとロベルは、アメリカの9.11後の政策は、テロリズムの弱体化には失敗し、実際のところむしろ強化した、と主張している。そして、アメリカやそのほかの政府が対テロキャンペーンで行った人権侵害は、仮に特定のテロ計画を阻止したとしても、全体として効果があったという証拠は何もない、としている（Cole and Lobel 2007）。

結論

　ニーチェは、倫理的理想主義者を「現実からの移住者」と呼んだ（Glover 1999: 29）。人権に関する社会科学の役割は、人権支持者を現実に引き戻すことである。その現実とは、客観的な構造や過程と、主観的な意味や価値の両方を意味する。人権に関する社会科学は、共感と科学的厳密さの両方を必要とする。人権という概念は、規範的哲学、法学、社会科学が交わる領域に位置するのである。人権分野においては、法律文書が過度に優越してきた。法は、人権の形成、解釈、実施において重要な位置を占めるが、

法の限界は、人権活動家がしばしば認識しているよりも深刻なのである。社会科学は、法と現実を結びつけるために必要なのである。

とはいえ、社会科学それ自体だけでも十分ではない。なぜなら、社会科学は、我々がどのように生きるべきかについては教えてくれないからである。哲学がその役目を果たそうとするかもしれないが、実際の行動に向けた動機づけは弱い。人権を理解するのに必要なのは、哲学と科学の両方について、その役割と限界を理解することである。社会科学それ自体が社会的過程であり、人権との関連性についても問題をはらんでいる。科学は歴史的に、権威や無知からの解放、そして自由や厚生と関連づけられてきた。しかし、科学実証主義哲学の行きつく先は道義に対する無関心となりえ、人類学のような「解釈的」社会科学は道義相対主義となりうるのである。

ハーシュマンは、近代社会科学を特徴づけるのは「反道義主義に基づく苛立ち」であり、これはマキャベリーの反道義主義的な政治学まで起源を遡れる、という。社会科学者は道義をまじめに取り上げることについて、「訓練された無能力」を備えている。しかし、科学の分析的な厳密さと倫理的な真剣さを一緒にしなくてはならないのである（Hirschman 1983: 21-4, 30）。ベラーは、社会科学と哲学の分離は、これらの学問分野の「純化」の試みに由来するという。このような差異化には利点もあるが、科学と倫理の分離には代償も伴い、知的活動によって我々が設定した境界線を越える必要があるのである。社会科学における実証主義は、生み出す知見の質を向上させるために、倫理を排除しようとした。皮肉なことに、その試みが失敗した理由は、社会科学自体が社会的行為であり、倫理から逃れられないことを理解できなかったからであった。他のすべての社会的行為と同様に、社会科学は権力が関わる領域で行われる。もし、この社会的事実を認識しそこねたら、権力に資することになってしまう。人権に関する社会科学にはほかの目的がなくてはならず、したがって倫理的コミットメントを自覚しなくてはならないのである（Bellah 1983）。つまり、人権法は社会科学によって補わなければ不十分であり、社会科学は哲学によって補わなければ不十分なのである。

5　社会科学の役割　　115

6

普遍性、多様性及び差異性
文化と人権

文化帝国主義の問題

世界人権宣言は、すべての人間は生まれながらにして権利において平等であると述べており、1993年に採択されたウィーン宣言及び行動計画は、すべての人権は普遍的であることを再確認している。人権に関する理論では、一般に、すべての人間は、人間であるという理由だけで人権を有している、とされている（Gewirth 1982: 1; Donnelly 1985a: 1; 1999: 79）。

しかしながら、世界人権宣言の文言を文章どおりみると、人権が普遍的である、ということにはならない。たとえば同宣言第25条は、母と子が特別な保護と援助を受ける権利がある、としている。ウィーン宣言は、女性、児童、少数者、先住民、障害者、難民、移住労働者、最も貧しい人々、社会的に排斥された人々などの特別なカテゴリーを設けており、一部の人権はこのような特別なカテゴリーの人々のみが有している、とされる。世界人権宣言において明言されているように、すべての人が「いかなる差別をも受けることなく」平等に権利を有するためには、人権保有者の中で、この特別なカテゴリーに属する人々がどのように位置づけられるか、ということを理解する必要がある。

たとえば奴隷の禁止など、一部の人権は容易に普遍的であるとみなされる一方で、他の人権は潜在的にのみ普遍性を有する、とされる。人権には2種類あるとされるが、第1の人権は公正な裁判を受ける権利のように、

ある種の異常事態においてのみ機能するものから構成される。第2の人権は、成人年齢に達するなど、ほとんどすべての人間が満たしうる条件が整った際に機能するものである。国際文書で言及されている女性や少数者などは、特別な人権を有するのではなく、とくに人権侵害を受けやすいために特別な配慮を必要とする、と考えられている。

　人権の普遍性と文化の差異性の関係は、冷戦終了後から盛んに議論されてきた。近年、文化相対性を支持する反普遍主義の立場から欧米支配への疑問が呈されており、その結果、人権普遍主義は、他の文化の視点及び文化的に異なる人権の解釈がある、という見解に対抗しなければならなくなった（Chan 1999; Othman 1999）。人権概念は哲学的合理主義の「啓蒙思想」、及び時代遅れの「社会的近代主義」の産物であり、普遍主義が「ポストモダン」的な「破壊」によって「差異」のポリティクスに取って代わられた、と主張する欧米の学者もいる（Woodiwess 1998）。しかし、欧米の帝国主義を根拠とする人権への反論は、概して説得力に欠けている。たとえば、多国籍企業が貧しい非欧米諸国において有毒廃棄物を投棄し、健康に対する人権を侵害している、という反論があるが、その行為は欧米特有の価値や利益を表しているわけではない。世界中の貧しい6万人を対象とした世界銀行の調査は、世界人権宣言の原則への強い支持を示している（Darrow 2003: 90）。

　第4章では、欧米において「コミュニタリアン」哲学者が、あまりに個人主義的で、かつ共通の利益を軽んじている、と人権概念を批判していたことを論じた。しかし、これに対して人権の擁護者は、人権は人々の間の共通の利益を尊重するものだ、と反論する。「共通の利益」という概念により、反対されるべき権力の濫用が隠蔽されうる一方で、共通の利益に基づいた共同体でも、人権を尊重しうるという。したがって、さまざまな社会において個人の権利と共通の利益とのバランスが異なっているにもかかわらず、共通の利益を標榜するコミュニタリアニズムと人権とが必ずしも対立するというわけではない。

　人権概念が普遍的な起源を持つという主張に疑念を抱く学者もいる。ドネリーは、昔から欧米以外の文化においても、現在人権の観点から議論されている問題が、「正義」と義務の観点からではあるが論じられていた、と

する。そしてそれらの非欧米文化においては、人権ではなく、共同体または·はそこにおけるさまざまな身分や地位に由来する権利があるのだろう、という（Donnelly 1985a: 49-51, 86）。このドネリーの主張には一理あるものの、誇張がみられる。イスラム教は、ムスリムと非ムスリムが平等に権利を有している、と認めることに消極的であろうが、ロックは、プロテスタントとローマカトリック教徒、無神論者の間の平等を認めようとしなかった。このことから、人権は神に対する義務に由来する、とするイスラム教の学者の主張は、ロックと同様のものである。ドネリーは、現代の人権概念は、ロックと比べてより平等主義的であると言うであろう。しかし、欧米の自然権理論が現代の人権概念に発展したのであれば、イスラム教においてもまた同様の発展がみられるかもしれない。ドネリーは、人権概念を正義や義務のような概念と区別した点において正しいが、非欧米文化については、さまざまな道徳的な概念が人権概念に発展する可能性を過小評価している。近年、彼はこの点を取り上げ、伝統的なイスラム教は人権概念を認めていなかったが、キリスト教が多くのキリスト教徒に対して行ってきたことと同様に、根本的に人権と両立しないものではなく、人権の基礎を提供しうるものである、と主張している（Donnelly 2003: 75）。

　しかし、人権概念は欧米を起源とするものであり、人権規範の生成、解釈及び実施において、依然として欧米諸国が主導権を握っている、という意見もあるであろう。想定されている人権の普遍性は、このような欧米によって主導された幻想である、という批判もある。人権の「普遍性」という言葉は、「文化帝国主義」をイデオロギー的に偽装するために使われることもある。人権概念の普遍性と相対性の間の緊張関係は、ウィーン宣言において、人権の普遍性が認められる一方で、「国家的及び地域的特殊性、ならびにさまざまな歴史的、文化的及び宗教的背景の重要性を考慮に入れなければならない」と条件づけされている。しかし、欧米諸国が欧米以外の国々において人権実施にほとんど貢献していないという事実を踏まえると、人権が欧米諸国の覇権の表われである、という考えはやや疑わしい。また、欧米諸国は覇権を独占しているわけではなく、欧米諸国の覇権よりも、たとえば男性の宗教的指導者のような地域的な覇権のほうが、より重要で、より抑圧的な影響力を有している場合もある（Simmons 2009: 369-71）。

ドネリーは、人権が普遍的であるという理由のひとつとして、国民国家と資本主義という欧米において、人権概念を生み出した状況がグローバル化したことを挙げている。しかし、グローバリゼーションは単に欧米文化を普及させただけでなく、欧米諸国による支配とそれ以外の文化の軽視という側面も含んでいる。多くの非欧米人は、欧米文化の多く、とくに技術や国民国家、ある種の資本主義経済のような特定の社会制度を導入したい、と考えているが、植民地であった経験から、欧米諸国に対してそれとは相反する態度を示すことも少なくない。これらの状況の中で、文化に関する自己主張は自己尊厳の表われである一方で、自由主義的な価値観に対する保守派の防衛にみえるかもしれない。しかし歴史的背景を踏まえると、それは覇権に対する平等の要求でもある。欧米諸国以外の人々が人権概念に対して抵抗することや、彼ら自身の人権概念の発展を主張することは、欧米による支配からの自己解放の一部でもあるのである。これらの姿勢は人権概念を無効とするものではないが、人権概念の解釈と人権保障の実行に影響を及ぼす。ウィーン会議の準備期間中、あるアジアの国家と有識者たちは、アジア独自の人権概念がある、と主張した。だが、アジア自体が文化的に多様であり、また多くのアジア人が人権を支持していることから、「アジア的価値観」という概念は、人権に対する挑戦の根拠としては説得力に欠けている。これらの人権の文化相対性に関する訴えが、独裁政治の抑圧的な行為をイデオロギー的に隠蔽するものである、とされることもある一方で、文化的多様性について真剣に向き合う必要がある、と考える普遍主義者もいる（Donnelly 2003: II 部）。

　欧米以外の社会は、個人よりも共同体を重視する、または、それぞれの社会は、自身の歴史と文化に基づいて共同体と個人とのバランスをとるべきである、といわれている。このことは、必ずしも人権を否定しているわけではないが、各社会が、独自に人権を解釈しうることを含意している。さらには、欧米諸国は道徳的に衰退し、自身の身勝手な利益のために人権概念を用いている、という主張もあり、人権に関する懸念を選り好みして示していること、これまで安全保障と経済開発のために人権を制限してきたこと、経済的な観点から、経済的及び社会的権利ではなく、実現するためのコストが低い市民的及び政治的権利を強調していることなどを根拠として、

6　普遍性、多様性及び差異性——文化と人権

前述のような欧米の姿勢は偽善である、と非難されている。

　これらの主張にはもっともなものもあるが、難点もある。非欧米的な価値観とされるものは、多くの場合、欧米の大部分においても支持されるような保守的なものであり、同様に欧米以外の地域においても、欧米の自由主義的な価値観は広く支持されている。非欧米的な価値観を用いた訴えは、概して国家、政府、社会及び個人の利益を同一視しているのである。

　人権の文化的差異に関する有力な主張は、すべての社会がそれぞれ独自の歴史と文化を有していることから、独自の人権概念を有している、というものである。そして、このことは非欧米諸国だけでなく、スウェーデンとアメリカとでは人権概念が異なっていることから、欧米諸国にも当てはまる。この多様性は、国際人権条約の抽象的な表現により覆い隠されてしまっている。欧州人権裁判所は、「評価の余地」という、加盟国による自律的な人権の解釈を一定程度可能とする概念を発展させてきており、これは、国際人権の国内の民主主義に対する譲歩という側面がある。しかしながら、同裁判所によるこの「評価の余地」という概念の使い方は明確ではなく、また一貫性もないため批判されており、世界の中でもとくに欧州の公の場において、文化的多様性が言及されることは少ない。「評価の余地」原則に対する批判もあるが、もしその原則が有効であるならば、少なくとも民主的な社会にとっては、文化的多様性を反映した人権概念の解釈を、国境を越えて後押しするものとなる。

　普遍性は画一性と混同されることもあるが、人権の普遍性は文化的多様性と両立し、文化の自由を保障することにより、その多様性を促進するものである。文化的多様性は人権の基礎である人間としての尊厳の表われであり、ヒーリィーが述べているように、人権は「文化的にメリハリのある方法で」履行されるべきである。文化的差異に対する配慮は、道徳的観点から要求されるだけではなく、人権保障の義務を履行するうえでも必要不可欠な場合もあるのである（Healy 2006）。この点に関して、国際人権法は独自の最適な解釈を示しておらず、また人権概念の解釈及び適用が「帝国主義的」になることを防ぐためにも、地域文化の影響を考慮して人権概念は解釈され、適用されていく必要がある。地域文化の尊重は国際人権法と両立可能であるだけでなく、同法上の義務でもある。国連の人権に関する

諸機関は、特定のグループの文化を尊重した方法で各種の人権を保障すべきである、とたびたび明言しており、文化的背景を考慮した人権諸条約の適用によって、より実効的な人権保障が実現する、とされている（Khan 2009: 129-30）。

　人種差別に対する非難のように、比較的争われることなく普遍性が認められる人権がある一方で、世界人権宣言の中には、他と比べて異文化への配慮を必要とする人権原則も含まれている。たとえば、同宣言第16条において婚姻の自由が規定されているが、サウジアラビアは、イスラム教の教義と合致しないことを理由に同条の修正を申し立てていた（Morsink 1999: 24）。皮肉なことに、文化的差異の尊重などの普遍的な原則に依拠する反普遍主義者もいれば、道徳的な観点に基づいた強硬な普遍主義に懐疑的な欧米の自由主義哲学者もいる（Rawls 1999）。

　一般に、国際人権機関は、普遍的な人権基準がさまざまな文化的文脈で異なるように解釈されるべきである、と認めている。たとえば自由権規約は、同規約委員会の委員が異なる文明を代表していることも考慮に入れて選出される、と規定している。そして同委員会は、家族生活の権利が社会経済状況及び文化的伝統に従って異なりうる、と述べている（Robertson and Merrills 1996: 64）。国家が人権条約批准時に付与する留保は、普遍的な人権基準を法的に変更するものである。ニューマンは、この点について、多くの留保は人権への強い反感に基づいているが、条文の文言と個々の国家における適切な人権概念の相違を根拠としているものもある、と指摘している（Neuman 2002-3）。普遍主義に関する問題は、欧米と欧米以外の地域の対立という構図で捉えられることが多いが、アメリカが少なからず国際的な人権基準に従おうとしない、という点は注目に値する。

　ドネリーは、食糧が極端に不足し、社会的連帯が生存に不可欠である場合には、人権概念を持たない共同体主義の文化が道徳的に正当化されうることを認めている。しかし、世界のほとんどの場所で、国民国家と資本主義経済により、構成員を支援する伝統的な小規模の共同体から個人が大きく切り離されている、と述べている。このような状況の中で、大抵、自身の社会の伝統文化にほとんど、またはまったく関心を持っていない権威主義的支配層が文化的伝統に訴えるようになり、現代的な支配層は自身の抑圧

的なレジームが批判されないように、偽りの伝統を捏造することもある。多くの人権侵害は文化的伝統ではなく、とくに近代的な統治形式により生み出されているものである。ここで、個人は人間としての尊厳を守るために人権を必要としており、したがって人権概念は「現代において、ほぼ普遍的に関連している」ものなのである（Donnelly 1989: 59-60, 64-5）。この主張もまた一理あるが、現代社会における伝統文化による抑圧と伝統文化の人間の尊厳への貢献を過小評価していると思われる。

　急進的な相対主義は普遍的な原則を含む人権と対立する一方で、人権概念は自律性を尊重し、幅広い文化的多様性を認めているだけでなく、歓迎もしている。人権普遍主義者にとって最も困難なのは、人権を侵害されている被害者が、その人権侵害を正当化する文化を支持する場合である。たとえば、栄養失調の女性が、その状態の原因となっている文化を肯定していることがある。ヌスバウムは、食糧も教育も与えられていない者たちはおそらく判断力を有しない、と主張する。そのような人権侵害により、彼らはそれ以外の生き方を思い描く能力を持っていないからである（Nussbaum 1993）。文化相対主義は社会的弱者にとっては不利であり、文化が正義という原則により評価されうる、という事実を見落としている（O'Neil 1993）。このような状況下で、人権侵害の被害者たちが排除されてしまうような異文化間の対話は不適切であろう。外部からの干渉は、望ましくない結果に至る可能性があるため、解決策として問題がある。この問題に対する一般的な解決策は存在しないが、ヌスバウムとオニールが提示したある種の文化的批判と予想される干渉の結果についての状況を踏まえた相互理解が、最善の対応として必要不可欠である。

　人権に関して、人権と完全には両立しない文化に「尊厳」を見出す者がいるという矛盾があるため、不安定かつ困難な判断が要求されることとなる。しかしながら、文化は、しばしばその構成員によって異議を呈されることがある。文化を尊重するということは、被支配層や少数者を省みることなく、支配層や多数派による解釈が採用されることを意味すべきではないが、文化の尊重と人権侵害の容認の境界が判別しにくいこともある。普遍的な原則または文化を反映した解釈を採用する際に明確な理由づけを行うことが、普遍性と文化的多様性に対する権利とが両立するために有用である。

人権普遍主義は「文化帝国主義」と非難されることもある。しかし、人権概念は普遍的かつ平等主義的である。すなわち、すべての人間は権利において平等ということである。帝国主義は本来、不平等主義的で、それに対する反論は普通、ある種の平等主義を前提とする。したがって人権概念は、帝国主義とはかけ離れたものであり、帝国主義を批判する根拠となる。人権概念が帝国主義の表われであるとして批判する者は、反帝国主義が普遍的な原則であると思い込んでいるが、概していずれの普遍的原則に訴えているのか、明らかではない。すべての人間が権利において平等であるという原則は、反帝国主義の主張の根拠として有力である。文化相対主義が反帝国主義を肯定している、というのはよく散見される間違いであり、実際のところ文化相対主義は帝国主義への批判になっていない。欧米人は、帝国主義の最も残虐な行為の数々を正当化するために、人権は非欧米人にまで拡大されない、という主張を行ってきたのである。

文化相対主義

人権普遍主義に対する反帝国主義者の主張は以下の2つの考えを表わし、それは幅広く受け入れられている。すなわち、1）すべての者が平等に権利を有しているということ、2）人間の尊厳の、少なくとも一部は文化により構成されているので、人権の尊重には文化の尊重が含まれる、ということである。しかし、これらの原則は普遍的なものであるため、文化相対主義とは矛盾する。すべての文化を尊重するべきだという原則は、他の文化すべてを尊重しない文化も存在するため、自己矛盾を抱えている。人間の尊厳を尊重すべきとの原則はすべての文化の尊重を必ずしも含意しておらず、したがって、人権侵害を肯定するような文化は、単に「文化であるから」という理由だけで尊重されるべきである、ということにはならないであろう。人権と両立しない面がある文化にも価値はあろうが、文化相対主義は人権普遍主義に対する総体的な反論として有効ではない。人権侵害を内在している文化の尊重は、人権と両立しないのである。ゆえに人権の擁護者たちは、そのような文化全体または少なくともその一部を尊重するべきではない、ということを認識する必要がある。文化相対主義ではなく、異なる普

6　普遍性、多様性及び差異性──文化と人権　123

遍主義を根拠とした、人権に対する非欧米的な批判もある。たとえば、イスラム教は普遍的な宗教だが、ジェンダーに関連した教義の解釈の多くは人権と相容れない場合がある。

重要な点は、文化的な慣習全般に対する非難と、そのような慣習を変化させるための最善策とを区別する、ということである。単に激しく糾弾するだけでは無意味であり、逆効果を招くこともありうるため、対話や文化の内部から変化を起こそうとする者たちを支援することのほうが、より有効だと思われる。人権を侵害するような文化的慣習に従う者は、外部から慣習を変化させようとする圧力に抵抗するであろうことを、我々は認識すべきである。彼らはその慣習を支持していたり、または、広まった慣習に逆らうための社会的コストがあまりに高かったりすることが挙げられる。

人権普遍主義に対する文化相対主義を根拠とした反論は、国内社会の問題に対する国外からの干渉を阻止するために用いられるという共通点から、国家主権に関する議論と混同されることが多い。しかしながら、これら2つの議論は大きく異なっており、また矛盾する部分もある。国家主権への要請は、人権と同様に、国家主権という普遍的な原則を根拠としているため、文化相対主義と同義のものではない。国家主権の原則は、不当な干渉を阻止したり、国家間の平和を維持したりするためにある程度有用であると同時に、人権侵害の加害者を保護したり、文化を破壊しようとする国家を支援したりするために用いられることもある。ゆえに、文化に関する議論と国家主権に関する議論とは区別することが肝要である。

文化相対主義にある程度の説得力があるのは、人権の「哲学的基盤」に問題がある、と思われるためである。人権に関する信条の哲学的基盤も疑わしいが、すべての信条の哲学的基盤に問題があり、したがって、文化相対主義に関する哲学的基盤もまた問題を抱えている、ということになる。このような中で、人権または文化相対主義が誰を利するのか、という点について問うことは有意義であろう。人権は、すべての人間の基本的な利益を保護するために考案されたものである。一方、文化相対主義は、「帝国主義的」侵略から脆弱な文化を保護するものであり、同時に抑圧的な支配層をも保護しうるものである。

他の文化を尊重しようとするならば、その文化がどのようなものであるの

かを知る必要があるが、外部者にとってはそれが困難である。政府や知的支配層は、大抵の場合、自分たちの文化についての公式見解を外部に発信するなど、「門番」としての役割を担っている。しかしながら、私たちは、このような支配層が民衆を代表して語る主張に懐疑的でなければならない。民衆は、自分たちの諸権利が確かに保障されていなければ声を発することはできないのであり、たとえば、恣意的に逮捕される危険性がある場合や女性が公生活に参加することができない場合などには、支配層が真に彼らの文化を代表しているのかどうか、外部から窺い知ることは困難である。したがって、文化的多様性の尊重は人権の普遍性に対する脅威として位置づけられることが多いが、実際にはその逆で、諸権利の確固たる保障が必要不可欠なのである。

　特定の文化に対する人権普遍主義に関して、人権について研究している学者は、まず普遍的な人権基準を設定し、次にそれに基づきさまざまな文化について判断する。世界人権宣言がすべての民衆の「達成すべき共通の基準」とされていることからも、これは理に適っているであろう。しかし、これにより人権の原則の実施が認められるようになる一方で、このような既存の文化と人権の原則との関係は人権基準に照らした評価ではなく、人権基準の編入である、と考えられることもある。支配層の間に人権に関する一定程度の合意があるとしても、実際に彼らの文化の中に人権を組み込むことに問題がないわけではない。

　オスマンは、欧米社会において、人権の影響力は人々の生活の世俗化に比例して増大してきた、と主張する。イスラム社会では世俗化が徹底されておらず、宗教と近代性との緊張関係が続いている。このような状況下で、クルアーンに基づいた人権概念の解釈を追求してきたムスリムもいる。オスマンによると、イスラム社会にとって、女性差別撤廃条約を受容することは困難なのである。保守的な人々は、同条約を履行しようとすることにより社会の自律性が害されるとみなし、国家主義的、文化的または宗教的理由を挙げて反対勢力を結集する。このような立場に対する反論は同じ文化の内部からなされるべきであり、イスラム社会は、人権侵害がイスラム教の教義と両立しないものであることを示す必要がある、と述べている（Othman 1999）。この提言は、人権状況の改善は外部から強制されるの

6　普遍性、多様性及び差異性——文化と人権　125

ではなく、自己のエンパワーメントの一環として考えている点で有用である。しかしながら、内部において人権に関する対話が失敗した場合に、外部からどのように働きかけるべきか、という問題についての解答を提示してはいない。

オスマンによると、クルアーンはムスリムに迫害に対して抵抗するよう義務づけており、ゆえに人権の担い手としての人間という概念はイスラム教に内包されている。だが、ここにおいて、ムスリムの義務とすべての人間の権利との間には溝が存在する。イスラム教と人権とを調和させるためには、イスラム教において、ムスリムと非ムスリムとが平等に同様の権利を有すると認められなければならないが、オスマンは、人権に関するイスラム教内の対話を通してそれが可能であるかどうか、明らかにしてはいない。ある文化の内部から人権を訴えることは、その社会の中で支配的な文化に属していない人々の権利についての問題を提起することにつながる。シャハールは、文化の変容に関して内部からの働きかけへの信頼は、そのような行動を起こすための力が非常に弱い、女性や児童などの最も抑圧されやすい集団への差別につながる、とも主張する（Shachar 1999: 99）。またそのような主張はそもそも、国際的な基準が国家の文化の一部を構成していないとみなすものである。

アンナイームは、オスマンの見解に難がある、と指摘する。イスラム法（シャリーア法）では、窃盗の罪を犯した者は右手の切断という刑に処せられると規定されているが、この点が、何人も残虐で非人道的な、もしくは品位を傷つけるような取扱いもしくは刑罰を受けない、としている世界人権宣言第5条の違反に当たる、と考えられている。シャリーア法は、ムスリムが神の言葉と信じ、人間が疑問を呈することができないクルアーンを基礎としており、アンナイームは、イスラム社会において、イスラム法の再解釈や異文化間の対話によりこの刑罰が完全に廃止される可能性は低い、と指摘する。しかし、クルアーンは、証拠の基準を厳格化または酌量すべき事情により、この刑罰の適用を制限する場合があることも認めている（An-Na'im 1992: 33-6）。異文化間の対話またはイスラム社会における変化により、この刑罰が廃止されるかどうかという点は明らかではないが、欧米社会において、神の意思についての信仰や適切な刑罰に対する考え方が変遷してき

たことを想起すると、イスラム社会においても、この刑罰について国際的な基準のほうを支持する人々がいるであろう。

　イスラム教と人権とを調和させようとするアンナイームの試みは、自由主義的なムスリムでさえも共感しえないほど非正統的で、かつ人権の正統性を擁護するために、イスラム教にあまりに譲歩しすぎている、と批判されてきた。1990年にイスラム協力機構により採択された、イスラムにおける人権に関するカイロ宣言では、信教の自由はほとんど保障されず、また女性に対する差別が認められ、もしくは義務とさえされている。イスラム諸国は自由権規約及び社会権規約にはほとんど留保を付していない一方で、女性差別撤廃条約には強固な留保を付している（アメリカは女性差別撤廃条約を批准していない）。イスラム教の人権に対するアプローチは、「国際社会」に優先する基準である神の権威に基づいている、という点でアジアやアフリカのものとは異なっている。しかしながら、（ムスリムとしてのアイデンティティを有するが、宗教的な行為は行っていない）世俗的なムスリム、人権を肯定する自由主義的なムスリム、穏健な改革派、「原理主義者」らの間には大きな違いがある。ある種の人権を否定するイスラム教国家の政府もあり、それらを「イスラム的人権」に関する議論、及び重大な留保を伴った条約の批准によって覆い隠そうとしている（Mayer 2007）。

　人権と両立しない面があるとはいえ、ムスリムは人権保障のために信仰を捨てなければならない、というわけではない。イスラム教の信仰体系と人権は矛盾するものではなく、人権は、信教の自由を含む政府（あるいは、その他の権力者）の行為に対する最低基準を提示しているのである。世界人権宣言が起草されている間、イスラム諸国は、概して、同宣言について宗教を根拠として反論しなかった（Mayer 2007: 12-14）。1966年の2つの規約は、国連総会において、21のイスラム諸国を含む100カ国以上の全会一致で採択された。欧米諸国は、イスラム諸国に対して人権概念を強要することはしなかった。欧米諸国が常に人権に関する自由主義的な立場を支持するわけではなく、イスラム諸国も人権に関して常に一枚岩ではなかったからである（Waltz 2001, 2004）。保守的なムスリムの中には、クルアーンでは明確に命じられていない方法で、ムスリムの神に対する義務を国家に対する義務へと移転させる者もいる（Mayer 2007）。

チェイスは、ムスリム社会が多様で活発であることを強調する。その中で、政治的、社会的及び経済的要因が人権の位置づけに関係しており、イスラム教は人権侵害の原因にも人権の促進の要因にもならないと主張する。イスラム教は、イスラム原理主義と区別される必要がある。イスラム原理主義は宗教的ナショナリズムの現代的な一形態であり、人権とは相容れない部分もあるが、イスラム教は多様な政治的制度と両立するものである。ほとんどのムスリムは、それが最後の手段となるまで、原理主義を受け入れがたいと考えている。イスラム教に基づいて人権を正当化しようとする試みは、人権概念が政治的、法的、経済的、社会的及び文化的なものばかりで神学的ではないことから、根拠が欠落しており、説得力に乏しい。ここで問題なのは、イスラム教が人権と両立するか否かということではなく、どのような政治的及び経済的状況下であれば、自由主義的人権レジームがムスリムを惹きつけるだろうか、ということである（Chase 2006, 2007）。

　一方、前述のものとは異なる見解を持つバデリンによると、イスラム法はさまざまな国家の憲法や慣習に組み込まれているため、国際人権法を履行するためにはイスラム教について考慮することが必要だ、という（Baderin 2007）。モディルザデーは、宗教に関する保守主義が人権侵害の真の原因であり、シャリーア法に対抗して国際人権法を展開させることは、ムスリムの改革の動きの弱体化につながるだろう、と述べている（Modirzadeh 2006）。

　イスラム教と人権の関係に関しては、多様な意見がある。多くのムスリムが人権を支持しているにもかかわらず、ムスリムが多数派を占める国家の政府は人権に対して留保を付ける傾向があり、それにより普遍的な基準に対する支持が著しく欠けている。ムスリム社会における世俗的な政治体制の失敗や、過去に行われてきた欧米文化の押しつけは、欧米的であるとされる他の概念とともに、人権の正統性に対しても多くの疑問を生じさせている。しかし、ムスリム社会における政府による抑圧は他国における圧政と類似しており、その抑圧に対して異議を唱える際、多くのムスリムは、非ムスリムが人権侵害に対抗するために提示してきた理由と同様のものを用いている。アラブ世界における地域的人権保障に関するベイルート宣言（2003年）は、人権の普遍性を認め、文化やイスラム教を根拠として人

権を制限してはならない、としている。イスラム教において有力な人権概念は、イスラム教固有の特徴というよりも、伝統的な支配層と自由主義的な近代化推進者との間の勢力争いを反映したものである（Mayer 2007）。

　文化相対主義に関する議論は、文化と国家を区別することなく、文化の多様性について考慮していないものが多い。国民国家というシステムの中で発言力の弱い少数民族や先住民、女性、児童、同性愛者、貧困層などの、個人や集団の価値観及びニーズを国際人権法に反映させるには時間を要する、とフォークは述べている（Falk 1992: 48）。国際法は、国民国家に潜在する多様な排除を容認してもいる。たとえば、文化という観点から、少数民族や先住民は差別されてきたことを問題視するであろうし、女性や児童は抑圧されてきたことを問題視するであろう。ゆえに、「文化相対主義」は、文化及び人権について適切に分析するにあたり、有用な概念ではないのである。

少数者の権利

　少数者の権利は人権に属すると思われることが多いが、この2つの関係は問題をはらんでいる。世界人権宣言の起草時、国連は少数者の権利を含まないよう決定した。少数者の権利という概念は、ナチスドイツによる侵攻の口実として悪用されてしまい、国際連盟が設立した少数者の権利に関するレジームは失敗に終わった、とみなされたのである。一方、世界人権宣言は、個人の人権が文化的な少数者を十分に保護しうるということを前提としており、国連は、差別防止と少数者の保護に関する小委員会を設立し、少数者の問題が存在しうることを認識している。

　少数者に関する最も重要な条文は、種族的、宗教的、または言語的少数者が存在する国において「少数民族に属する者は、その集団の他の構成員とともに自己の文化を享有し、自己の宗教を信仰しかつ実践し又は自己の言語を使用する権利を否定されない」ことを規定した自由権規約第27条である。同条は、世界人権宣言の範囲を越えて少数者の人権を保障するものであるが、いくつかの問題点が存在する。まず、少数者が存在する国にしか適用されないため、国家が自国の管轄内における少数者の存在を否

定することを奨励してしまう可能性がある点である。2つ目は、少数者集団に属する個人の権利が認められている一方で、少数者そのものの集団的権利は認められていない点である。また、同条が国家に対して課しているのは、少数者に属する個人の権利に干渉しない義務のみであり、彼らを支援する義務ではないのである。

　国家が少数者の権利を重要視しない理由としては、以下の4つが考えられる。1）少数者の権利の保障は、域外からの干渉を促進する可能性がある。2）少数者に関する問題は多様であり、普遍的な解決策が存在するかどうか疑わしい。3）少数者の権利により、国家の一体性が脅威にさらされる。4）少数者の権利保障は、多数派に対する差別となる（Eide 1992: 221）。そこで国連は1992年に、民族的または種族的、宗教的及び言語的少数者に属する者の権利に関する宣言を採択した。同宣言のタイトルは、少数者の集団ではなく、個人に対する権利の保障について定めた自由権規約第27条にならっているが、同宣言第1条は、国家の義務として、「各自の領域内で少数者の存在ならびにその国民的又は種族的、文化的、宗教的及び言語的アイデンティティを保障し、また、そのアイデンティティを促進するための条件を助長しなければならない」ことを規定している。したがって同宣言は、少数者の集団それ自体の権利を認めてはいないが、国家に対して少数者のアイデンティティを保護するための積極的な措置を講じるよう義務づけているという点で、自由権規約第27条を超えるものである。

　自由民主主義に関する政治理論は、歴史的に、文化的少数者の問題を解決することを目的として考案されてこなかった。伝統的な民主主義概念は、文化的に統一された民族を想定したものである。18世紀に有力であったフランスの哲学者ルソーの理論によると、社会に存在しうるあらゆる文化的差異は、人々の「一般意思」に従属するべきである（Rousseau 1968）。ロックの自由主義理論は個人の自然権を保障することを目的としており、すべての市民は等しく平等であるため、政治的決定は多数派により決定されるべきであるとする。すなわち、少数者とは得票数の観点からは多数派に敗れ続ける市民なのであり、文化的少数者という概念もない。政府はすべての個人の自然権を保障する義務を負うが、少数者それ自体には何の権利もないのである（Locke [1689] 1970）。自由民主主義は、文化的少数集

団の構成員に対し、文化的集団に参加する権利も含めた個人の権利を付与する。すべての市民は権利において平等であり、少数者の地位はまったく公正なものである。当然ながら、実際の自由民主主義はさまざまな点で公正ではないが、これは自由民主主義が実行される際にその原則が守られていない場合が多いからである、と自由民主主義者は主張する。この問題を解決するために重要なことは、原則の修正ではなく、その忠実な履行である。

自由民主主義的な先進国であっても、少数者による異議申立ては継続的に存在し、深刻な人権侵害と結びついた少数者の問題は世界中でみられる。加えて、冷戦のイデオロギー対立の終焉で、自由民主主義を唯一の解決策とすることには、理論的にも実際的にも問題点が指摘されている。これに対して、多くの自由民主主義の研究者は、政治と文化の関係及び多数派と少数者の関係について再検討し、「多文化主義」概念が自由民主主義理論の中心を担うようになった。しかし、どのようにして自由民主主義が多文化主義の問題を解決するのかという点について、統一的な見解には至っていない。

文化に関する自由主義理論を展開してきたキムリッカは、多文化社会において、国家は必然的に特定の文化を推進することになるため、その結果、それ以外の文化は不利益を被ることになる、と主張する。たとえば、多文化社会ではすべての言語が公用語とされるわけではなく、このことは少数者にとっての公正の問題となる。自由主義は個人の選択を重視するが、その選択は特定の文化的文脈の中で行われる。そのため、自由主義者は、個人が選択するための基礎を提供する文化を保障するべきであり、集団の権利を認めることによってのみ文化が守られる、という場合もあるだろう（Kymlicka 1995）。

したがって、文化的コミュニティは個人の充実した生活に欠かせないものであると同時に、そのコミュニティ内において、自身が最もよいと考える生活を選択するための自律性が個人に認められる必要がある。コミュニティは不平等な力配分により構成されるため、抑圧的である可能性が常に存在する。自由主義者は、通常、少数者集団内部におけるメンバーの基本的権利に対する制限を容認せず、個人は自身が属するコミュニティの文化に

6　普遍性、多様性及び差異性——文化と人権 ｜ 131

対して疑問を呈し、文化のどの面を維持していくのかということについて決定する能力と自由を持つべきだ、と主張する。しかし、個人の権利に対する制限の中でも、コミュニティを害するような行為の防止を目的としている場合には、正当化されうる。このような個人の権利に対する制限の正当化が自由主義の一部であるのは、その制限の目的が権利を容認するコミュニティを保護することの帰結である（Kymlicka 1995）。

　キムリッカは、人権に関する対話により、少数者に対する多数派による支配がイデオロギー的に隠蔽される可能性があり、少数者が提起している重要な問題の中には、人権原則では解決することができないものもある、と断じている。たとえば、言論の自由という権利の存在により、どのような言語政策が社会にとって望ましいのかが明らかになるわけではない。自由民主主義的な社会においてさえ、多数派が有する権力によって、文化的少数者集団の構成員は人権侵害に該当せずとも不当な不利益を被ることがあるのである（Kymlicka 1995: 4-5, 109）。また、人権は不公正を助長する可能性もはらんでいる。たとえば、移動の自由及び投票の自由が認められていることにより、多数派に属するメンバーは、古来少数者のものであった土地に移動し、数で勝り、そしてその文化を弱体化させることができるのである。このような抑圧から少数者を守るためには、土地所有権及び言語使用権、ならびに移動の自由及び多数決による決定を制限する集団的権利が認められる必要がある。そのような集団的権利は、根本的に人権と対立するものではなく、自由民主主義の国家でも移住者、土地所有及び言語政策を規制する権利を主張するが、大抵の場合は人権侵害とはみなされない。少数者の集団に対する権利は、広く認められている国家の集団的な権利と類似する限りにおいて、同様の人権に関する条件に従うべきである。キムリッカの見解によると、少数者及び先住民の権利は、人権概念の留保というよりも拡大であるとされるが、彼の理論において、個人の権利と集団の権利との間の緊張関係は解決されない（Kymlicka 2001, 2007）。

　キムリッカは、自由主義的な少数者に対してのみ権利を認めたため、自由主義的帝国主義者として批判された（Chaplin 1993）。彼は、自由主義者は必然的に自由主義でない集団に対して批判的でなければならないと反論するであろうが、彼の人権に対する批判には説得力がない。人権の原則

が少数者の問題すべてを解決するわけではないという彼の批判は、人権概念の目的が社会正義の包括的な理論ではなく、最低限の基準を提示することである点を踏まえると、見当違いである。また彼は、人権が不公正な行為を容認しうる、と論じているが、これに対しては、人権が無制限なものでない、と反論できる。人権は、世界人権宣言第29条に述べられているように、人権または他の理由により制限されうるものなのである。

　トゥリーは、文化的多様性及び正義について、反自由主義的と思われる主張を展開してきた。彼は、文化的多様性は人間本来の基本的な特徴であり、文化は人的交流に固有のものであると主張する。人は文化を表わしながら互いに交流し、そしてその文化が認められることは人間の基本的欲求である。統一的な政治制度及び法体系は、すべての人民が一律に服するものであり、文化的多様性を不当に否定するものである。その意味で、自由主義的憲法は大概不公正であり、憲法は継続的な異文化間の対話から構成されるべきである。この対話において、話し手はそれぞれ正当に評価されなければならず、これは、文化的多様性は個人レベルの問題であると位置づけられ、結果として、個人の人権概念の基礎を築くものであることを認めているとも思われる。こうみると、トゥリーによる「異文化間」立憲主義は、一見して思われたほど反自由主義ではないのである。しかし、彼は、自由主義的憲法体制は公平を装いながら文化的差異を抑圧し、文化的少数者は、支配的文化を強制しようとする支配集団の話法（ディスコース）の中で発言せざるをえなくなる、と主張する。一方、異文化間対話は、承認に対する不公正な主張を退け、文化の承認のみを目的とする（Tully 1995）。トゥリーは、文化が認められることの要件及びその正義の基準を明らかにしておらず、自由民主主義がいかにして全人民に平等な権利を付与するのか、という問題に答えていない。彼の異文化間立憲主義に関する理論は、自由主義の主要な要素を備えているが、対話に強く依拠しており、結果として、弱者よりも強者を優遇することになる。このことから、この理論は、彼が批判した自由民主主義的立憲主義よりも不公正なものとなってしまう。

　バリーによると、自由民主主義は文化的差異に「盲目」であり、左右されないとする。公正なすべての差異は自由主義により受け入れられるという。

自由民主主義はすべての人を平等に扱うという点で公正であるが、許しがたいほど他者や社会を害するような社会的行為も存在するため、すべての差異を容認するというわけではない。とくに、自由主義を阻害しようとする人々に対しては寛容になるべきでなく、そのようなことは公正に反している、という。バリーは、文化的差異の制度化により、社会における支配集団に対し、少数者がさらに脆弱になってしまうことを理由として、これに反対している。共通の制度への参加によって生み出される連帯意識こそが、少数者保護のための最善策だ、というのである。自由民主主義を擁護する彼の主張は、自由主義国家は文化的に中立にはなりえず、中立的な公正によって特定の文化の不当な優位性が隠蔽される可能性がある、という批判を受ける（Barry 2001）。

　バリーは、自由民主主義は、反自由主義的行為を営む団体（たとえば、女性が聖職者になることを認めない宗教団体）が団体を離脱する権利を真に認めている場合には、そのような団体を許容すべきである、という。一方で彼は、少数者のコミュニティにおける看過できない反自由主義的行為を終わらせるために、自由主義国家が強硬に介入することを支持している。児童虐待を防ぐために国家が家庭に介入することに異議を唱える者は少ない、と彼は主張する。しかしキムリッカは、以下の2つの理由から国家による介入について懸念を示している。まず1つ目として、少数者の文化を「改善する」自由主義国家による試みは失敗に終わると歴史が証明している、という点である。2つ目の理由として、自由主義国家の政府は、少数者にとっての文化の重要性への配慮に欠けるところがある（Kymlicka 1989）。また、外部からの働きかけによるものよりも自己エンパワーメントが望ましい、という主張もある。これらの国家による介入への反論は、少数者に対する集団内の抑圧が極端である場合には、絶対的なものではない。

　バリーは、自由民主主義において、市民は互いの文化を尊重する義務を課されておらず、むしろ、文化にかかわらず互いを市民として尊重する義務を負っている、と主張している。この点では、市民が文化的に交流するものであり、相手の文化を嫌悪していては互いを尊重することはできない、というトゥリーの主張と合致しない。バリーによると、文化的差異は避けられないものであるが、自由民主主義は文化間の対立を解決するための最も

公正な手段をもたらすものであるという。すべての人々に共通する点こそが普遍的人権の基礎を形成するものであり、文化間の対立は自由民主主義的な手続によって解決されるのが最もよいのである。少数者の権利は、人権及び自由民主主義の両方を弱体化させる傾向がある。

バリーの自由主義の擁護は、自由民主主義が、実際には個人の平等な権利によって是正されえない不公正を通じて発展してきた、という問題を軽視している。しかし、少数者の正当な主張は、概して特定の国家の歴史的産物で、普遍的な少数者の権利というものがあるのかどうか疑わしい。

「少数者の権利」という言葉は、少数者集団の構成員である個人の権利と、少数者集団自体の権利という2種類の権利を指す。前者は人権の原則により要求されるものであるが、後者は人権と対立しうるものである（たとえば、集団的な教育の権利は女性に対する差別となりうる）。集団的権利は、権利を有する集団の定義についても問題になることがある。たとえば、先住民族が権利を有するとして、具体的に誰が先住民族に該当するか、誰が定義するのか。国連は、先住民族自ら定義すべきだとしたが、これは（a）誰が先住民族であるかすでに明らかであること、及び（b）不合理な自己認識が存在しないこと、を前提としている。さらに、時折、個人は利己的であり、集団は利己的ではないと想定されるのだが、集団的権利に基づいた主張は利己的で不公正な場合がある。

ドネリーは、集団的権利がある一方で集団的な人権は存在しない、と主張する。集団的権利は人間の尊厳を守るために必要なものであり、したがって人権と両立しうるものであるが、集団的権利と人権とが対立する場合には、一般に後者が優先されるべきである、という。文化的集団の保護は重要であるが、集団により人権が侵害され、その構成員が属する集団の文化からの離脱またはその文化の廃止を選ぶ場合には、人権の原則はその集団の存続を擁護するものではない。しかし、人権は絶対的なものではなく、人権を侵害している集団もまたその構成員にとっては重要なものであることから、文化的な集団の存亡に対する権利についての一般的な原則は存在しない。一方で、多くの場合、人権保障は文化的少数者を守るための最善策であることを心に留めておく必要がある（Donnelly 1989: 149-57）。文化的少数者が、自身の文化のために公的資金を得る権利を有しているか

という問題は、議論を呼ぶ。国家が少数者の文化的行為を援助するというのは善良な政策であろうが、そのような政策を求める人権があるのかどうかという点については不確かである。そのような権利の保有者は誰なのかということが、ここでも問題になるだろう。また、その権利により少数者集団間の競争や分裂が促進され、支配集団による敵対行為や搾取に対してより脆弱になる危険性があることから、少数者の文化への公的支援に対する集団的権利を批判する人々もいる。

先住民族

　少数者の権利は先住民族の権利と混同されることが少なくないが、自分たちは「少数者」ではなく植民地化された者である、と主張する先住民族の代表もいる。国際法及び社会科学において、少数者及び先住民族についての統一的な定義が存在しないことにより、いっそうの混乱が生まれている。「先住民族」という単語の由来はアメリカ大陸にあり、ヨーロッパ人が到達する以前よりアメリカ大陸に居住していた人々の子孫で、ヨーロッパとは著しく異なる文化を保持し、経済的、社会的または政治的に抑圧されている人々を意味する。このような先住民族の概念を、他の地域に対しても適用することには問題がある。先住民族と同様の社会的特徴を有していても先住はしていなかったり、そのような特徴を持たない先住民族がいたりするからである。先住民族は、対立的な階級制度、ジェンダー、その他の利害関係を有することもある。先住民族の集団の多くは比較的小規模だが、全体で世界の総人口の約5%に及ぶ。歴史的に、彼らはジェノサイドや文化的抑圧、労働搾取の被害者であった。しかしながら、先住民族はみな一様の文化を持っているわけではなく、彼らが抱える社会的問題も異なっている。

　近年、先住民族の権利概念に関する2つの発展がみられた。1つは、統合及び同化の強調から自決に関する議論への移行であり、2つ目は、ILOから人権委員会（現在、人権理事会）及び総会への議論の場の移行である。国連の場において、先住民族に関する問題は、当初、労働搾取に関連して提起され、ILOの取組みを通して1957年にILO第107号条約が成立した。同条約は、先住民族の問題が、支配層の人々の市民権を先住民に対

しても付与することにより解決されるであろう、という前提に立脚しており、彼らの文化的特殊性については認めていなかった。その結果、先住民族は同条約を受け入れず、1989年にILO第169号条約として改正された。同条約は、国家に対して、先住民族の文化の尊重及び同化政策の禁止を義務づけてはいるが、先住民族が参加することなく採択されたものであり、彼らの要請に応えるものとはならなかった（Kymlicka 2007）。

　先住民族は、このような国家統制的な「トップダウン」による解決を認めず、植民地化された民族として自決権を求めることに力点を移した。国家政府及び「国際社会」は、長年の間この要請に応えようとはしなかった。そして、そのような消極的姿勢は、宗主国が海によって隔てられている場合に限り植民地化された人々の自決権を認めるという、いわゆる「海洋原則」によって正当化されることもあり、それによって、ナイジェリア人は自決権を有するが、カナダのイヌイットは自決権を持たないとされた。独立した専門家から構成される、国連の先住民族に関する作業部会は、先住民族の代表とともに、自決権を含む先住民族の権利に関する国連宣言を起草したが、各国政府は宣言が国際法に組み込まれることに抵抗を示した。しかし宣言は、2007年9月13日に国連総会において採択された。

　先住民族が政治に関する自決権を要請するのは、大抵の場合、国家として独立を望むからではなく、居住国内での自治を望んでいるからである。経済面における自決を望む先住民族の集団も多く、重要な点である。先住民族は、経済開発が自分たちの管理の下で進められることを希望しており、経済開発に必ずしも反対というわけではない。しかしながら、地域内の資源について先住民族と異なる計画を立てている国家、及び民間企業と対立してしまうことが多い。

　先住民族の代表は文化的な自決権も主張しているが、この点は先住民族の文化と人権とを対立させる可能性がある。自由権規約委員会は、個人の権利と先住民族の文化の保護とがうまく両立するよう配慮してきており、一連の決定は国際法における人権概念が極端な個人主義とはかけ離れたものであることを示している。また、個人主義的な人権概念は、集団的な先住民族の土地所有権の主張について公正に評価するのには適していない（Brysk 2000: 202）。キムリッカは、先住民族は国家機関による判決よりも、

不利益なものであっても国際機関による判決を受け入れる傾向があると主張する（Kymlicka 1995: 169）。したがって、実際には、集団的な先住民族の権利と国際的な個人の権利の対立は、理論上で考えられているほど複雑ではないと思われる。文化相対主義という言説によって、国家との対立の中で、先住民族は政治的に無力な状況に陥り、力を奪われる可能性がある（Brysk 2000: 65）。

　国家は、時折、先住民族を不当に規制するために、人権の観点から先住民族の行為を違法とすることがある。自由権規約委員会への個人通報に同意している国家は人権に関して比較的優れた実績があり、国際的な人権手続は、結局人権保障を最も必要とする先住民族に対して保障を提供しえないのかもしれない（Speed and Collier 2000; Thornberry 2002）。

　先住民の権利の中でもとくにおろそかにされていたのは、非定住民の権利である。ロックの時代から、私有財産論は、非定住民の権利よりも農業に関する権利に適しているものであった。土地所有に関する農業理論を根拠として領域主権論が展開され、非定住民が国際法上の保護の対象から排除されることとなった。しかし、西サハラ事件（1975 年）において、国際司法裁判所は西サハラの非定住民の土地に関する権利を認めた。非定住民の土地に対する権利を容認する国内裁判所がある一方で、先住民の権利を非定住民に対しても付与することを望まない裁判所もある。差別禁止法や少数者及び先住民に関する人権法の中には、非定住民の権利保障に資する部分もあるが、まだ十分に発展してはいない（Gilbert 2007）。

　近年の先住民の権利に関する展開は、人権の自由民主主義的基礎に異議を突きつけているが、それは、先住民の集団が人権を否定しているからではない。人権規範に合致しない先住民の慣習もあるが、同時に先住民族は人権規範に訴えることもあるのである。それより、自治に関してさまざまな形式を主張する中で、先住民族は、均一的な市民権概念を標榜する自由民主主義国家の概念に立ち向かうこととなるのである。それはひとつには市民国家によって先住民族が征服され搾取されてきたこと、また、彼らの自由民主主義的な市民権に対する認識が肯定的ではないこと、が理由である。国民国家によって構成される「国際社会」及び国際法は、帝国主義により構築され、自然法はその帝国主義を批判する根拠となったが、19

世紀に実定国際法に取って代わられると、先住民は強制的に主権国家制度の中に組み込まれるようになった。自由民主主義はこのような国際的な制度の一部であり、先住民に対して国家への忠誠を要求することに関しては疑問視されている（Keal 2003）。しかし、富裕な自由民主主義国が先住民族に対して限定的ながらも譲歩できるのに対し、「開発の必要性」を抱える発展途上国がこのような譲歩を行うのはより困難である。

　先住民が深刻な不公正の被害者であることは否定しない一方で、「先住民の権利」という概念そのものに疑問を呈する者もいる。その主張によると、権利は「先住性」ではなく、歴史的な不公正に基づくものである、という。たとえばフィジーの先住民のように、不公正の被害者ではなく、加害者である先住民の集団もいる。先住民の自決権は、原則的に他の人々の自決権と同じもので、それは先住性によってではなく、先住民が深刻な人権侵害の被害者であることと、ある種の自治が最も適した救済手段であるという、偶然の、しかし広く知られた歴史的事実に基づくものなのである（Buchanan 2004）。

民族自決権

　1966年に採択された社会権規約及び自由権規約は、すべての人民が自決の権利を有するとしているが、実際に誰がその権利を有しているかという点については論争がある。国際法における伝統的な立場では、自決権とは、欧州の帝国主義支配から離脱するためのものであり、人種差別的な統治や外国による占領に支配されないためのものであった（Cassese 1995）。これは、世界規模の反植民地運動、南アフリカにおける反アパルトヘイトキャンペーン、イスラエルによるパレスチナ占領への反対などのような、いくつかの政治的現象に強く影響を受けている。その権利は、チベット人のように、外部からの統治に服している他の人々には適用されてこなかった。自決権は、国際政治の場において、国家制度の安定という目的のために用いられてきたが、この「国際社会」によるやり方はあまり功を奏していない。それは、自決権に関する争いが、国家制度について近年の最も混乱した状況を作り出してきたことから明らかである。国際社会は自決権よりも領土的

6　普遍性、多様性及び差異性——文化と人権　139

一体性の原則を優先してきたため、少数者の人々は多数派による抑圧に対して脆弱なままであり、分離主義者の紛争が助長され、国家による暴力及び深刻な人権侵害が生じ、国家間秩序の不安定化へとつながっていった。

　政治学者は、自由民主主義的原則を根拠とした自決権に関するさまざまな理論を提案してきた。最も有力である救済理論によると、自国民の人権を保障する国家は、国民の忠誠を求める権利があり、そのため、このような国家から分離独立する権利は認められない。分離独立する権利が認められるのは、深刻で継続的な人権侵害が存在し、分離以外の解決策が存在しない場合のみである（Birch 1984）。人権侵害の被害者が1つの民族を成している場合は別かもしれないが、この理論は、国益よりもむしろ個人の人権侵害によって分離独立が正当化されるという点で、国家主義的というよりも自由主義的である。

　ベランは、主意主義者理論と呼ばれる別の自由主義理論を展開してきた。同理論は、個人の自決権の自由主義的価値を基礎とし、団結権も認めており、政治的コミュニティを脱したいと希望するいかなる個人に対しても、その希望をかなえる権利を認めている。また、領土内の多数派に対しても、分離独立を望む場合には、そうする権利を容認している。人権侵害を受けたことはこのような分離独立の要件ではなく、分離独立を希望する者が民族である必要はない（Beran 1984, 1988）。分離独立をする権利は、次の2つの要件を備えている必要がある。第1に、分離独立を希望する者たちは、新国家に居住するすべての人の人権を尊重しなければならない。第2に、その国境内の多数派が分離独立する権利を認めなければならない。これは「マトリョーシカ」と呼ばれることもある問題を引き起こす。領土内のすべての多数派が分離独立する権利を有していたとしたら、その国家制度はさらに小さい国家へと分割しかねず、結果、混乱することになるだろう。ベランはこのような反論に対して、以下の4つの答えを提示した。第1に、戦争が起きる危険性は分離独立の権利に優先する。第2に、戦争を除いて、分離独立の権利は国家の数についての懸念に優先する。第3に、必要以上の分離独立は、将来的に分離独立を希望する者たちにより抑制されるであろう。第4に、必要以上の分離独立は、国家による見識ある譲歩により抑制される可能性がある。ベランの理論は国際社会により否定され

たため、その理論が現実に機能するかどうかということについては判断が難しい。理論的観点からみると、ベランの理論は、個人主義という前提から集団的な自決権を導いている点に困難を抱えている。また彼は、財産権を持つ人々が、自身の財産に対する統治権を変えていく権利を有する、と述べているが、彼の理論には財産権に関する部分がなく、この主張は説得力に欠ける。パブコビッチとラダンは、現実に前述のベランの理論に基づいて行われた分離独立は存在しない、と論じている（Pavkovic and Radan 2007）。

　集団的な自決権は、民主主義的前提に導かれることもある。民主主義理論によると、政府の正統性は人民の意思に由来し、したがって国民の自決は民主主義と同義である。民主主義的自治は集団的な価値であり、集団的自決権を正当化するためには、自由主義的個人主義よりも民主主義理論のほうがより適しているものであろう。

　また、国民による集団的自決権は、コミュニタリアニズムの前提からも引き出されうる。コミュニタリアンは、国民としての意識は自発的なものであるというベランの前提を否定した。多くの場合、人が自身の国家に生まれついた、そのことが個人のアイデンティティの一部を形成する。コミュニタリアンは、国民による自決権があるのならばそれは集団的でなければならない、と主張する（Raz 1986: 207-9）。マルガリートとラズによると、個人は文化を通して繁栄し、文化は集団によって維持される。ゆえに、文化的集団の構成員が幸福であるためには、その文化的集団の繁栄が必要不可欠であり、集団の保護のためには自決権が必要不可欠である。人権侵害は、国民による自決権を正当化するために必ずしも必要な要件ではない。一方、集団の構成員または集団外の人々の権利侵害に結びつく可能性が高くなればなるほど、集団的自決権の主張は認められにくいものとなる（Margalit and Raz 1990）。したがって、コミュニタリアンな自決権は、自由主義的条件によって制限されるということになる。

　ミラーは、民族は倫理的な集団であり、国家はその最も効果的な調整メカニズムである、とする。ゆえに、民族国家は社会正義のために最も適した制度ということになるため、民族による自決権は正当化される、と述べている（Miller, D. 1995）。しかしこのことは、たとえば民族の定義や「倫理

6　普遍性、多様性及び差異性──文化と人権　**141**

的集団」であることの証明に関して問題を提起する。また民族国家は、その市民の正義のために最も適した制度であるというだけのものであり、外国人の人権についてはせいぜい弱い義務が認められるにすぎない。

　自決権に関する実践的な議論は、人権よりも国際秩序を重視してきた。シェハディは、国際秩序の目的を達成するために、国際社会は国家における領土的一体性の原則と権利を侵害された人々の要求との均衡を保つ必要があり、また武力ではなく法の支配に従って自決に関する紛争を解決する国際機関を設立すべきである、と主張する（Shehadi 1993）。この提案は、現実主義と原則とを結びつけようとしたものであるが、主要な国家にとってはあまりに原則に基づきすぎていて受け入れがたく、また、あまりに現実主義に偏っていて、公平性に基づいた要求を満たさないだろう。このことは、多くの国家において民族の自決権を行使することの難しさを証明している。

　より実務的な学者の間では、分離独立の権利はほとんどの場合認められないだろうが、分離独立に至らないような自決権は認められるべきだ、という合意がある（Hannum 1990）。しかしながら、政府の多くは、自決権の行使が分離独立のための一歩となる可能性を危惧している。このような政府の懸念は大げさであることがしばしばだが、常にそうであるとは限らない。自決権に関する問題は極めて困難なものとなることもあるが、その解決のために求められていることは民族国家の廃止ではなく、その新しいあり方について検討することである、と思われる。自決権が最も重要な人権である、または他のすべての人権の前提条件である、と考える者もいる。また、迫害を受けてきた民族の中には、明らかに自決権への強い要求を持っている者もいる。だが、ある民族（たとえばケベック人）の自決権が他の民族（たとえばカナダ人）の自決権と対立する場合には一貫性がなくなるということもあり、民族自決権が普遍的人権であるという考えは、分析を要する複雑な問題を提起し、人権に大きな危険をもたらす。

女性の権利

　ウィーン宣言は、障害者、難民、移住労働者などの特定のグループの人権を強調しており、これらのグループはとても重要であると同時に、特別な

取扱いを要するが、その点については本著では検討しない。しかし、女性及び児童の権利に関しては触れる必要がある。それは、女性及び児童という対象が重要であるという理由に加えて、彼らが伝統的な政治思想に対し、顕著な難題を引き起こしているからである。

　世界保健機関（World Health Organization: WHO）によると、極度の貧困状態にある人々の70%が女性であり、読み書きができない人々の3分の2を女性が占める。また、同等の仕事に対して得られる賃金について、女性は男性に比べて平均30〜40%低いという（Simmons 2009: 204）。第2次世界大戦前、国家間会議及びILOにおいて、女性に対する一部の不当な扱いに関する国際的な基準設定は中心的課題であった。1945年、フェミニスト団体は男女同権を国連憲章に導入、及び国連女性の地位委員会の設立に成功し、また、女性に対する差別の禁止が、世界人権宣言にも含まれることとなった。女性の地位委員会は、財源不足と文化的に保守的な国家の反対に悩まされながらも、女性差別撤廃条約の起草に貢献し、同条約は1979年に採択された。しかし、多くの国家が批准する一方で、数々の留保が付され、同条約は弱体化されてしまった。同条約の実施について検討する委員会もまた財政難であり、NGOにとっては比較的アクセスが難しい存在となっている（Jacobson 1992; Reanda 1992）。

　女性の団体及び女性差別撤廃委員会委員の間で、遅々として進まない対応に不満が高まったことを受けて、1975年から85年までを国連婦人の10年として設定することとなった。その間、メキシコシティ、コペンハーゲン及びナイロビで3度の世界会議が開催され、そこで採択された宣言や行動計画は国連総会において承認された。そこでは、政治参加、教育、雇用、健康、栄養、農産物及び農産物市場、ファイナンスへのアクセス、住居、産業振興などが議題となり、難民、障害者、高齢者などに属する女性特有の脆弱性が本格的に問題とされた。国連婦人の10年を通して、女性に特化した活動を強化するよりも、すべての国連の計画内に女性に関する問題を組み込むという「主流化」に重点が置かれるようになった。国連人権諸機関は活動の際にジェンダーの問題についても取り上げるようになり、メアリー・ロビンソンが国連人権高等弁務官に就任した際には改革が強化された（Gaer 2001）。また、女性を取り巻く状況は、意思決定への参加を通じ

6　普遍性、多様性及び差異性──文化と人権　143

て女性がエンパワーされない限り、改善しないであろうことも認識されている。このような戦略変化が女性の日々の生活に大きな改善をもたらしているのかどうかという点に関しては、不明瞭である（Reanda 1992; Simmons 2009）。

　フェミニストは、人権に関する支配的な解釈では国家による人権侵害のみが対象となり、私生活において男性により苦しめられてきた女性の人権侵害が無視されてきたことから、女性が不当に扱われていると主張し、異議を申し立ててきた。伝統的な自然権の理論によると、すべての人間は自然権を有すると同時に、自然権に基づいた義務を課されている。この理論は国際人権法においても適用されており、すべての個人は人権を有し、主に国家がその人権を侵害しない義務を負っている。この点は、通常の犯罪と人権侵害とを区別するために必要であることで正当化されることもある（Donnelly 1998: 1, 1999: 85-6）。

　しかし、世界人権宣言は、国家のみならず、団体及び個人に対して義務を負わせている。女性差別撤廃条約第2条（e）は、「個人、団体又は企業による」女性に対する差別を撤廃するための措置を講じるよう国家に義務を課しており、ウィーン宣言は、「性差に基づく暴力、ならびにあらゆる形態のセクシャル・ハラスメント及び暴力」が人権侵害であることを認めている。1993年に国連総会において全会一致で採択された、女性に対する暴力の撤廃に関する宣言第4条（c）では、「国家によるものか、私人によるものかを問わず」、女性に対する暴力行為を防止し、調査し、処罰するために適切な措置を講ずることを国家に対して要請している。1994年には、国連人権委員会により、女性への暴力に関する特別報告者が任命された（Joachim 2003: 247-8）。フェミニストは、家族は「社会の自然かつ基礎的な集団単位」で、「社会及び国による保護を受ける権利を有する」と述べている世界人権宣言第16条（3）を引用し、世界人権宣言が男性優位の家族を肯定していることを示すことがある。しかし、同条は必ずしもそのようには解釈される必要はなく、フェミニスト運動を根拠づけうるような人権法の他の条文も存在する。自由主義者たちは、フェミニストによる批判に対して、以下のように応じるだろう。すなわち、自由主義は、国家に対して、公的な場だけではなく私的な場においても、すべての人の人権が侵害されないよう保

障することを国家に義務づけており、男性による人権侵害から女性を保護するものである。

　フェミニストは、家庭内における女性への支配が、大抵の場合、公的な場における女性の無力化につながっていると論じ、また、すべての社会において、家族は国家と国家に規定された法によって規制されており、国家という公的領域と家族という私的領域の区別は誤っている、とする。通常、とくに私的な行為とみなされる妊娠及び育児に関して、主に男性によって規制され、女性が男性に従属するように男女のアイデンティティを形成している。女性はとくに、性的な暴力や侮辱による拷問などのような人権侵害を被ってきたことが認められており、文化の名の下に正当化されるほとんど多くの人権侵害に男性よりもいっそう苦しんでいるのである。さらに、法的な救済を得る道が、差別的な男性優位の法制度により阻まれることも少なくない（Binion 1995; Desai 1999）。人権の平等概念は男性と女性の経験の差異を考慮していない、として批判するフェミニストもいる。女性の経験を強調することは有用であるが、その差異のために平等概念を批判することは逆効果を招くおそれがある。文化的集団が女性に対する不平等な扱いを正当化する際に、大抵、文化的差異を根拠とするからである。

　フェミニズムは女性の人権という理念を奨励し、国連や政府、人権NGOの注目を、女性のみが苦しんできた、または女性が対象となることが圧倒的であった多くの深刻な人権侵害へと集めてきた。この理念は、さまざまな保守的な団体、宗教団体及び国家からの反対にあいながらも、1995年に北京で開催された第4回世界女性会議においてさらに展開された。このことは、まさに冷戦終結後の国際政治の場における人権の解釈に関する最も顕著な変化のひとつである。国際人権法に関するフェミニストからの批判に対して、フェルメスは、女性の権利の保障を目的とした重要な国際法の条文が2ダースほど存在していることを指摘し、また、国際法における女性に対する偏見は、国際法を履行する際にあらわになる女性への偏見に比べればずっと小さい、と述べている（Fellmeth 2000: 727-8）。人権の個人主義により女性に対する構造的抑圧が隠蔽される、と訴えるフェミニストもいるが、女性個人の権利を保障することは、彼女たちの権利侵害の構造的要因の存在を否定するものではない。

児童の権利

　児童の福祉に関する関心は現代の人権概念の成立以前にも存在していたが、人権運動の対象に児童が含まれるようになるまでには時間を要した。アメリカ独立宣言及びフランス人権宣言は、児童に関しては何の言及もしておらず、19世紀の児童の保護に関する運動は、児童養護施設、学校及び少年裁判所を設立するだけのものであった。1924年、国際連盟において採択された児童の権利に関するジュネーヴ宣言は、「人類が児童に対して最善のものを与えるべきであるという義務を負うことを認め」ており、児童の正常な発達のために必要な手段及び食物を与え、医療を受けさせ、危難の際には救済を与え、児童が搾取されないよう保護し、他者へ奉仕するよう児童を社会化させる義務があることを明らかにしている。1959年に採択された児童の権利宣言もまた、児童の保護を強調している（Freeman 1997）。

　マイケル D. A. フリーマン（著者の親類でない）は、児童の福祉、保護、解放及び権利に対する3つのアプローチを区別した。1つ目は児童を利害関係の中心として扱うということであり、2つ目は青少年の自決権を強調することである。フリーマンは、児童は保護されることと自律的な選択を行うことができることの両方を必要としている、という折衷的な立場を提示した。この見解に基づくと、児童の要求は、成長に伴い、保護と細やかな配慮から自律性が尊重されるべき段階へと変化していくのである。しかし、多くの大人より、より自律性の高い青少年もおり、自律性という価値観は強制と両立しうるものである。たとえば、義務教育は児童の自律性を発展させることができるため、正当化されうる（Freeman 1997）。

　この折衷的なアプローチは国連でも採用され、1989年に全会一致で採択された児童の権利条約にも導入された。自由権規約の発効には10年かかったのに対し、児童の権利条約は、1年弱の間に発効要件である20カ国からの批准という条件を満たした。現在、アメリカとソマリア以外のすべての国連加盟国が同条約を批准しており、2010年9月、その締約国数は他の人権諸条約よりもかなり多い193カ国となっている。

児童の権利条約の起草過程においては、信教の自由、国際的な養子縁組、胎児の権利、児童の権利を害する伝統的慣行及び児童の義務の5つの点が議論を呼んだ。同条約第14条は、児童の信教の自由の権利を認めると同時に、父母が児童にその関連で指導を与える権利をも認めている。また、国家に対しても、公益のために宗教に規制を課すことができる、としている。イスラム教では養子縁組が認められておらず、国際養子縁組は「児童の人身取引」に当たるとするラテンアメリカ勢の反対もあった。同条約第21条は、「児童の最善の利益」であり、さまざまな法的保護に従う場合に国際養子縁組を認めるとしているが、義務づけてはいない。胎児の権利に関しては、児童が「出生の前後において」特別な保護を必要としていることを述べた前文と、児童を18歳未満の者と定義した第1条により、曖昧なまま残されている。また、児童の健康を害するような伝統的な慣行についても、第24条（3）が締約国に対して、当該慣行を廃止するために「適当な」措置をとるよう求める一方で、前文においては伝統及び文化的価値の重要性を認めており、若干の曖昧さを有している。第29条（1）（c）は、教育が児童の父母に対する尊重を育成すべきであるとしている。おそらく、同条約の最も特徴的な要素が現われているのは、とくに、児童の福祉に関する法的手続における児童の意見表明の権利について規定した、第12条である。また、児童の権利条約は、他の国連人権諸条約に比べて、市民的及び政治的権利と経済的、社会的及び文化的権利をより全面的に一体化させているが、各権利について、自由権規約が要求しているように即座に実現されるべきなのか、または、社会権規約で認められているように「漸進的」な実現が求められているのか、という問題を提起している。

　児童の権利条約は、児童の権利に関する異文化間の実質的な一致を表わしているにもかかわらず、多くの留保、脆弱な履行確保制度及び個人の申立制度の欠如という弱点を抱えている。同条約の履行を監視する委員会は財政的に極めて困難な状況にあり、条約発効から10年の間に、国家報告の検討が約4年遅れになるなど、窮地に立たされている。その理由は、57の締約国が報告提出の締切りに遅れているからである。当該委員会は調査権限を有していないため、NGOからの情報提供に大きく依存している。これらの欠点にもかかわらず、児童の権利条約及び児童の権

利委員会は、欧州人権裁判所やいくつかの国内裁判所に影響を与えている（Johnson 1992; Fottrell 2000）。

　また同条約は、第38条が15歳以上の児童の兵士としての採用を認めていることを理由に批判されることがある。しかし、児童の権利委員会のイニシアチブにより、児童兵の問題及び文民である児童への武力紛争の影響は国連安保理において「主流化」され、1997年、安保理は児童と武力紛争に関する特別報告者のポストを創設した（Fottrell 2000）。それでも、国際人権法は武力紛争下にある児童を保護することができていない。ユニセフは1985年から1995年の間に、武力紛争により200万人の児童が殺害され、400万人以上が障害を負い、1200万人が住居を失い、100万人以上が孤児となるか、または親と離別することになり、1000万人が精神的にトラウマを抱えることになった、と推定している（Kuper 2000; 109）。

　親は子どもを愛し、養育するということが前提とされるというように、家族がイデオロギー的に理想化されることにより、児童は苦しめられている。実際は、児童の多くがそのような環境にはなく、世界各地で児童は暗殺集団の標的とされ、飢えや予防可能な病気により死亡し、安い労働力として搾取され、性的虐待の対象となっているからこそ、人権の保護が必要となっているのである。権利を有しない児童は大人にとってモノであり、慈善的な大人によって保護されることもあるが、そうでないことも少なくない。少なくとも年長の児童の自律性は認められるべきであるという見解も、普遍的に認められてはいない。児童の権利の正当化は、虐待からの保護の必要性及び児童の成長の度合い両方に依拠している（Freeman 1997）。

　キングは、児童の権利条約の曖昧さ及び法律至上主義の文言により、政府がその責任を逃れることができる一方で、児童の苦難の原因に対処しておらず、解決策を提供しているという錯覚を与えているとして、同条約に懐疑的な立場を表明している（King 2004）。この批判はすべての国際人権法にある程度当てはまるもので、一理ある。同条約第3条は、児童に関するすべての措置に関して、児童の最善の利益が主として考慮されると規定している。これは聞こえのよい原則に思われるが、同時に、異なる文化的文脈において、同条約が極めて異なるように解釈される可能性があるということでもある。また、児童の利益が、唯一の最も考慮されるものというよ

りも、主として考慮されるにとどまっていることから、拒絶される場合もあるのである。このことは法的地位のない移住者に関してよくみられることで、児童の最善の利益に該当しない場合であっても、大人の強制退去は実行されうる（Todres 2004）。このような欠点が存在するとはいえ、児童の権利条約は児童のために活動する者に有用な枠組みを提供し、その正当性を付与するものであるだろう。

性的少数者

　性行動に関する見解が文化によって大きく異なることから、「性的少数者」の権利とされているものについては論争がある（Miller 2009）。しかし、支配層または多数派と異なる性的指向または性行動は、迫害の対象となることも多く、人権の観点からの対応が求められる。「性的少数者」という単語は、時間の経過とともに、レズビアン、ゲイ、バイセクシュアル及びトランスジェンダーを含むようになり、2004年、健康の権利（到達可能な最高水準の身体及び精神の健康を享受する権利）に関する国連特別報告者であるポール・ハントは、あらゆる人間が自身の性的指向を明らかにする権利が人権に含まれる、と述べた（Hunt 2004）。

　性的少数者に対する差別は極めて一般的である。政府やその他の指導者たちは、大抵の場合、人種的、民族的及び宗教的少数者に対して用いたら許されないような言語を用いて、性的少数者の人間性を奪うのである。そして多くの国家では、性的に「逸脱した」行動に科される刑罰は極めて厳しく、死刑となるところもある。一般に性的少数者は、身体の保全、教育、医療サービス及び雇用に対する公平なアクセス、言論及び結社の自由を含む多くの人権を否定されており、ほとんどの国家において、同性のカップルは、結婚している通常の夫婦に認められている法的、経済的権利を認められていない。国際人権法及びその諸機関は、性的少数者の問題を重要視しておらず、性的少数者は冷遇されている。彼らの権利に関する関心は欧米独特のものであるといわれることもあるが、それは「東対西」の主張と同様で過度の単純化の域を出ない。欧米にも性的少数者に対する偏見があり、「同性愛者の権利」に関する活動は欧米の外でも行われている。国家

は「公の道徳」のために人権を制限する権利と義務を有している、という国際人権法の条文（たとえば世界人権宣言第29条）に基づく主張をすることがあるが、この（極めて曖昧な）条文が性的少数者の迫害に用いられている場合、それはむしろ問題であり、決して解決策を導くものでないであろう。ドネリーが正しく指摘したように、人権はつまはじき者となる少数者の尊厳と自由を保護するために考案されたものであるにもかかわらず、性的少数者に関しては国際的な合意が存在しないのである（Amnesty International 2001; Donnelly 2003）。

　国際人権法が発展した第2次世界大戦後、大部分の国家では同性の性行為を違法としており、それが明らかにナチスによる迫害の対象とされていたにもかかわらず、「同性愛者の権利」は存在しなかった。性的少数者の権利が人権法に徐々に組み込まれるようになったのは、比較的近年のことである。たとえば1980年代、欧州人権裁判所は、私的領域における合意に基づいた成人男性同士の性交を犯罪とすることが、プライバシー権の侵害に当たると判断した。しかし欧州の裁判所では、同性愛者の家族に対する権利及び労働条件における差別禁止の訴えは認められてこなかった。1991年以降、アムネスティ・インターナショナルが、他のいくつかの人権NGOと同様に同性愛者の問題に取り組むようになり、セクシャル・ライツ・イニシアチブというNGOの団体が国連人権理事会において活動している（Miller 2009: 8）。1994年、自由権規約委員会は、合意に基づく成人男性同士の私的な性交を犯罪とするオーストラリア・タスマニア州の法律がプライバシー権の侵害に当たる、とした。迫害されていた同性愛者及びトランスセクシャルの人々を難民として受け入れる国家もあり、性的アイデンティティを根拠として難民の地位が付与されることもあるが、性行為自体がその根拠としてはほとんど認められていない。

　2006年にインドネシアのジョグジャカルタにおいて行われた人権専門家の会合では、性的指向ならびに性的アイデンティティに関連した国際人権法の適用上のジョグジャカルタ原則が採択された。専門家たちは、同原則が性的指向及び性的アイデンティティに関する国際人権法の現状を反映したものであることを認め、同原則はすべての国家が遵守しなければならないという拘束力を有する国際法上の基準であることを確認している。一般

的に同原則は、差別禁止原則から、人権が尊重されるためには、性的指向または性的アイデンティティを理由として人々の享受する人権がまったく損なわれないということが必要不可欠である、と解釈している（Yogyakarta Principles 2006）。同原則が国際人権法の現状を「反映している」という、専門家たちの根拠のない主張は不可解である（Miller 2009: 11, 22）。しかし、同原則は、性的指向が人間の尊厳の一部であると認める人々にとって、道徳的な観点からの強力な追い風となっている。2010年7月、経社理は、国際ゲイ・レズビアン人権委員会に対して協議資格を付与した。レズビアン、ゲイ、バイセクシュアル及びトランスジェンダーの人権を活動の主眼とする組織が同資格を取得した事例としては10番目であった。

7

人権をめぐる政治

人権をめぐるリアル・ポリティクス

　国際関係論の研究における人権の概念は、政府が守るべき倫理的基準を設定するという意味では理想主義の系譜に属する。しかし、国際関係論においてこれまで支配的だった系譜は現実主義、リアリズムである。リアリズムが想定するのは、国際関係において最も重要な主体は国家であり、その国家は主に自己利益によって動機づけられているということである。そして人権に対する関心は、その自己利益から除外され、含まれたとしても軽視される、と考えられている。リアリズムは、政府が人権を顧みないことについては説明できるであろう。しかし、国際関係に人権が持ち込まれ、次第に影響力を持つようになってきたことは説明できない。

　第5章において、人権概念がレジーム理論の観点から理解できることを確認した。国際レジームは、国家が確約したルールや制度によって成り立っている。国際人権はそのようなレジームとなっているが、その実施は比較的弱い。レジームの存在や幾分かの成果は国際関係論に関する理想主義者のアプローチを裏づける一方で、その限界や失敗はリアリズムを正当化する。国際人権レジームはそれ自体によって、ある程度の人権の実施をするだけでなく、政府やNGOに対して人権活動の基盤を提供する。国家の外交政策においてはリアリズム的な関心が優先されるのに対して、NGOはより理想主義的である。しかし、国際関係においてNGOが持つ「影響

152

力」はより小さい。

　それゆえに、国家主権の原則と慣行は国際人権基準の実施における大きな妨げとなっている。もうひとつの大きな妨げは、世界における文化的多様性であり、現実に多くの文化が人権基準を侵害する慣習を正当化している。国際人権レジームは一般的に、欧米的価値観の非欧米社会に対する「帝国主義的」押しつけとして描かれるが、アメリカはこれまでのところ、経済、社会及び文化的権利を認めたり、国連人権条約を批准したりするのに消極的である。国家主権と文化的差異は、人権改善に向けた外部的圧力に対する2つの強力な反論となっているが、それでも人権の正統性は強固であり、政府やNGOによる圧力は人権侵害を行っている政府の行いを改善させうる。そして時には、人権を劇的に改善するような政府の変化を促すこともあるのである。経済的、政治的利益のために国際社会における「よい評判」を得たいという政府の願望が、この過程を影響しているかもしれないが、人権の道義的説得力は国際関係においてまったく効果がない、というリアリストの主張は誤っているだろう。

　1945年以降の国際人権法の目覚しい発展と、人権機関や人権の学術研究における法律家の優勢によってわかりにくくなっているが、人権のための闘争においては法律よりも政治が優先される。国際人権法は政治的過程を経て作られ、そして、政治的キャンペーンが人権の実施において重要な役割を果たすのである。多国籍企業のように強力な非政府経済組織は、現在では人権侵害を行う主体として、そして将来的には人権促進にとっても重要な主体として認識されるようになっている。そのため、これらの組織に対して、とくにNGOの政治的圧力が近年増している。法律家と人権活動家は一般的に、人権保障において法手続に重きを置く一方で、政治学者はそれを重要でないものと考える傾向にある。フォーサイスの指摘によれば、20世紀末におけるラテンアメリカ、中・東欧の旧共産主義社会、南アフリカにおける劇的な人権の改善のほとんどは法手続ではなく、政治の結果である。現代世界における主要な人権問題は、人権思想及び法と、現実の大規模人権侵害の間にあるギャップなのである。このギャップが生まれる主な原因は法的、文化的なものではなく、むしろ政治的、経済的なものである（Forsythe 2000）。

フォーサイスの主張によれば、人権に関連する国際政治の中心的な役割を果たすのは人権外交である。国家が国際人権機関を設置し、その活動に対して支援したり抵抗したりし、さらにその主要な標的にもなるのである。NGOは国際人権をめぐる政治において次第に重要になってきたが、その重要性は主に国家の人権政策に対する影響力に起因するものである。国家の政策は世論に影響されるし、これは民主的な社会に限った話ではないであろう。国家が、とくに人権活動家からたびたび批判されるのは、人権に関して「一貫性がない」、ということである。しかし、この非一貫性の原因は、世界の変化に伴う国益の認識変化だけでなく、国際人権問題に対する世論の選択的な関心の結果でもあるであろう（Forsythe 2000）。

　人権をめぐる国際政治によって達成されてきたことは、理想からほど遠く、その有効性は比較的小さくみえるかもしれない。しかし、第2次世界大戦以前にこのような政治がほとんど存在しなかったことを思い起こせば、その成果はより際立ってみえるだろう。冷戦終結後、人権をめぐる国際的な行動の中心は、法的性格の強い国連機関から、高度に政治的な安保理へと幾分か重点を移した。いわゆる「第2世代」の国連平和維持活動は、政治、人権そして軍事力を結合したものである。安保理による人権の執行は、比較的正統性があり、効果的かもしれないが、高度に政治的な機関であるため、実際の行動に合意することは稀で、選択的になりやすい。その原因は、よくいわれるような国連の「無力さ」ではなく、世界における現実の政治的分裂なのである。人権の軍事的な執行は人命と資金の面で高くつくため、そのような犠牲を払うことに消極的な世論によって制約されるかもしれない。また軍事的な執行は、人権侵害の根底にあるような政治的問題を解決するために常に適切というわけでもない。

　たとえ政府が外交政策に人権の促進を含めたとしても、それは複数の要素のうちのひとつにすぎず、大抵は安全保障や通商と比べてかなり低い優先順位に置かれるであろう。そのような政府は人権政策の「非一貫性」について国内外から非難されやすい。しかし、軍事や経済が優越する外交政策においては、ほとんど必然的に人権への関心は「非一貫的」になるであろう。また、政府は単一の主体ではなく、異なる省庁によって構成されており、異なる圧力集団の標的となり、その結果として人権外交政策は非一貫

的になるのである。さらに、国連の言説では、人権、平和、及び経済発展は相互依存的であるが、現実の外交世界においては、これらの目標を一貫して追い求めることが常に可能なわけではない。したがって、人権の促進が外交政策における優先的な目標であるべきという要求は、現実的ではないかもしれない。とはいえおそらく、他の正当な目標を損なうことなく人権を促進するために、国家は現在以上のことができるであろう。そして人権の軽視が外交政策の大失敗へと至りうるということは、アメリカがイラン、フィリピン、そしておそらく近年のイラクでも学んだことが示すとおりである。それゆえに、人権や外交政策に関する厳密なリアリズムの理論は誤りである。より正確なのは「限定的な犠牲の原則」である。すなわち、人権を外交政策の関心に含める国も時にはあるだろうが、その実施のために進んで払う代償については限られているであろう、というものである。

　武力紛争は人権侵害の主要な原因のひとつである。1989年から2001年の間に、世界で57の大規模な武力紛争が起こった。そのうち、54が国内紛争であった。これらのほとんどがアイデンティティを原因とするもので、大規模な人権侵害に至った場所として挙げられるものには、ボスニア、ルワンダ、スーダン、リベリア、アンゴラ、タジキスタン、コンゴ、コソヴォ、シエラレオネ、東ティモールがある。

ブーメラン理論

　第5章においてみたように、リッセらが明らかにしようとしたのは、人権を侵害する政府がどのように人権基準に適合させようとする国内外からの圧力の対象となるのか、そしてその政府は便宜的または原則的な動機からどのようにその圧力に対応していくのか、ということであった。人権を侵害している政府が譲歩しようと考えるのは、たとえば通商利益を維持するため、あるいは国際社会の原則に適合していないことで道義的な批判を受けたためであろう。しばしばいわれるように、多くの国家は人権に対して単に「口先だけの敬意」を払うが、リッセとシキンクはこの「口先だけの敬意」を重視した。人権について「言うべきことを言う」政府がゆくゆく気づくのは、「やるべきことをやる」のを拒否するのが困難ということである。つまり、

7　人権をめぐる政治　155

偽善を批判されないために、言葉を行動で裏づけなくてはいけなくなるのである。人権基準が制度化されている場合、それが標準的な手続となるかもしれない（Risse and Sikkink 1999）。このモデルにみられるのは「ブーメラン効果」である。国内人権NGOはトランスナショナルな支援を求めることで国際的な圧力を形成し、好ましい条件の下であれば、それが国内集団を有利にするのである。ブーメランの有効性は国際世論に依存するが、人権基準順守を求める動きが時をかけて拡大するという事象は幾度もみられている。人権基準の影響は広がり、強化され、そして今では人権アクティヴィズムの目から逃れることができる場所はほとんどないのである（Risse and Sikkink 1999: 18, 21）。

　このモデルは5段階の変化を提示している。第1段階は抑圧である。抑圧的な国家は人権侵害のニュースが漏れることを防ごうとする。人権侵害に関する反応が生まれるためには、その情報が広がる必要があるが、その反応によって第2段階である「否定」に移る。これは、人権侵害が起こったこと自体を否定するだけでなく、外的圧力の正統性の否定も含むものである。政府はナショナリスティックな感情を動員することで、「外部からの介入」に抵抗しようとすることができるかもしれない。これに対して、外部アクターは物質的圧力と規範的圧力を結びつけ、たとえば経済制裁や公に非難することで恥をかかせるなどを用いることができる。抑圧的な政府は、その圧力が続かないことを期待しながら、「耐え抜く」かもしれない。しかし、もしその圧力が続いた場合、あるいは強まった場合、「標的」となった国家は第3段階に入るだろう。すなわち、戦略的譲歩である。その結果、2つの展開がありうる。国内圧力集団がさらなる変更を求める余地を生み出すかもしれないし、あるいは外的圧力に「手を引かせる」ことができるかもしれない。リッセとシキンクの考えでは、この過程で政府は、自らが操作できる程度をしばしば過大評価する、という。そして、戦略的譲歩により「墓穴を掘る」ことになり、政府は内外の批判との道義的対話に巻き込まれるのである（Risse and Sikkink 1999: 22-5, 28）。

　第4段階では、人権基準は「命令的な地位」を獲得し、実際の人権基準の実施は極めて不十分であっても、政府はその正統性については受け入れるようになるのである。政府は人権条約を批准し、その規範を憲法や法律

によって制度化し、そして国民に対して人権侵害の救済手段を提供するのである。違反は起こるとはいえ、それをめぐる対話は人権という観点からなされるのである。第5段階においては、国際人権基準の遵守は習慣的なものとなり、必要があれば法の支配に基づき執行されるようになる。

　しかし、人権実施に向けた進展が必然的なわけではない。政府は国際的な圧力を無視して、国内的な抵抗を鎮圧しようとするかもしれない。仮に国際的な圧力に多少譲歩したとしても、圧力が緩んだときに再び抑圧するようになるかもしれない。人権改善の可能性に影響する主な要因は、1）物質的、道義的な外的圧力に対する抑圧国家の脆弱性、2）圧力をかけ続けることに対する外部アクターの意思、3）国家の領土的統一性や国内的一体性を脅かす社会階層的、民族的、宗教的な勢力の有無、4）国内NGOが活動できる余地、5）国際人権レジームやトランスナショナルNGOの強さ、6）「社会的規範の定着」、すなわち国際基準と国内文化が調和する程度、である（Risse and Ropp 1999）。

　著者は、リアリズムのモデルでは人権政策の変化を説明できないとして、自らのモデルのほうが優れている、と主張する。国家による圧力の直接的な結果ではない政策の変化の例もある。フィリピンのようないくつかの事例では、国内NGOの圧力が大国の外交政策を変化させた（Risse and Sikkink 1999: 35; Risse and Ropp 1999: 268）。しかしながら、「ブーメラン」モデルは、ブッシュ大統領とオバマ大統領の間に起きた外交政策の変化を説明するものではないだろう。またこのモデルは、「近代化」理論よりも優れているといわれている。「近代化」理論は、抑圧と自由化の両方を説明するために用いられており、それゆえにどちらも説明しえないからである（Risse and Sikkink 1999: 37; Risse and Ropp 1999: 269-70）。「ブーメラン」モデルは、人権の変化を分析する枠組みを提供するが、異なる社会の間の違いまでも説明できるものではない。リアリズムと近代化理論も、この点については不十分である。「ブーメラン」は、抑圧的な国家に対する外的な圧力と国内的なそれとを関連づけることで重要な側面を加えたかもしれないが、依然として十分に説明できていないのが、異なる社会における異なる人権状況である。

　リッセとロップは結論において、人権実務家に対する10の教訓を提示し

ている。

1. トランスナショナルな人権NGOは近年、非常に影響力が強くなってきた。

2. トランスナショナルなNGOの影響力は標的となる国家の国内政治によって制約されるため、国内NGOが重要な役割を果たさなくてはいけない。

3. トランスナショナルなNGOがその活動目的とするべきことは、国際規範に対する国家の抵抗を弱めることと、国内NGOを支援すること、の両方である。

4. 異なる段階においては異なる戦略が適切であろう。公の非難は抑圧と否定の段階においてより有効で、その後の段階では対話のほうがより有効である。

5. 国際政治において道義的及び法的な概念は、リアリズムが認識しているよりも影響力があるものである。

6. トランスナショナルな人権NGOが国際法に依拠してきたのは正しく、国際法に訴えることは人権を変化させるうえで重要な役割を果たすのである。

7. 自由主義国家による抑圧国家に対する圧力は人権の国際的実施の重要な部分をなしているため、人権活動家が反国家的であるのは得策でない。

8. 人権を本気で取り上げようとする国による、一貫して根気強い外交政策が、グローバルな人権の実施に必要である。

9. 経済的、またはその他の物質的制裁は抑圧や否定の段階で効果的であり、その後の段階では効果が落ちるであろう。とくに、標的となる政府がナショナリスティックな反発を動員できる場合にそうであろう。

10. 対話や「建設的対話」は抑圧や否定の段階ではうまくいく可能性が低いが、その後の段階では適切であろう（Risse and Ropp 1999: 275-8）。

人権をめぐる国内政治

　リッセとその同僚が社会によって異なる人権の尊重を説明できなかったのは、その違いを生み出す国内要因に十分に注意を払わない国際関係論

のアプローチに起因する。この問題に取り組むためには、比較歴史学や比較政治科学のアプローチが必要である。第5章において検討したクロードの議論によると、イギリス、フランス、アメリカにおける国内人権レジームの漸進的な発展の基盤となったのは、資本主義社会、大衆社会運動、そして強い国家であった。彼は、現代世界で広くみられるように、急速な経済発展が国家の優先課題となっているときにこの現象が起こりうるかについては、懐疑的である。クロードが比較的悲観的になっていた理由のひとつは、その理論を書いたのが冷戦期であり、国際人権レジームの影響力が現在よりも小さかったためである。ドネリーは、急速な経済発展と経済的及び社会的権利へのコミットメントは両立できることを示した。そして、経済発展は将来的に人権を促進するから今は人権を犠牲にしなくてはならないという議論に対しては、疑問が投げかけられた。というのも、現実に裕福な人々がその権力を用いて、貧しい人の利益となるような発展を妨げうるからである（Donnelly 1989: 163-202）。

　ガーの説明によると国家の暴力は、それまで想定されてきたような発展の成功条件ではなく、政治的挑戦に対抗するための戦略である。国家による暴力の可能性と規模は、挑戦の質と文脈によって説明される（Gurr 1986）。また、フォワレイカーとランドマンも、人権の侵害と保障を国家に対する社会運動の挑戦によって説明している（Foweraker and Landman 1997）。ガーが挑戦に対抗するための国家戦略を重視したのに対して、フォワレイカーとランドマンは権利闘争の社会的基盤を重視した。彼らはそのような闘争の国際的な側面については十分に注意を払っていないが、「権利」の概念が修正されることで、利害が異なり、時には少数民族や女性といった、利害が一部矛盾するような社会集団の連帯が作られることを指摘している。

人権侵害を説明する――計量的アプローチ

　フォワレイカーとランドマンは4カ国について計量分析を行い、社会運動が一般的に権利獲得に成功してきたことを示した。ストラウスとクロードに続いて他の研究者も、人権侵害を量的方法で説明しようと試みた。最初の

7　人権をめぐる政治 159

研究は、アメリカ議会が援助と人権を結びつける要求をしたにもかかわらず、アメリカの外交政策は依然として人権を軽視していると結論づけた。その後、より洗練された方法を用いた研究によって、アメリカの外交政策において人権は一定の役割を果たしているが、戦略的な関心が優先されるということが示された。一般的に、人権の役割は小さかった。人権状況を援助の条件にすることは、受入国に影響を与えるかもしれないが、援助の引上げは人権侵害政府を弱体化させ、そのために人権侵害を悪化させうるのである（Carey and Poe 2004; Poe 2004）。同様に、バラットの研究によると、1980年から96年の間、イギリスの援助政策において人権は幾分か影響したが、それは貿易にほとんど、あるいはまったく不都合な影響が生じない限りにおいてであった（Barratt 2004）。

　ミッチェルとマッコーミックは、政治囚や拷問がより多いのは、貧困国か、もしくは資本主義的な国際貿易に参加している国だ、と論じた（Mitchell and McCormick 1988）。ヘンダーソンは、国家がより非民主的で、より貧困で、より不平等だと抑圧がより深刻だ、と結論づけた。また、ストラウスとクロードの発見とは逆に、急激な経済発展は抑圧の低下と関連している、とした（Henderson 1991）。ポーとテイトは、1980年代において、貧困国家と軍事政権は市民的及び政治的権利をより侵害する傾向にあったことと結論づけている。また彼らは、民主主義の水準が落ちると人権侵害が悪化することも見出し、国富や経済成長率と人権侵害については弱い関連性しか見出せなかった。それとは対照的に、対外戦争や内戦の脅威はともに人権侵害と正の関係にあった（Poe and Tate 1994）。

　シングラネリとリチャーズは、冷戦の終結が人権の改善をもたらしたかどうかについての分析を試みた。ひとつの見方は、共産主義体制が深刻な人権侵害を行っていたというものである。そして、冷戦期において2つの超大国であったアメリカとソ連は、人権侵害体制を支援していたため、その終結は人権尊重に関して大きな改善をもたらすだろう、というものである。別の見方は、冷戦終結後に多くの武力紛争が勃発したため、人権侵害は悪化したであろう、というものである。また、民主主義が人権と強く関連していることをそれまでの研究が一般的に示してきたため、冷戦後の民主主義の拡大は人権の改善をもたらしたはずである。

しかし、第5章で見たように、フェインによれば、彼女が言うところの「生命及び身体保全の侵害」は、民主主義と権威主義の中間にある社会において最も起こりやすい。それゆえに、権威主義的政治システムの民主化は、人権にとって危険なものになりうるのである（Fein 1995）。これとは対照的に、ダヴェンポートとアームストロングは、民主主義がある水準より低い場合には人権に対する影響は認められず、その水準を超える場合は人権の尊重が改善する、と論じた（Davenport and Armstrong 2004）。ランドマンは、古くから民主主義であった国は新しい民主主義国より市民的及び政治的権利を侵害することが少ない、とした（Landman 2005a: 92, 117-18）。

ブエノ・デ・メスキータとその同僚は、複数政党間の競争がなく、行政府が制約されていない場合、選挙によって人権は改善するのではなく悪化しうると主張した。政治的競争は政府のアカウンタビリティをもたらし、それが人権保障をもたらすのである（Bueno de Mesquita et al. 2005）。ダヴェンポートは、行政府に対する制約よりも政治的な競争と参加のほうが、抑圧を減らすのに有効であると論じた。そして、行政府に対する制約は投票よりも効果がある。また民主主義は、市民的自由の制限を防ぐよりも、国家の暴力を軽減するうえでより効果的である（Davenport 2007）。したがってこれらの証拠が示すところでは、民主主義は大まかには人権にとってよいとはいえ、両者の関係は直接的なものではない。

シングラネリとリチャーズは、1981年から96年の期間で79カ国を無作為抽出して検証した。強制失踪、超法規的殺害、拷問を受けない権利の尊重は、統計に影響を与えるような水準で改善しなかった。実際のところ、拷問を行った国の1996年の総数は、冷戦期間のほとんどの年より多かったのである。しかしながら、政治的理由で拘禁されない権利の尊重は、冷戦終結とともに2倍近くの水準になった。このような改善のほとんどすべてが冷戦終結直後に起きた（1990〜93年）。1993年から96年の間における改善の証拠はない。彼らの結論では、冷戦終結後の政治囚の減少を最もよく説明するのは民主化の度合いであり、それに次いで、グローバル経済への参加の度合いであった。冷戦終結後に相当程度増加した内戦と国家間武力紛争についてはともに、政治的理由で拘禁されない権利の尊重に対して、独立した影響はなかった（Cingranelli and Richards 1999）。統計的

7 人権をめぐる政治 ｜ 161

手法は、特定の国における人権の改善や失敗については何も明らかにしない。しかし、民主主義の進展が政治囚を減らすという発見以外は、むしろ冷戦終結後の厳しい人権状況を示している。ザンガーは、1977年から93年における147カ国を分析し、権威主義から民主主義政府に変化した年に生命及び身体保全の権利の侵害は減少するが、その後に増加することを発見した。このことは、民主化それ自体はこれらの権利について短期的な便益をもたらすが、民主主義の強化には人権侵害が伴いうる、ということを示している。彼女はまた、人権改善のための経済制裁は逆効果となりうる、と提起している。一国の経済パフォーマンスの低下は、人権の尊重を改善するよりも、むしろ悪化させやすいからである（Zanger 2000）。

　ミルナー、ポー、レブラングの研究によれば、個人の安全に加えて経済的、社会的権利についても、権威主義体制より民主主義のほうがよい水準に達している。シングラネリとリチャーズとは対照的に、彼らは1989年から92年に人権状況は悪化し、1993年に改善したことを発見した。この違いは、異なる統計手法、分析対象となる権利、時間幅、そしてあるいは、サンプルとなった国の違いに起因するであろう。すなわち、統計手法に関する技術的な違いが、実質的に異なる結論に導きうるのである。またこの研究が幾分か支持している主張として、身体保全の権利、生活の権利そして自由権は不可分で相互に依存しており、トレードオフの必要性は限定的だということも挙げられる。この結果は暫定的なものであり、トレードオフが避けられるかどうかを検証するためには、さらなる調査が必要であろう（Milner, Poe and Leblang 1999）。

　計量的研究が示すのは、民主的で豊かな国は身体保全の権利を侵害することが少ないということである。そして、国際的あるいは国内的な武力紛争に巻き込まれていたり、人口が大きかったり、権威主義体制であったり、それ以前に強度の抑圧を行っていた国は、これらの権利を侵害しやすいということをも示している。経済発展と人権の正の関係は世界的にみられるが、ラテンアメリカに関してはこれは妥当しない（Landman 2002, 2006）。

世界政治におけるNGO

　これらの量的研究は、さまざまな社会的、経済的そして政治的要因と人権をめぐる行動の関係を示している。しかしこれらの研究は、類似する4カ国に限定したフォワレイカーとランドマンの研究を例外として、人権アクティヴィズムの影響についてはほとんど、あるいは何も教えてくれない。近年、人権をめぐる政治におけるNGOの役割は、現地、国、国際の各レベルにわたって拡大してきたが、これらの組織に関する研究が本格化し始めたのはごく最近である。

　人権のために活動するNGO自体は、新しいものではない。中世の宗教的、学問的ネットワークに続き、18世紀の啓蒙主義における自由主義思想の隆盛は、さまざまな人道主義的協会の創設を促した。奴隷制廃止のための協会が1787年に結成され、1839年には英国と海外反奴隷制協会が設立された。世界で最も古いこの人権NGOは、今日では国際反奴隷協会（Anti-Slavery International）として活動している。19世紀にいくつかの国際団体は奴隷制に反対する活動を活発に行い、労働条件の改善や、女性の解放をめざした。1864年には、スイスの人道主義者であるアンリ・デュナンが赤十字を創設した。18世紀末から19世紀末にかけて、政府だけでなく非政府の参加者も加わった多くの国際会議が開催され、いくつかの国際条約が採択されるに至っている。第1次世界大戦の終結後は、ILOが国際基準の設定の際にNGOの参加を促した（Charnovitz 1996-7）。

　NGOは、国連憲章に人権保護が盛り込まれたり、世界人権宣言を起草する過程でも重要な役割を果たした。NGOのロビイングの成果である国連憲章第71条は、経社理は「その権限内にある事項に関係のある民間団体と協議するために、適当な取極を行うことができる」と規定している。1948年には、41のNGOが協議資格を得ていた。1992年には、その数は1000以上になっている（Korey 1998）。1953年に33あったと推定される人権に携わる国際NGO（INGO）は、2000年には250になっている（Keck and Sikkink 1998: 10-11; Claude 2002a: 149）。

　初期の国連に参加していた団体は、宗教、ビジネス、労働組合、そして女性の協会であった。冷戦期、NGOは共産主義諸国や「第三世界」諸国

7　人権をめぐる政治 | 163

からは好意的にはみられなかった。大抵の国際NGOは欧米を基盤としており、独立した市民組織という概念自体が欧米の自由民主主義の伝統のように思われた。そしてそれは、共産主義や第三世界社会の権威主義に反していたのである（Korey 1998: 77）。

　NGOは国連憲章と世界人権宣言の起草の両方で重要な役割を果たしたが、初期の国連人権機関はNGOに対して懐疑的であった。しかし、次第に情報源としての価値を認めるようになっていったのである。長い時間をかけてNGOはその活動領域を拡げ、人権侵害を公表し、政府が人権侵害を行わないようキャンペーンを展開し、そして国連における基準設定と実施手続において重要な役割を担うようになったのである（Wiseberg 1992: 376; Brett 1995: 103-4）。NGOは1966年の2つの人権規約を起草する際にも影響力があり、アムネスティ・インターナショナルは拷問等禁止条約の採択の際には主導的な役割を果たした。そして、NGOは児童の権利条約の起草過程においても極めて積極的だったのである。ここで挙げた最後の条約は、実施のモニタリングにおけるNGOの役割を明示的に認めた初めての人権条約である（Charnovitz 1996-7: 259, 264; Breen 2005: 109）。60カ国の約1,000のNGOによる国際的なキャンペーンにより、1997年に地雷禁止条約が採択された（Wiseberg 2003: 347）。200以上のNGOが、国際刑事裁判所規程の起草に参加した。NGOはまた、国連会議においても次第に重要な役割を果たすようになってきた。ベーハーは、1,500のNGOが1993年のウィーン人権会議に参加した、と見積もっている（Baehr 1999: 114, 123）。3,000近くのNGOが、1995年の世界女性会議に参加資格を得ていた（Otto 1996: 120）。長い間、安保理はNGOと関わるのを一切拒んできたが、1996年にはメンバー国がそれぞれの資格でNGOと会合ができるということに合意した。そして1997年以降、安保理の大抵のメンバー国はNGOの代表と頻繁に会合を持ってきたのである（Paul 2001）。

　NGOといっても、1人の組織もあれば巨大な国際組織もあり、善意の素人によるものから高度に専門的なものまで多様である。アムネスティ・インターナショナルやヒューマンライツ・ウォッチのような国際NGOや、一国のNGO、そして現地のNGOがあるのである。国際的あるいは国内的

組織の中には宗教組織や労働組合のように、第一の関心事項が人権ではないにもかかわらず、国際人権キャンペーンで重要な役割を果たすものがある。また、真に人権に関心がある組織もあれば、他の目的のために人権という大義を掲げているものもある。いわゆる反政府団体でも政党でも人権に関して真面目な関心を持ちうるが、NGOはそのような組織でもない。中には、一見すると非政府の組織だが、政府に操られているものもある。NGOの数が大幅に増加したことにより、協調問題が生じている。とくに、幾分かの緊張関係にあるのが、長い歴史を持ち、専門化され、資金も豊富な組織もある欧米基盤のNGOと、資源不足で、時に人権に対して異なる観点を持つ、貧困国のNGOである。20世紀の終わりにおいて、1,550のNGOが国連と何かしら提携関係にあるが、発展途上国の組織はそのうち251だけである（McDonnell 1999: 206）。このような緊張関係は、人権のための闘争を豊かにするので、必ずしも嘆くべきことではないが、NGOは希少な資源をめぐって互いに競合することになり、現地の活動家は、より豊かで経験があるINGOの資金と優先事項に過度に従属することになりかねない（Baehr 1999: 114-15, 121-4）。

　フォーサイスは、NGOの影響力を測る際のいくつかの困難を明らかにしている。NGOは疑いなく国際法や国際制度の発展に重要な貢献をしているが、これらの法や制度の効果は不確かなのである。また、NGOは人権に関する世界的な意識を高めると思われるが、これを評価することは難しい。彼は、NGOによる以下のような成果を挙げている。1）人権を政治的議題に載せる、2）人権問題について真剣な議論を行わせる、3）手続的及び制度的変更をさせる、4）人権尊重を促進するような政策変更をさせる、ということである。NGOの有効性を正確に測ることはできないが、NGOに批判されてきた多くの政府を含め、人権政策に関わる人のほとんどがその影響力を認識しており、このことはその影響力の重要性を示すものである。時にNGOは人権に対して、直接的で促進的な影響を持ってきたと説明される。しかしその影響力は、仮にあったとしても、メディアや政府の行動など他の要因と結びついているのである。そのため、結果に対するNGO独自の重要性は知ることができない（Forsythe 2006: 200-6）。また、条約批准もNGOもそれぞれ人権保護の改善には十分でないが、両方が一

緒になると促進的な効果があるという証拠もある（Neumayer 2005: 950）。

　しばしばNGOは、人権侵害者を「公に非難して恥をかかせる」ことによって変化を生み出すといわれる（Baehr 1999: 114）。しかし、これは誤解を招く表現であろう。人権の侵害者は、人権侵害という行為自体にはほとんど恥を感じていないであろう。むしろ、人権侵害国家が宣言したり条約を批准することで支持を表明してきた国際規範の違反をNGOが公表することで、その国の国際社会における評判が傷つきうるのである。社会科学的な観点から見ると、国家が共同体における評判を気にしているようにみえるとすれば、それはその評判に基づく物質的及び非物質的な便益に依存しているためである。したがって、NGOの圧力に対する反応を動機づけるのは、それが国益に適っている、という目算であろう（Baehr 1999: 126-7）。「ブーメラン」モデルは、ある状況においては「恥」が逆効果になりうることを示している。バーガーマンの主張によれば、国際NGOが国家の人権政策を変更させるには、以下の条件が、十分ではないにせよ、必要である。1）主要国がその目的に反対しないこと、2）国家エリートの少なくとも一部が人権に関する国際的な評判を気にしていること、3）そのような変更に向けた国内的な圧力がいくらかはあること（Burgerman 1998）。

　おそらく、国際NGOの最も重要な機能は、信頼できる情報を政府、国際機関、メディア、学術研究者そして一般社会に提供することである。国連人権機関は資源に乏しく、NGOの情報に大きく依存している（Baehr 1999; Brett 1995）。そして、政府は嘘をつく。NGOは、真実の少なくとも一部を公表できるのである（Brett 1995: 101-3）。NGOはまた、真実委員会や人権法廷に重要な情報を提供するが、それはしばしば厳密な方法に基づく、統計的なものである（Wiseberg 2003: 357）。また彼らは国内レベルでも、憲法や人権法の起草の際に重要な役割を果たす（Wiseberg 1992: 376）。NGOの代表は時に政府代表のメンバーであり、中には人権について責務を負う政府職員になる者もいる。NGOは政府に影響力を及ぼそうと努めるが、比較的協調的な政府に対してであっても、その独立性を維持する必要がある。同様に、NGOはメディアによる人権侵害の公表を歓迎するだろうが、メディアはグローバルな人権問題を歪めることもある。

　NGOは時に「草の根組織」といわれることがあるが、「草の根」といえる

程度は大きく異なっているので、この言葉は幾分か誤解を招く。人権の専門家である少数エリートによって構成されるNGOもあれば、専門家と関心のある市民が協力しているものもある。さらに、NGOが守ろうとしている権利主体となる人々に基礎を置くものもある。世界中に何千もの国内及び現地NGOが存在し、人権、人道そして開発の活動を結合することで、自国政府が提供しないサービスを提供している。

このことは、NGOのアカウンタビリティの問題を提起する。彼らは誰に対してアカウンタビリティを負うべきなのだろうか。彼らの会員であろうか。彼らが助けようとしている人々であろうか。もしくは自国政府、法、あるいは世論であろうか。彼らが影響力を及ぼそうとしている国家の政府、法、あるいは世論であろうか。国際社会であろうか。この問題はさらに、NGOのアカウンタビリティと有効性の関係についての問題も提起する。民主的に運営される組織がエリート中心の組織より効果的かどうか、また、どのような形でのアカウンタビリティが有効性を改善するか、は不確かである（Baehr 1999: 115-24）。

ボブの主張によれば、NGOの世界は単に善意による利他主義に基づくものではなく、同時に、多様な集団が限りある関心、共感、資金をめぐって競合する世界でもあるのである。権利の主張者は、潜在的な後援者に対して自らを売り込むために、カリスマ的指導者、英語で書かれた媒体、支配的な政治的見解との迎合を用いなくてはいけない。それゆえに、国際的な人権の推進が「うまくいく」のは、被害者が「救世主」であるINGOの文化に従属している限りにおいてである（Bob 2002）。これは完全な誤解でもなければ、完全に公正でもない。主導的なNGOは、可能な限り、公平なグローバル人権政策を発展及び実施しようとしている。彼らの権威の由来となるのは、道義的、法的な国際基準、真実を語ることによって獲得する評判、そして抑圧された人々を代表しエンパワーする程度である（Slim 2002）。ロンらの発見によると、アムネスティ・インターナショナルの人権侵害の報告は強力な国を重視し、メディアの関心も考慮しているが、人権侵害の深刻さに基づいて概ねその内容が決まっている。したがって、「注目されていない」国における人権侵害は顧みられないこともあるが、アムネスティは人権侵害の深刻さに対して利用可能な資源と予想される効果を考慮

し、バランスをとらなくてはいけなかったのである（Ron et al. 2005）。ゴードンの主張によれば、NGOの有効性にとって重要なのは、その戦略よりも社会的位置である。政府に近く、そして政府から敬意を払われているNGOはより大きな影響力を持ちうるだろうが、幾分か人権侵害に加担するという代償を払うことにもなる。国家と市民社会の区別は、両者が人員や価値観を共有するほどに曖昧になっていく。それに対し、より「急進的な」あるいは原則に基づいた集団は、短期的な影響力がより小さいかもしれないが、彼らはより穏健なグループに「恥をかかせる」ことで、より強硬な行動をとらせることができるのである（Gordon 2008）。

　NGOはまた、人権侵害の被害者に対する直接的な支援として、法的支援、医療補助そして資金援助を行う。彼らは人権意識を高めるために人権教育を行う。そのような教育は、公式、非公式に、政府から独立してあるいは援助を受けて、法的にあるいは広く学問分野にまたがる形で、人権概念と人々の現実的な関心とを関連づけながら行われる（Andreopoulos and Claude 1997; Claude 2002b）。NGOは、法、政治、官僚制という遠い世界の話と、実際の人権侵害の経験をつなぐ重要な架け橋を提供するのである。欧米基盤のNGOは極めて専門的で、ある程度効果的であるが、現地組織のエンパワーメントを通した「人権の民主化」が必要である。皮肉なことに、NGOの欧米偏向に不満を持つ政府が、しばしば自国内でのNGOの創設を妨げるのである（Brett 1995: 105-6）。国連機関と本当の草の根NGOの間には大きな隔たりが存在し、草の根NGOの多くは、国連機関にアクセスしたり、そこから援助を得たりするための資源をほとんど持たない（Smith, Pagnucco and Lopez 1998: 412）。

　人権NGOが批判されてきた理由として、その法律中心的なアプローチが挙げられる。これは、人権保護において短期的な成果は得られるかもしれないが、最も深刻な人権侵害、たとえばブルンジ、カンボジア、ボスニアそしてルワンダで起きたようなジェノサイドに対しては効果がなく、人権侵害を繰り返し引き起こす深層の条件を覆い隠すことで、根源的な原因の特定とその対処の努力を妨げることもある（Korey 1998: 308-9, 312-3）。この批判には幾分かの真実が含まれているとはいえ、いくつかの事実を考慮しなければ公正とはいえない。第1に、NGOは時に人権の大惨事につ

168

いて早期警告を発してきたのであり、政府側がこれに対応しそこねたことは、NGOの責任ではない。第2に、たとえばアムネスティ・インターナショナルは1970年代にその重点を良心の囚人から反「失踪」キャンペーンへと移したように、NGOは変容する人権問題に対して進んで適応しようとしてきた。第3に、NGOは極めて限られた資源しか持っていない。NGOは政府に影響力を及ぼすために、活動が「非政治的」であることを示し、国際法に訴えようと努める。これは世界規模で人権を改善するうえで政治的には合理的な戦略であるが、限界もある。より強硬で対立的な人権政治の余地もあり、これにもやはり成果と限界があるであろう。またNGOは、ある程度は人権侵害の構造的原因に関する学術的研究を活用することがあるが、これらの研究の実践的価値は過大視されるべきではない。人権侵害に関する量的、経験的調査は、民主主義、経済発展、平和が人権侵害を減らすと明示している。これらは政府やNGOによって容易に操作できる要因ではないであろう。

　人権NGOが批判されてきた別の理由として、欧米的優先事項に偏っており、経済的、社会的、文化的権利を犠牲にして市民的及び政治的権利を重視している、というものがある（Mutua 2001）。この批判にも真実が含まれている。しかしヒューマンライツ・ウォッチとアムネスティ・インターナショナルは、ともに近年、これまでもっぱら市民的及び政治的権利を関心対象としていたその任務を拡張し、経済的、社会的及び文化的権利を含めるようになった。この動きは、限られた資源を過度に拡散させ、組織の活動焦点を曖昧にするという危険を冒すことになるが、その利点として非欧米の人々の人権に対する関心を包含し、すべての人権の「相互依存性」を強調できるようになる。

結論

　国際人権レジームは、法的制度であると同時に政治的制度であるため、世界の勢力バランスを反映しているのである。冷戦終結以降、政治的、経済的な決定権は欧米が握ってきた。そのため、欧米の人権的関心が国際人権レジームにおいて優勢だったのである。異なる優先順位を持つNGO

は社会運動を組織し、選択的で限られた資源しか持たないながらも、主要大国に対抗している。国際人権法は、国家中心主義的な国際社会の概念を修正しながら発展してきたが、それを否定することはない。人権NGOの中には国家中心的な人権レジームの中で活動するものもあり、草の根社会運動として「国家のクラブ」に挑戦するものもある。さらに、極めて異なるこの2つの世界を橋渡ししようとする組織もあるのである。NGOの目的は国家の責任を問うことであるため、国際政治における彼らの影響力を制限しようとする国家があることは驚くべきことではない。

8 グローバリゼーション、開発、貧困
経済と人権

グローバリゼーション

　人権は経済に密接な関わり合いを持つ。人権の実施には資源が必要で、経済政策が人権に大きな影響を与えるからである。人権に関心を持つ者は、経済が人権に与えるプラスとマイナスの影響や、また達成可能な最高水準の人権の経済的側面について理解するのが望ましい。経済政策は人権基準によって評価しうる。人権活動家や研究者は経済的側面を無視してきたし、ほとんどの経済学者は人権に関心がないが、このような状況が今ゆっくり変わってきている。

　19世紀と20世紀の初期に、資本主義は大いなる富と苦悩を生み出した。これにより富裕国に福祉国家ができ、国連の原則に影響を与えた。国連憲章は、国連の主要な目的のひとつがよりよい生活水準を促進することである、と宣言しているし、世界人権宣言第25条は、すべての人は十分な生活水準に対する権利を有する、としている。

　冷戦期の間、人権の発展は資本主義と社会主義の間で二分された世界において行われた。また貧しい新興独立国の「発展」への要求にも対応しなければならなかった。1974年、国連総会はグローバルな不平等と認識された不正義を改正するために、新国際経済秩序（new international economic order: NIEO）の必要性を訴えたが、豊かな国はNIEOを否定し、その構想は立ち消えになった。そして、先進国の経済不況は、規制緩

和や民営化という政策を招いた。「新自由主義」の自由市場イデオロギーが発展の問題の主要な解決法になった。冷戦終結後、途上国は欧米資本主義に対する疑念を捨てて、欧米の銀行や多国籍企業からの融資や投資を求めたが、それには、社会サービスへの支出を減らす必要があった。多くの人は経済のグローバリゼーションは人権の敵であるとみなし、「反グローバリゼーション」の抗議行動に加わった。

　新自由主義に基づくグローバリゼーションは、権力を国家から民間の経済アクターに移行させるが、これは、国家に義務を負わせる国際人権レジームを脅かす。「グローバリゼーション」と人権の間の軋轢は、人権活動もグローバリゼーションの一部であるという事実により、複雑になる。グローバリゼーションは多くの人の生活水準を向上させるかもしれない一方、人権侵害の共犯者でもある。国連の人権機関は、グローバリゼーションが人権に与える影響について憂慮を示してきた。国家は、人権義務と相容れない経済的義務を負うこともある。グローバル経済のプロセスは、しばしば人権を周縁に追いやり、よって、経済のグローバリゼーションと人権はうまく融合していない。

世界的な貧困と不平等

　世界銀行によると、世界の人口の約6分の1は、1日1.25ドル以下で暮らす極度の貧困状態にある。そして、世界人口の40％は深刻な貧困（1日2.5ドル以下）に暮らしている。毎日34,000人の子どもが飢えと予防可能な病気で死んでいる。貧困による年間の死亡人数の推定は800万から1800万人と幅がある（Sachs 2005: 1; Riddle 2007: 121; Poggy 2007: 12-13. 2008: 2-3, 2010: 11-12）。世界的な貧困は、生命、十分な生活水準、健康、食糧、水、衛生、住居などへの権利を侵害している。

　世界銀行は、世界の貧困は減少していると主張する。つまり、1981年には世界人口の51.8％が極度の貧困状態にあり、2005年には25.2％になった。極度の貧困に暮らす人々は74.6％から56.6％に減少した（Howard-Hassmann 2010）。しかし、この貧困の減少のほとんどは中国で起きたものであり、世界的な不平等は1950年から2002年の間でほとんど変化して

いない。また、世界銀行による貧困を測る指標には問題が多い。近年、世界の貧困が減少したことに関してはコンセンサスがあるが、地域や国によって顕著な違いがみられる。たとえば、約50カ国では2000年の1人当たりのGDPは1990年のものよりも下がっている（Fukuda-Parr 2007:296）。

　多くの経済学者は、グローバリゼーションが貧困をもたらしているどころか、グローバル経済から隔離されていることが発展の失敗だ、と論じる。それに異議を唱える経済学者は、保護政策が発展を助けること、また、悪いガバナンスや紛争のような政治的な要素が貧困の重大な要因である、と反論する（Wade 2004; Collier 2007）。

経済的及び社会的権利

　市民的及び政治的権利は、カントの完全義務と不完全義務の区別によって、しばしば経済的及び社会的権利と区別される。危害を受けないという消極的権利は、他人を傷つけないという完全な義務を必然的に伴う、といわれている。便益に対する積極的な権利は不完全な義務を必然的に伴うが、それは誰も他人を益する完全な義務を有さないからである。経済的及び社会的権利は、対応する義務が不完全であり、普遍的でない権利を創造する制度を通してのみ実施されうるので人権ではない、と主張する人もいる。英国民は医療の権利を有するが、それは彼らが英国民であるからであり、人間であるからではない。

　それに対して、拷問を受けない権利と飢えに苦しまない権利には道義的な区別はない、と反論する人がいる。両者とも、苦しまないという消極的な権利、または援助を受ける積極的な権利になりうる。たとえば、拷問を受けない権利は、すべての人が誰をも拷問しないという完全な義務のみならず、拷問を防ぐための適切な措置を行う、という不完全な義務も必然的に伴う。すべての権利は、実現するための制度が必要である。経済的及び社会的権利が消極的義務をも伴うという事実は、それらが必ずしも費用のかかるものであるわけではない、ということを示している。つまり、政府は家を取り壊さない、ということで居住の権利を尊重できる。今日では、権利の尊重義務（権利を侵害しない）、権利の保護義務（第三者が権利を侵害

8　グローバリゼーション、開発、貧困——経済と人権

しない)、権利の履行義務 (すべての人が確実に享受できるようにする) というふうに、義務の間で区別するのが一般的である。これら3つのすべての種類の義務は、消極的でも積極的でもありうるが、尊重の義務はすべての種類の権利について消極的であり、履行の義務はすべてのタイプに対して積極的である。幾人かの哲学者は、貧しい人に対する義務は、彼らに害を加えない消極的な義務と、援助する積極的な義務がある、と主張する。

人権は完全な義務を必然的には伴わないかもしれない、と主張する者もいる。豊かな人は貧しい人に対する不完全な義務しか負わず、貧しい人を助ける制度を支援する完全な義務を負う。すべての種類の人権は実際問題として、履行されそうにない義務を伴うかもしれない。これは、経済的及び社会的権利に対する反対の根拠でなく、現存する社会制度を批判する根拠である。もし、経済的及び社会的権利が尊厳のある命に必要なら、それらの権利は対応する義務とは独立して重要である。この視点に立てば、権利は制度が負う義務の基礎であり、その逆ではない。また、経済的及び社会的権利は、市民的及び政治的権利の享受に必要かもしれない。つまり、飢餓に苦しんでいる人は、効果的に政治に参加できない。しかし、社会的な論争において、公正な裁判を受ける権利は保障されなければならず、市民的権利は社会権の要素かもしれない。

経済的及び社会的権利は一般的に「第2世代」の人権といわれるが、これは歴史的にみて正確でない。中世の哲学者は、貧しい人が富んだ人から援助を受ける権利について論じた。近代では、経済的及び社会的権利は政治的権利とほぼ同時期に認識されるようになった。社会権、とくに労働者の権利は、国際関係においては市民的及び政治的権利よりも先に起こり、1919年にILOの設立を導いた。1944年にはルーズベルト大統領が、経済権利章典を提唱した。世界人権宣言は、市民的及び政治的権利のみならず、経済的及び社会的権利を含んでいる。経済的及び社会的権利は長い間、周縁に追いやられていたが、それは幾分か変化した。国連人権委員会はこれらの権利に関する幾人かの特別報告者を設置し、アムネスティ・インターナショナルやヒューマンライツ・ウォッチもこれらの権利を手がけ、多くのNGOはこれらの権利を専門にしている。

社会権規約は、締約国が利用可能な手段を最大限に用いて、社会権を

漸進的に実現するように求めている。国家は、すべての人が確実にこれら
の権利の少なくとも最低限のレベルの享受をできるようにしなければなら
ず、差別なく権利を実施するために行動する即時義務がある。権利の実現
における後退があるときは、同規約上の権利と利用可能な資源によって、
後退の理由が正当化されなければならない。国家は必要なレベルを満たす
ために「最低限の中核的義務」を有しており、富裕国は同規約上の義務の
実施に必要な資源を欠く国に支援する義務がある。

　「最低限の中核義務」は、人権の普遍性にとっての問題を呈する。これ
はチャドとカナダで同じなのであろうか。「最低限」とはどのように決められ
るのか。「漸進的実現」もまた、利用可能な資源に頼る限りにおいては相
対的なものである。ヤングは、経済的及び社会的権利に対する倫理的規範
が異なると、つまり倫理的規範をベーシック・ニーズか自律か、もしくは尊
厳か、何を基盤にするかによって、「最低限」についての概念も変わってく
る、と主張した。したがって「最低限の中核的」は、経済的及び社会的権
利についての同意された基盤を形成できず、「基本的に論争を呼ぶもの」
である（Young 2008）。

　すべての国には、その最低限の義務を満たすために十分な資源がある、
という反論可能な前提がある。社会権規約は、貧しい国が投資、負債の
軽減または防衛などの、同規約には含まれていないが正当な支出と同規約
上の義務の間のバランスをいかにとるべきか、ということについては明らか
にしていない。しかし、予算を分析すれば、対GDP比や対政府支出比で、
同規約上の権利に対する支出が減っているということ、配分されていた予
算のすべてが使われてなかったということ、または予算は差別を伴う方法
で使われたということが判明することもある。経済的及び社会的権利の「漸
進的実現」を図ることに関する、その概念と方法論そして情報収集に関す
る問題は、それなりの進展はみられるが、問題が大きすぎるということもあ
り、未解決であるということである。これらの問題は、公的支出と発展の結
果との関係が極めて不明確である、という事実のためにさらに大きくなる。

　法律家は条約上の義務を拘束力のあるものとみなすが、政治学者や経
済学者は公共政策を優先事項やトレードオフ（択一）の観点で論じる。法
的には、「漸進的実現」への義務は経済的及び社会的権利に適用されるが、

8　グローバリゼーション、開発、貧困——経済と人権　　175

市民的及び政治的権利には適用されない。しかしドネリーは、すべての人権は漸進的実現の対象だ、と主張する（Donnelly 2007）。したがって、「漸進」に失敗することがどの段階で人権侵害となるのかは、必ずしも明確ではない。豊かな国と貧しい国の権利を漸進的に実現する義務を、普遍的に平等な権利の原則と調和させるのは困難なことである。経済的及び社会的権利も相対的な要素がある。国家はそれらの権利を文化にふさわしい方法で実施することを期待されているからである。

　経済的及び社会的権利を実現する義務は、一般的に当該国家の支配が及ぶ範囲に限られている。その支配範囲の外でのこれらの権利に対する国家の義務は弱い。海外開発援助は、人権義務というよりはいまだに慈善活動として行われている。

　経済的及び社会的権利は裁判に付せない、つまり司法では判断できない性質のものである、ともいわれる。しかし、近年の研究では、29の法域で社会権に関する2,000の司法的、または準司法的な判決が下されている。裁判官は多額の予算などに密接に関係する訴訟を判断する専門性も正統性も欠く、と主張する人がいるが、市民的及び政治的権利も、テロの容疑者の拘禁など論争の的になるような問題を取り上げるし、裁判官は大きな財政面に深く関わる事例についてしばしば判断を下す。立法府は、経済的及び社会的権利を一般的な文言で明記しておき、しばしば裁判官に法を詳細に解釈するように任せることがある。よって、経済的及び社会的権利を法典化することは、民主的な立法機関から説明責任のない裁判官に権威を移行することである、という主張は完全には正当なものではない。世界銀行のある研究は、社会権を法典化するなら非常に多くの死を防ぎ、無数の人の生活を改善できるであろう、と結論づけた。経済的及び社会的権利のための法的な活動には限界があり、政治的な活動と一緒に行うと最も効果的である。

　経済的及び社会的権利が個人の意欲を損なうことを心配する人がいるが、これらの権利は自助と置き換えるものでなく、支援することが前提となっている。同時に、経済的及び社会的権利の法的概念は、経済の実体と理論に向き合わなければならない。

発展

　人権と開発（発展）は長年別々に発展してきた。発展は人権の条件だと一般にいわれてきたが、人権侵害が経済発展に必要であるとは証明されていない。人権保護は発展を促進するかもしれず、また、人の尊厳を尊重することは本質的な価値を持つ。すなわち、人権は、人々が本当は何が必要かを特定するのに必要である。発展の定義にはいくつもの異なる意見があり、いかなる形態の発展が本当に有益であるか、を断定するのに人権は必要なのである。

　1980年代には、「構造調整計画」は経済発展を目的とした人権侵害である、と多くの人はみなした。1990年代には、UNDPがとくに人権を発展政策に組み込む「人間開発」という概念を導入した。世界銀行は融資政策にいくつかの人権を加えた。

　発展への「人権をもとにしたアプローチ（ヒューマンライツ・ベースド・アプローチ）」は、貧困を人権侵害として扱い、国家の慈善行為よりも義務を強調する。食糧や健康に対する権利のような人権の否定は、貧困を構成する要素である。労働の権利などは、貧困削減のための必要不可欠な手段である。政治参加の権利は貧困者のエンパワーメントになり、それは貧困から脱出するための第一歩である。ヒューマンライツ・ベースド・アプローチは差別の禁止やアカウンタビリティを強調し、開発政策への比較的首尾一貫した規範的基盤を提供する。しかし、概念が曖昧であること、体系的な実践が欠如していること、そして成果を的確に評価できていないこと、などのために批判を受けている。人権アプローチは、資源が欠如しているときに何を優先させるべきかを決めるのに必ずしも役立つわけではない。民衆参加は、地方のエリートに乗っ取られやすく、その効果も不明確である。人権の文化は法律を尊重し、個人主義的であり、そして貧困の構造的な原因を検討するために必要なものを備えていない、と批判もされている。発展のヒューマンライツ・ベースド・アプローチと経済アプローチは、人権専門家によっても、開発専門家によっても、まだ統合されてはいないのである。

　2000年に国連総会はミレニアム宣言を採択したが、これはミレニアム開

8　グローバリゼーション、開発、貧困──経済と人権　177

発目標（Millennium Development Goals: MDGs）の基礎になった。しかし、MDGsは権利でなく目標や優先事項から構成されている。それらは人権と共通部分があるが、人権を確立するには不十分である。開発機関はほとんど人権を引用せずにMDGsに言及する。他方、人権機関はMDGsではなく人権を引用する。したがってMDGsは、開発と人権の結合において限られた成功しか納めていない。

　MDGsの第一の目標（MDG 1）は、2015年までに世界の貧困を半減する、というものである。この目標は、世界的には中国の迅速な発展のために達成されるであろう。しかしMDG 1は、地域的な多様性を無視している。世界銀行は、アフリカ諸国はMDG 1を達成するには平均年間最低7%の成長を遂げなければいけない、と推計した。それまでの15年間での成長の平均は2.4%だった。47のサハラ以南のアフリカ諸国で、7%を達成したのは2カ国のみだった（Clemens, Kenny and Moss 2004）。

　ポッゲは、MDG 1は道義的に共犯者といえるほどまでに消極的と批判する。1996年の世界食糧サミットにおいて、慢性的栄養不足の人口を2015年までに半減することが決定された。そして、MDG 1は「世界の貧困の半減」という目標を次の3つの方法で解釈し直したのである。すなわち、1）極度の貧困の数ではなく比率を半分にする、2）世界全体ではなく途上国における貧困を半減する、3）1990年にまで遡って基準値にした、ということである。ポッゲはMDG 1によって、2015年に極度の貧困状態のままでも目標が達成される、すなわち「貧困のままが受容される」人口が1996年の公約に比べて4億9600万人増加している、と計算した。MDG 1は達成されるであろうが、それは目標の解釈の方法による達成である。ポーグは、極度の貧困は深刻な人権侵害で、MDG 1は大規模な人権侵害計画とみなしている（Pogge 2010; 58-62）。

発展の権利

　1986年に国連総会は、発展の権利宣言を採択した。宣言は、すべての個人とすべての人民は、すべての人権が完全に実現される経済的、社会的、文化的、政治的発展に参加し、貢献し、それを享受する権利がある、

と述べている。この権利は、多くの国際会議で再確認されている。

　この権利の実施のための主たる法的義務は、国家がその市民に対して有するものである。しかし、発展の権利の議論では、この義務は不明確で議論を呼ぶものであるが、主たる義務は富裕国の、貧困国に対する義務である。また、発展の権利は独自の人権なのか、既存の人権をあわせたものなのか、何に対する権利なのか、が不明確である（Donnelly 1985b: 474-5）。国連の発展の権利に関する独立専門家であるセングプタは、発展の権利は既存の権利以上のものである、という。つまり、人権を超えた厚生の要素を含んだすべての人権のベクトルである（Sengupta 2002）。

　ドネリーは、発展の権利など存在しない、という。個人の発展はすべての人権の目標である。いわゆる発展の権利は、確立している人権に何も追加せず、人権侵害の正当化を提供する、としている（Donnelly 1985b）。サロモンは、発展の権利は概念的に不明確で、実質的に役に立たない、と結論づけた。発展の権利は新国際経済秩序を人権の議論に変換しようとするものであったが、富裕国が発展の権利が拘束力のある義務を作り出すのを否定したので、それは頓挫した（Salomon 2007）。ソレルとランドマンは、裕福な人はより裕福になる権利がなく、それどころか貧しい人を助けるためにより貧しくなる義務があるかもしれないので、いわゆる発展の権利は人権でなく、したがって普遍的な発展の権利というものは存在しない、と述べた（Sorell and Landman 2006: 393）。途上国の代表は発展の権利を擁護する一方、人権をもとにした開発を拒否し、開発政策において発展の権利を無視しようとする。

発展の原因

　諸国による発展と貧困の程度については、3つの種類の要素で説明可能かもしれない。地理は天然資源、健康、生産性そして貿易の機会に影響する。文化と社会制度は経済活動やガバナンス、そして法の支配に対する態度に影響する。国際政治と貿易や法は、社会制度の質を通して開発に直接的、間接的に影響する。

　資本の蓄積と技術の進歩が経済発展の直接の原因であることを、研究が

示している。しかし研究によれば、とくに法の支配と財産権の保護のような
社会制度が主要な独立した原因である。地理は社会制度に何らかの影響を
与えるかもしれない。貿易は発展の独立した原因というよりは、よい社会
的システムの影響である。富裕国の間でも社会制度にかなりの違いがあり、
社会制度がどのように発展を促進するのかは明らかではない。国際的な要
因は社会制度の正統性を損ない、国内産業を保護して腐敗した独裁者を
支援することで、貧困国の発展を妨げることもある（Rodrike, Subrahamin
and Trebbi 2004; Sachs 2005: 189-90; Pogge 2005a, 2005c, 2007）。

　経済発展と貧困の原因についての理解は不完全なままであり、国家間の
比較からは何が最善の施策であるかを推断するのは難しい。しかし、一般
的には国内で不平等があれば、それだけ貧困のレベルも高い。急速な発
展は不平等を引き起こすので、貧困削減があまり進まないこともある。経
済成長の改善も必ずしも人権の向上にはつながらない（Besly and Burgess
2003; Sachs 2005: 165-6）。

　植民地主義は世界の貧困の原因であろうか。多くの貧困国は旧植民地で
あったが、植民地であったにもかかわらず貧しくない国もある。たとえば韓
国、台湾、シンガポール、香港などがそうである。統計分析によれば、植
民地化はおそらく短期的には経済発展の障害になったが、長期的に不利な
影響を引き起こしたという証拠はない（Sachs 2005: 191）。

　民主主義は必ずしも経済発展に必要ではない。賢明な経済政策を実施し
た独裁政権も、経済発展を成功させている。しかし、独裁政権の貧困国の
成長率は国によってさまざまである。文化と発展の関連性も不明瞭である。
たとえば「アジア的価値観」は、発展の成功にも失敗にも関連づけられてき
た。しかし、政府は経済的、政治的、または文化的な理由により、人的資
本の開発に失敗することもある（Sachs 2005: 72, 315-17）。

　世界銀行は、1980年以来、貿易の自由化が極度の貧困を削減したと主
張する。しかし、中国やインドのような迅速に発展を遂げた国は、極めて
保護主義的で、自由貿易は最も貧しい人々にほとんど利益をもたらしてい
ない（Wade 2004; Sachs 2005: 326）。

　援助の発展への貢献については議論の余地があり、不明確である。中
国が示すように、発展は援助なしでも可能である。援助は、腐敗し無能な

政府に資金を供給することもあり、国民の意欲や改革の気勢をそぐことも
ある。貧困国は援助を効果的に使う能力に欠け、援助がうまくいかないこ
ともある。したがって、援助が多ければ発展が助けられる、というわけで
はない（Wade 2004; Easterly 2007: 44）。しかし、的確な援助によって、
被援助国の援助を効果的に使う能力を向上させることもある（Sachs 2005:
274）。

　イースターリは、ボトムアップ型の市場ベースのイニシアチブが発展の源
であるのに、援助はトップダウンの計画に基づいてきたので貧困削減に失
敗してきた、と主張する。国際的に計画に携わる人々は、経済の根底にあ
る社会的な複雑さについて理解ができず、貧しい人への説明責任もない。
彼は、援助はよい経済政策を備えた民主国家では発展に貢献しうるという
こと、そして健康や教育への援助は成功することが多いということを認める。
しかし、援助は滅多に厳密に評価されないので、どれほど貧困削減に効果
的であるかということを我々は判断できない（Easterly 2007）。援助の多く
は、ドナーの政治的、商業的な利益に貢献するので失敗する。効果的な援
助は最も貧しい人々への援助とは相容れないかもしれず、発展のための援
助は人権のための援助と競合することもある（Collier 2007）。また、援助
は複数のドナーが互いの調整を効果的にしないために、しばしば非効率的
である。援助は短期的な需要を満たすためにはしばしば効果的であるが、
長期的な発展への影響は不明確である。リドルは、援助はうまくいくときも
あればうまくいかないときもある、そしてうまくいかないときは大抵、援助
とは違う要素が原因である、という（Riddle 2007）。クレメンズとモスは、
富裕国の国民総収入の0.7%という一般的に引用される援助目標は、方法
論的そして実証的に、根本的に欠陥があり、世界の貧困における人間のニ
ーズを富裕国からの資金援助で対応するのは極めて困難である、と主張す
る（Clemens and Moss 2005: 18）。

　発展の科学は未発達である。「発展」と「貧困」は対立する概念であり、
データも方法論も問題が多く、理論も弱い。十分な知識がない中、人権と
発展についての単純な一般化は、正当化できない。

貿易と投資

　国連の創立者は、自由貿易は生活水準を向上させ、人権を促進するものと信じていた。しかし、貿易は人権を阻害するものとみなす人も増えるようになった。貿易の対象となる製品はさまざまな方法で人権を侵害しうる。それらは健康に害を及ぼすかもしれず、人権を侵害する方法で製造されることもある（たとえば児童労働）、またそれらは、人権侵害に使われるかもしれない（たとえば独裁者に売られる警察または軍隊の装備など）。

　世界貿易機関（World Trade Organisation: WTO）は関税及び貿易に関する一般協定（General Agreement on Tariffs and Trade: GATT）の署名により、1994年に設立された。WTOのほとんどの加盟国は自由権規約と社会権規約を批准している。WTOは国連機関ではなく、人権を実施する任務はない。貿易交渉もWTOの紛争解決手続も透明性に欠け、民主的な説明責任を欠いた。世界の貧困層は貿易交渉やWTOに参加する資格がほとんどない。NGOにとって、多くの国連機関へのアクセスに比べてWTOへのアクセスは限定されている。WTOの人権に与える影響とアカウンタビリティの欠如は、一般人の抗議行動の原因となっている（Benedek 2007）。

　WTOは、貿易協定の侵害に対して制裁を科すことができるので、国連の人権機関より権限を有している。しかし、貿易での差別を引き起こすという理由で、先進国がWTOの交渉に人権を組み入れることに途上国は反対してきた。1996年のWTOのシンガポール閣僚宣言は、中核国際労働基準に関するコミットメントを再び宣言したが、それらの基準を扱うのはWTOではなく、（WTOよりももっと弱い機関である）ILOとした（Aaronson 2007）。

　知的所有権の貿易関連の側面に関する協定（Agreement on Trade-Related Aspects of Intellectual Property Rights: TRIPs）は、とくに人権の面で問題が多い。同協定によって途上国がHIV/AIDSのような病気に取り組む能力に制限を加える製薬会社の特許を設けた。2001年のWTOドーハ会議では、TRIPsは加盟国が公共の保健を守るのを妨げない、と宣言した。しかし、ドーハ宣言は二国間または地域取引によって置き換えら

れている。

　二国間投資協定はいまや頻繁に締結されるものであり、人権に深刻な関係を持ちうる。ほとんどの二国間投資協定は、投資の価値を下げるような規制を禁じている。投資法廷は加盟国が経済的及び社会的権利を実施するために設けた規制に対して、賠償を支払わせた。貧困国はそのような賠償請求に効果的に抗議する力にかけ、結果的にこれらの人権義務の実施に及び腰になる。

　WTOは、貿易法と人権法の間の不整合について扱ったことはない。GATTは、安全保障、公の秩序の保護、生命と健康の保護、服役中の労働者の保護のためには、自由貿易のルールへの例外を認めている。しかし、この自由貿易への例外が人権のためにも適用されるかどうかについては、不明確である。WTOは安保理が定めた制裁を尊重するし、また、法律学者はWTOがユス・コーゲンス（*jus cogens*）、つまり人権に対する最も重大な犯罪の禁止を尊重するべきだ、と論じる。WTOは、武力紛争の資金源となるダイヤモンドを規制するキンバリー証明書の枠組みに参加していない加盟国に対する貿易制限を許してきた。また、先進国の市場に優先的なアクセスを与えるのに人権条件の含まれた貿易協定も、それらの協定が貧困国の発展の必要を満たすのであれば、承認している（Cottier, Pauwelyn and Burgi 2005; Pauwelyn 2005）。

　WTO協定は途上国のニーズを満たすことにコミットしているが、これらの国にはそのような条文が効果を持つような資源も交渉の能力も欠けていることがしばしばである。富裕国に輸出している貧困国は、富裕国同士の間での関税に比べて平均4倍の税に直面させられている（UNDP 2005）。

　その一方で、実証的な研究で、外国直接投資（Foreign Direct Investment: FDI）と貿易の間の関係と、他方でそれと途上国の人権との間で肯定的な関係も否定的な関係も両方みられる。とくに市民的及び政治的権利に関してほとんどの研究は、肯定的な関係を示唆している（Mitchll and McCormick 1988; Cingranelli and Richards 1999; Richards, Velleny and Sacko 2001; Milner 2002）。ハフナーバートンは、貿易とFDIは一般的に人権に肯定的な影響を与えるが、その結果は経済や手法の違いによって異なるとした（Hafner-Burton 2005）。また、厳しい制裁を伴った特恵

8　グローバリゼーション、開発、貧困——経済と人権 ｜ 183

貿易協定は、常に効果的というわけではないが、人権の実施において人権条約よりも効果的である、という証拠がある（Hafner-Burton 2009）。

企業

　第2次大戦後のナチスの戦犯に対するニュルンベルク裁判では、数人の資本家が人権に対する重大な犯罪で有罪判決を下された。世界人権宣言は、企業も人権義務を負うことを暗示している。企業も人権を侵害することがある。国家と一緒に侵害することもあり、また、保安、刑務所、水の供給、医療の提供などという伝統的な国の機能が民営化されてゆくと、企業は準国家的な組織となりうる。多国籍企業が人権に与える影響についての実証的な証拠は、用いられた方法によってさまざまである（Meyer 1996; Smith, Bolyard and Ippolito 1999）。

　反アパルトヘイト運動は、企業に人権を尊重させようとした先駆的な試みである。サリバン原則（1977年）は、南アフリカにあるアメリカ企業に自発的な行動規範を提案した。それは125カ国以上によって支持されたが、効果的でない、とみなされた（Compa and Hinchliffe-Darricarrer 1995）。

　1974年に経社理は、多国籍企業に関する国連委員会を設立した。1990年に委員会は、多国籍企業は人権を尊重しなければならない、とする行動規範の草稿を経社理に提出したが、途上国が多国籍企業に対して敵意を抱いていた状態からそれらを受け入れる方向に移行したため、この行動規範の交渉は1992年に決裂した。

　1976年に経済協力開発機構（Organisation for Economic Cooperation and Development: OECD）は、多国籍企業が労働組合の権利を守り、差別を禁止するよう自主的なガイドラインを発行した。これらのガイドラインは、人権を尊重する一般的な要件を盛り込むために、2000年に改訂された。1977年にILOは、多国籍企業と社会政策に関する三者間宣言を発表し、これは2000年に改訂された。これには国際人権章典を尊重する義務が含まれているが、この宣言も自主的なものであり、あまり効果的でない、と考えられている（Compa and Hinchiliffe-Darricrre 1995: 670-1; Murphy 2004-5）。

184

1986年にアメリカの反アパルトヘイト法は、アメリカ企業が南アフリカで企業活動を行うのを禁じた。クリントン政権はアメリカ多国籍企業のための自主的行動規範を提案し、それはいくつかの企業に受け入れられた。1996年に同政権は企業と海外のサプライヤーのためのアパレル産業パートナーシップ職場行動規範を設置した。ソーシャル・アカウンタビリティ8000は、企業に労働基準と人権基準の幾つかを守らせる試みであり、1997年に経済優先度評議会や、いくかの影響力のある企業によって始められた（Spar 1998: 8-10; Ratner 2001-2: 457-63）。ほかには、北アイルランド、ソ連、中国に対して労働基準と反児童労働のための企業の行動規範が提案されている。いくつかの企業は、人権を取り入れた規範を策定し、重大な人権侵害が起きた国とのビジネスを拒否している（Compa and Hinchliffe-Darricarrere 1995: 671-85; Frey 1997: 175-6, 187）。しかし、そのような規範は、一般的に限定的な範囲の権利しか含まず、実施も困難である（Ratner 2001-2: 531）。

　1999年には、国連事務総長のコフィ・アナンが、多国籍企業のグローバル・コンパクトを提案した。これは、多国籍企業がその「影響の及ぶ範囲で」人権と環境に関する10の原則を守るようにする、というものである。5,000近くの企業がこのコンパクトに加入しているが、原則は曖昧で、実施メカニズムも弱い。

　2003年には、人権保護促進小委員会が、多国籍企業を含む企業の影響の及ぶ範囲での、人権に対するそれらの責任の規範を承認し、人権委員会にその規範を提出した。人権委員会は、人権高等弁務官事務所に多国籍企業と関連する企業の人権に関する責任を調査し、人権委員会に報告書を提出するように要請した。

　人権高等弁務官事務所は、人権保護促進小委員会の規範についての意見は両極に分かれ、企業の人権に関する義務が不明確なままである、と報告した。人権委員会は国連事務総長に、人権と多国籍企業を含む企業に関する特別代表を任命するように要求した。事務総長は、ジョン・ラギー教授を政府、多国籍企業、その他の企業の人権とビジネスへの責任を明確にするために任命した。

　ラギーは、多国籍企業が8万存在し、子会社が80万存在し、非常に多

数のサプライヤーが存在する、と概算した。いくつかの企業による人権侵害は、企業内部から出たものも含め、企業により重い責任を要求する動きにつながった。規制のない市場は不安定であり、人権はその規制の中心となるべきである。企業活動と人権の問題はビジネス部門と政府のタイプによって多様である。しかし、世界の最も大きな企業の何社かは、人権方針と実践事項を採用している。企業と人権に対するさまざまな活動の影響は地理的に限られており、対象になっている人権も限定されてきた。そして、最も悪質な違反者は処罰を逃れたままであった。

　同小委員会の規範は、国際法は拘束力のある人権義務を企業に課す、という誤った仮定をしている。ほとんどの人権義務は国家の義務であり、人権に関する最も重大な犯罪について明記している規範だけが企業に直接適用されうる。国家と企業の人権義務は、それらの社会での異なる役割を考慮しなければならない。しかも、「影響の及ぶ範囲で」という概念は法的な定義を欠き、誰が何に責任を負うのかという点を明確にしていない。同小委員会の案は、建設的であるよりはむしろ分裂を生じたのである（United Nations Commission on Human Rights 2006; United Nations Human Rights Council 2010）。

　一般的に、企業は国内法のもとでのいくつかの人権侵害の責任を問われることはあるかもしれないが、国家は人権に関する義務を果たすつもりで企業に規制を課すことをしていなかった（United Nations Human Rights Council 2007b）。ラギーは、「保護、尊重、救済」という枠組みを提案した。つまり、国家は企業による人権侵害からすべての人を保護するべきで、企業は人権を尊重するべきであり、そして被害者は救済へのアクセスを保障されるべきである、というものである。「影響の範囲」の概念は問題であり、企業は影響を与えるすべてのものによる人権侵害を防ぐ義務は持たないが、自らの活動が与える影響への相当な注意（デュー・ディリジェンス）を行使する義務は持つ。企業は、人権への危険を伴う事業を計画するときは人権影響評価を行うべきである。そして救済へのアクセスは、最も必要なところで、最も進んでいないものである（United Nations Human Rights Council 2007a, 2008a, 2008b）。

　いくつかのNGOは、ラギーが企業による侵害の原因を調べていないこ

と、また申立手続や拘束力のある国際水準についての提案をしていないことを批判している。ラギーは、企業による人権侵害を国際的な審判にかけようとすると、証拠の収集と適正手続という手に負えない問題に直面するだろう、と主張する。彼のフレームワークはいくつかのNGO、企業、そして人権理事会によって支持されており、これを実施し始めた政府や企業もある。

国際的な金融機関

1944年に連合国は、ニューハンプシャーのブレトンウッズで会合し、欧州の再開発と世界経済の安定の回復のために世界銀行と国際通貨基金（International Monetary Fund: IMF）を設立した。これらの国際的な金融機関（international financial institutions: IFIs）は、安保理のみに縛られる独立した国連機関であり、経済分野で活動する任務を持ち、政治的な問題は扱わない。このことをもってこれらの機関は人権義務がない、と解釈している反面、人権を考慮しており、自らの活動は人権を促進している、と主張する。しかし、これらの機関は、国際人権法や国連の人権機関にほとんど注意を払わない。これらIFIsは、政治的配慮または人権に基づいた判断をすることはあるが、同時に「非政治性」の原則を用いて世界で最もひどい人権侵害をしている国家への融資を正当化している。人権NGOは、このことを最近まで見落としてきた（Boissons de Chazourns 2007）。

世界銀行は世界で最も重要な開発のための融資機関であり、IMFは主に金融の安定に関与する。両機関は1980年代に厳しい条件を伴った、開発のための「構造調整融資」（Structural Adjustment Loan: SAL）を使用するようになった。1990年代の半ばまでには、約120カ国が「構造調整計画」（structural adjustment programmes: SAPs）を実施していた。ある程度の「構造調整」は必要でも、SAPsはしばしば効果がなく、非民主的で、経済的及び社会的権利を侵害し、不安定を引き起こし、世界の貧しい人々を犠牲にして欧米資本主義の利益に資するものだ、と批判する評者もいる（Stiglitz 2002; Sachs 2005; McBeth 2006; Abouharb and Cingranelli 2007: 3-4, 7, 24, 50, 77）。アブハルブとシングラネリは、1981年から

8　グローバリゼーション、開発、貧困——経済と人権　187

2003年の間に構造調整が行われていたすべての国の研究で、平均して
SAPsはほとんどの人権の尊重を損ねた、という結果を見出した。IFIsの援
助を求める国々は、IFIsが介在する前から人権についての実績はよくなか
ったということを考慮に入れても、その結論は変わらなかった（Abouharb
and Cingranelli 2007）。政府の能力や反対勢力、貸し手がSAPsを強調
しなかったために、しばしばSAPsの実施はうまくいかなかった（Riddell
2007）。

　IMFの援助は、いくつかの理由で擁護されてきた。すなわち、対処する
大きな危機は人権を脅かすものであること、その援助の財政的健全性を保
持するためには条件は必要であること、常に社会支出の削減を要求したわ
けでないこと、IMFは人権に関する判断を下す能力がないこと、人権侵害
が起きている国への金融援助は援助を拒否するよりはよいこと、そして長
期的にはSAPsは人権を改善するかもしれないこと、などである（Lite 2001:
2-6, McBeth 2006）。1990年代には、世界銀行とIMFは、SAPsにセーフ
ティネットと補償を盛り込んだ。

　1968年から1981年の間、世界銀行は貧困削減に関心を持ち、発展への
「ベーシック・ニーズ」アプローチを採択し、健康、教育、農業、住居な
どに融資を始め、環境、ジェンダー、ガバナンスそして政治への参加など
の問題を取り上げ始めた。1989年に世界銀行は、「グッドガバナンス」の
基準に人権を取り込んだ。世界銀行もIMFもミレニアム開発目標（MDG）
を受け入れている（Boisson de Chazournes 2007; Riddell 2007）。それ
から世界銀行は、限られた方法ではあるが、人権に対してよりオープンに
なった。1993年、世界銀行は不服を聞くための調査委員会を設立したが、
この調査委員会は、人権侵害などに関する不服ではなく、世界銀行がその
政策に違反したときの不服のみを受け付ける。借入国はNGOが調査委員
会に影響を与えることに抵抗し、調査委員会の成果は限定的なものである
（Fox 2002）。IMFは国連の人権機関と不定期なコンタクトを持ち、NGO
と非公式な話合いを設けている。IFIsは借り手国に対しては透明性や住民
参加を提言するが、それらを自分たちでは実行していない、と批判されて
きた。しかし、住民参加は必ずしも人権や発展と相容れるものではない。
世界銀行がとくに女性や先住民に関して、広い分野で人権に積極的な影響

をもたらした、とみなす人々がいる。しかし、世界銀行には人権方針はなく、任務に関係があると思われるときだけ人権を考慮する。世界銀行が参加を奨励することは参加する者の市民的及び政治的権利の保護の問題を提起する。もしIFIsが人権を理由に融資を拒めば、借り手国は人権を考慮しないようなほかの国家や機関に融資を求めることもある。NGOはとくにアメリカなどの加盟国を通して世界銀行に影響を与えることもある。アメリカのIFIsへの政策は貧困層に敵対的と批判されてきたが、必ずしも反人権ではない。

　1996年に世界銀行とIMFは、重債務貧困国イニシアチブ（Heavily Indebted Poor Countries Initiative: HIPCI）を取り入れた。HIPCIの債務削減の認定を得るためには、債務国の政府は貧困削減戦略書（Poverty Reduction Strategy Paper: PRSP）を作成しなければならない。PRSPは人権の要素を含み、市民社会の参加が要求されている。PRSPはIFIsが承認する（Tostensen 2007: 186, 197-200, 210）。ほとんどすべての貧困で重債務を負う国はPRSPを作成している。IFIsが影響を持つということは、PRSPはSAPsと大して変わりがなく、市民社会の参加は不十分であり、不十分な債務の軽減が不十分な数の国で行われただけであり、結果的には人権にほとんど貢献していない、と批判する者もいる（Darrow 2003; Stewart and Wang 2005）。世界銀行は、NGOが貧困削減プログラムで主要な役割を果たしたと認めているが、債務削減は重債務貧困国の債務のほんの一部でしかない。

　IFIsは人権条約を批准していないが、IFIsの加盟国は人権条約の締約国でもある。IFIsは金融の健全さを維持するという法的な義務を強調し、この義務が自らの人権へのコミットメントに制限を加えると主張する。しかし、これらの機関が人権に限られたコミットメントしかないのは、これらの機関を支配する富裕国の利権と彼らの経済理論のためである。IFIsが「発展」は人権を含むということを組織的に認めようとしないのは、国連の発展に関する考えや彼ら自身のレトリックとに両立しない。

気候変動

　石化燃料を燃焼すると二酸化炭素濃度を増加させ、地球温暖化を引き起こすという考えは、19世紀に始まった。しかし、アメリカ科学アカデミーが二酸化炭素の増加が地球の平均温度を大幅に向上させるであろう、と警告した1979年まで、「地球温暖化」の科学は政治的に注目されなかった。1988年に国連環境計画と世界気象機関は、気候変動に関する政府間パネル（Intergovernmental Panel on Climate Change: IPCC）を設置した。1992年にリオで開催された開発と環境に関する国連会議は、国連気候変動枠組条約（Framework Convention on Climate Change: FCCC）を採択した。1995年のIPCC第2評価報告書は、人類の活動は気候に「明確に認識しうる」影響を与えてきた、とした。2001年のIPCC第3評価報告書は、直近の地球温暖化が人類の活動に起因し、これは継続しているという新しい証拠を発表した。国連気候変動枠組条約の京都議定書は1997年に採択された。これは先進国による排出削減を規定するが、途上国の排出については規定していない。京都議定書はとくにアメリカが批准しておらず、気候変動にはほとんど影響を及ぼさないだろう。

　IPCCは、2100年までに地球の気温は1.4から5.8度上昇し、海水面は0.11から0.77メートル上昇するだろう、と予測している。そのような上昇は嵐、洪水、旱魃を引き起こし、食糧生産に打撃を与え、多くの人命と人々の生計を立てる手段を失わせ、資産の損害を引き起こすだろう。これは結果的に多くの難民を生み出し、紛争が増える可能性がある。しかもこれらの予測は、確率は低いが可能性はあるとIPCCが考える、いくつかの気候の大災害を考慮していない。気候変動は短期的にはある地域に利益をもたらすが、最も被害に遭いやすいのは海抜の低い島々や海岸地域や乾燥農業地帯または準乾燥農業地帯に住む人々である。貧困層は最も気候変動に弱い立場にあり、最もそれに適用できない。気候科学は不明確であるが、スターンは、それでもそれに基づいた政策が必要であると考える。それは、1）科学が我々の持つ最高の知識であり、2）それを無視することの危険性が甚大であるからである。気候変動を無視すると発展に害を及ぼすので、気候変動と開発政策は不可分である。しかしながら国際社会は、発展のコ

ストの算出に気候変動によるコストを含んでいない（Stern 2009）。

　気候変動に適応するためのコストと気候変動を緩和させるコストを、誰が払うべきなのか。好ましい原則はたぶん「汚染者が払う」というものであろう。つまり、先進国は温室効果ガスの排出を引き起こし、それによって恩恵を得てきたので、被害を是正するためにコストを払うべきである、ということである。先進国はまた、それを払う能力があるし、国際人権法のもとで途上国の気候による害を緩和するのを支援する義務がある、といえるであろう。これに対する3つの反論が挙げられている。すなわち、経済活動が気候変動を引き起こしたということが最近まで証明されていなかったこと、途上国もその活動から恩恵を得てきたこと、そして、現在生きている人たちは過去の排出の責任を負うべきでないということ、である。逆に、気候変動が科学的に証明されてからでも先進国は何も手を打たなかったこと、世界の貧困層はこの気候破壊をもたらした経済成長の恩恵をほとんど受けていないこと、現世代の人たちは過去の排出によって恩恵を受けており現在の排出の責任は問われるべきである、という議論もある。しかし、特定の経済活動と特定の自然災害との因果関係を明確にするのは困難である（Paterson 2001: 121-3; Baer 2006）。

　先進国は過去の排出に対する責任を受け入れようとせず、京都議定書も、現在の時点から責任が始まることを前提としたものである。最近の交渉で、途上国による排出が増加しており、コストの一部を負担しなければならないということが確認された。「排出する権利」の配分については、多くの議論がされるが、ほとんど合意には至っていない。幾人かのエコノミストは、排出の取引の市場を作り上げることによって、排出は効果的に分配されると主張している。逆に、排出の権利は経済力があるものに有利であり、「排出の権利」の取引は最善の気候政策と人権との合致を意味するとは限らない、と批判する者もいる（Hayward 2007: 431-47）。気候変動のコストの割り振りについての合意もなく、貧困国は最も苦しみ、国際協定の交渉に効果的に参加する影響力も小さい。貧困国が気候変動に適応するのを支援する基金があるが、それは少額であるだけでなく、2010年4月30日現在、分配された基金はまだない（Mace 2006; Bar 2006; Adaptation Fund 2010）。

気候科学は必ずしも明確でなく、未来に起きるかもしれない不確定な害のために、現在どれくらい費やさねばならないのか、ということが問題にならざるをえない。幾人かの経済学者は、今は経済発展に投資し、気候変動への対策は、科学がより確実になり世界がより裕福になるにつれてゆっくり増加させていけばいい、と主張する（Nordhaus 2008）。他方、それでは増加した富を圧倒するような、取り返しのつかない悲惨な状況になるだろう、と信じる人たちもいる。現在の科学によれば、そういう事態が起こる可能性は低いが、決して可能性がないわけではない（Stern 2009）。経済学者は世界全体にとって最も経済的価値のある気候政策を求めようとするが、彼らはコスト、とくに最も弱い立場の人の人権へのコストの配分を無視する（Gardiner 2004）。

　人類が生存するために必要な排出と、必要のない贅沢な排出を区別する気候論者もいる。人権アプローチは、生存のための排出を優先するであろう。人権は、気候政策がすべての人の人権を尊重することを意味する。しかし、人権活動家や研究者は将来の害の確率ではなく、侵害について考えてきただけに、気候変動は極めて難しい問題である。気候変動の責任を問うということは、人権活動家たちになじみの深い、侵害への責任を問うことよりも複雑かもしれない。また、気候変動により被害を受けるかもしれない、遠い将来の世代の、まだ存在しない人々に人権を関連づけるのは困難である（Page 2006; International Council on Human Rights Policy 2008）。カニーは、将来の世代の人の利益や権利は我々のものと類似していると仮定しなければならない、と論じる。未来の世代の人権に与える影響に注意を払わずに気候変動に加担するのは、重大な人権侵害である。しかし、IPCCやFCCCの下で行われる協議は、人権を大いに無視したものである（Caney 2006; International Council of Human Rights Policy 2008）。

　2009年12月にコペンハーゲンで行われたFCCC会議では、アメリカ、中国、インド、ブラジル、南アフリカの5カ国が、世界中の温室効果ガスの排出を削減することで地球温暖の気温上昇を2度以内とする目標を設け、気候変動への適応支援を増やすことを約束した。EUはこの合意を支持したが、この合意には法的拘束力がなく、執行機関もない。FCCCの

将来は不確定である。最善の望みは、主要排出国が排出量を制限し、最も害を受けやすい人たちを支援する、ということである。FCCCのこれまでの業績を見ると、決して楽観視できない。

グローバル・ジャスティス——地球規模の社会正義

　人権の理論は、政府が市民の人権を尊重する限りにおいては正統である、という。ポッゲは、世界経済秩序は世界の人々に強要されたものである以上、人権を尊重する限りにおいてのみでそれが正統である、と論じる。もし多くの人の人権が侵害されていたら、たとえ貧困の分布が地域的な要素によるものとしても、この秩序のもとで多くの人が繁栄しているという事実は正当化されえない。経済的及び社会的権利の大規模な不履行は、国際秩序がグローバル・ジャスティスの最低条件を満たしていない、ということを意味する（Pogge 2002a: 117, 175, 199; 2007: 23-5, 44-5）。

　国際制度秩序の継続的な強要は、基本的なニーズに関する人権の大規模な侵害を引き起こしている。そのような人権は、より力のある国々の政府及び選挙民が主要な責任を負うものである。富裕国は歴史を通して現代の地球規模の貧困の一因となってきており、またそれによって利益を獲得してきた（Pogge 2007: 53）。この秩序の道義的価値は、深刻な人権侵害の低下の程度ではなく、他の実現可能な秩序によって達成できたであろう程度と現在の程度との比較によって判断されるべきである。避けることのできる人権侵害が起きているシステムに参加すること自体、大規模な人権侵害である。世界銀行の定義する貧困の撲滅に要される費用は、富裕国の国民総所得の1.21%である（Pogge 2002: 92, 99, 230n.122; 2005c: 60; 2007: 30）。

　ポッゲは、国際秩序がどれほどの貧困を生じさせたか、また彼の望む国際秩序がどれほどそれを削減するのかを示していない、ということで批判されてきた（Patten 2005: 21-4）。富裕国の選挙民が国際秩序による大規模な人権侵害への主要な責任を負う、という彼の主張も疑問視されている（Satz 2005: 50-1; Bleisch 2009: 157-65）。ポッゲは次のように反論する。武器の貿易を通して、独裁者が国民に国際的負債を課すのを可能にする

借入れの特権を通して、そして独裁者が不正に得た資源を富裕国が買えるようにする買入れの特権を通して、国際秩序は貧しい人々を害する、と。これらの方法で、富裕国と国際機関は、途上国で悪質な社会制度に協力しているだけでなく、悪質な社会制度がその動機と持続性を増すことでより広く拡大するようにしている。いかなる国際制度秩序もすべての人権侵害を防止することはできないであろうが、もし国際秩序が正義に基づくものであれば、最も深刻な貧困を避けることはできるであろう。貧困の原因については相当な実証的な不明確さがあるが、国際秩序を貧困を防止するようなものに変えれば、数年以内に最も深刻な貧困は撲滅できるであろう（Pogge 2005c; 2007: 39-41, 46-53）。

　国際秩序が貧しい人々に害を与えるさまざまな方法についても強調されている。たとえば、富裕国が国内で行う補助や、輸入品にかける関税や、輸入制限などが引き起こす貧困国へのコストは、富裕国による援助よりも大きいこともある。援助は人命を救いうるし、追加的な援助は一般の支持を得るかもしれない（Stiglitz 2002: xii-xv, 61, 269; Riddell 2007）。IFIsは人権侵害を行う政権と協力してきた（Darrow 2003: 95-6）。世界銀行は、欧米諸国は1990年以来、途上国からの違法な送金で5000億から8000億ドルを受け取っただろう、と推定している。これはすべての援助の合計の10倍に当たる額である（Baker and Joly 2009: 62）。

　リッセは、国際秩序は貧困層に害を及ぼさないだけでなく。過去200年以上の間、人々の厚生を大幅に改善してきた、と主張する。よって国際秩序は本質的に不公平なのではなく、不完全に公平なのだ。ポッゲは、国際秩序は抑圧と貧困を生じたと仮定するが、抑圧と貧困はこの秩序の前から存在し、この秩序がそれらを悪化させたといえるかどうかは難しい（Risse 2005a: 9-17）。国家の発展の成否の主要な理由は、その国の社会制度の質であり、国際経済に統合されるかどうかは独立した大きな要因でない、ということを実証的研究は示している。ポッゲは、世界秩序が貧困を引き起こすということについて証明していない。彼は、理想的な世界では貧困は存在しないので、現存する国際秩序が貧困を引き起こしていると決めつけているだけである（Risse 2005b）。

　しかし、上記の議論には欠点がある。リッセが根拠にしている実証的な

証拠は、国際秩序が貧困を生み出さないということを示しているのではない。むしろ発展について説明するときには、国際貿易よりも国内社会制度のほうが重要であるということを示しているのである。これは、国際社会制度が国内社会制度のいくつかの欠点の原因となっている、というポッゲの主張に対する反論でない。ポッゲは、国際秩序が理想的でないことを非難しているのではなく、国際秩序が正義に基づいていないことを非難しているのである。最低限の正義は、人権が可能な限り満たされることを要求する。避けられるにもかかわらず、国際ルールが多くの人の人権の享受を否定している、と彼は主張する。世界の貧困を撲滅するのに必要なコストは、支払い可能な額である（Pogge 2005: 1-5）。ポッゲの議論の弱点は、それが世界の貧困の原因について不完全な理論に基づいていることである。

結論

　人権の実施は、さまざまな経済の要素に左右される。人権活動家や人権の研究者は主として経済を無視してきたが、このような状態は変化し始めてはいる。人権の概念は個人の権利を強調するが、資源が不足しているときに権利実施のコストや優先順位を決めることについては、ほとんど無関心である。人権政策は健全な経済に基づかなければならず、経済政策は可能な限り人権を尊重するものに制限されるべきである。

9 21世紀の人権

歴史の教訓

　人権の概念は今、あまりにも身近になったため、それが実はいかに新しいものかということをあらためて思い返す必要がある。何人かの研究者が指摘するように、「権利」の概念は古代文化の中にも潜在していた。たとえば、「汝、盗むなかれ」という戒律に所有権の概念が潜在するであろう。一方、他の研究者は、古代ギリシャでは、法的な争議は当事者個人の権利というより、公共の利益を考慮することによって解決された、とする。ミラーは、市民の権利の概念はアリストテレスの政治哲学の中に見出すことができる、と説明した（Miller, F. 1995）。ストア哲学の学者たちは、普遍的な自然法の概念を持っていたが、自然権についての概念はなかった。普遍的な自然権という概念が生まれたのは、中世にキリスト教の神学の枠組みの中で起こったのが最初である。

　さまざまな文化における人権概念の歴史について考えるには、もうひとつの方法がある。我々の持つ人権概念の中核にあるのは、個人（あるいは集団）を権力の濫用から保護する、という考え方である。人間社会には権力構造がつきものであり、権力の濫用がはびこった社会が歴史上多くあった。自然権と人権の概念というのは、そういった権力の濫用に関して危惧を呈する具体的な方法でもあったのである。

　人権の概念は、17世紀のイギリスにおける政治闘争と、中産階級（ブ

ルジョア）の財産に対する利権に端を発するものだ、とする研究者もいる（Donnelly 1989: 89, 104-5）。一方で最近の研究者は、体系的な理論でなかったにせよ、自然権に関する白熱した議論がさらに何世紀も前に後期中世のキリスト教哲学者や神学者の間で交されていたことを明らかにした（Tierney 1997）。権利に関する中世の議論は財産に関するものであったことは確かであるが、財産だけに関する議論であったわけではない。1215年のマグナカルタは、公正な裁判を受ける権利を謳ったものであった。中世のキリスト教的な自然権の理論は、とりわけ、生存の権利に関するものであった。16世紀には、ラス・カサスとヴィトリアが、アメリカにおけるスペインの帝国主義を非難するのにキリスト教的自然権の思想を用いた。中世の世界での議論はラテン語でなされたが、「財産」の概念はラテン語で「己自身のもの」を意味し、その中には己の生とそして自由も含まれた。私たちは、この後期中世における権利の思想をロックの政治哲学にみることができる。ロックこそ自然権を思索した最初の近代的思想家であったが、それは中世の自然権の思想に影響されたものであった。この、近代的な権利理論の起源を示す複雑な歴史は、現代における人権議論を考えるうえで大切なことである。権利の「第3世代」という考え方が歴史に基づくものでないということ、市民的及び政治的権利と経済的及び社会的権利との区別が人権概念の歴史に端を発するのではないことを、この歴史が示しているからである。人権の概念は、まず、生計その他の（経済的）財産権に端を発し、それから市民的、政治的な権利概念へとつながった。それは、市民的及び政治的権利が、基本的な生存と財産の権利を確固たるものとするのに必要であると考えられたからであった。

　17、18世紀の自然権の概念は、1) 絶対的な君主政治への抵抗、2) 台頭する資本主義、3) 国教に異を唱えるプロテスタンティズムや世俗化した政治思想、こういったものと関連していた。これらのテーマが、1642年から49年のイギリス革命、18世紀後半のアメリカ独立革命、そしてフランス革命とともに、世界史上に突如として現われたのである。

　フランス革命の激しい混乱が哲学的な反動を引き起こしたが、それは自然権の概念を、a) 破壊的で、b) 非科学的だとして標的にした。自然権の概念は、神の意思と想定されたものが個人の自然権の源であるとし、また、

9　21世紀の人権　197

理性によって我々は善と悪の区別ができるということからも自然権が説明できるものとした。18、19世紀の科学的哲学は個人の自然権の概念を蔑ろにし、社会科学（社会学）によって取って代えた。サン・シモン、コント、マルクス、ウェーバー、デュルケームなどは、この潮流のリーダーであった。権利はもはや政治活動を制御する根本的な道徳理念ではなく、社会闘争のイデオロギーに基づく産物にすぎなかった。社会科学は権利の概念を脇に押しやった。自由民主主義的な思想をもってファシズムに対抗するために、第2次世界大戦後に国際連合が18世紀の概念である「人民の権利」を人権として復活させたとき、国連はこの社会科学的な伝統を無視してしまった。人権の概念も社会科学も1945年以来繁栄したが、総じて互いに隔絶され、関係のない繁栄だった。最近、人権の概念が国際、国内政治に影響をますます与えるようになり、とくに冷戦後、社会科学者の間には、過去50年の大きな社会的発展を見逃してきたことに気づく者も出てきた。社会科学者はようやく、それぞれの概念、理論や方法論を現実世界の人権とその侵害に対して適用するようになってきたのである。私は本書で、人権に関する新しい社会科学について賛否両論を紹介したが、それは学術的な人権研究に必要な、倫理的理想主義と科学的現実主義との和解を推し進めたい、との願いからしたことである。

　国連総会による1948年の世界人権宣言の採択以降、基準設定（国際人権法）と制度作りがゆっくりと進んだ。冷戦が人権の発展を阻んだが、それは共産主義政権が市民的及び政治的権利を大規模に侵害したからであり、反共独裁政治を直接または間接に支持することにより、西側も大規模な権利の侵害に関わっていたからである。世界各地で多くの植民地が独立したことによって、多数の新しい国が国連に加わった。非植民地主義を標榜したエリート層は、はじめは人権の概念を自らの主張を支えるものとして利用したが、国が独立してその政治的指導者となった者たちは、経済的発展、民族自決権、人種差別への対抗といったことを優先し、欧米諸国あるいは国内の反対派からの批判には抵抗したのだった。独立国となった旧植民地国の多くは、市民的及び政治的権利をひどく侵害し、経済的及び社会的権利の保護に成功した国もごくわずかだった。とはいえ、南アフリカのアパルトヘイトに反対する国際的なキャンペーンが、1つの民族国家における人権

侵害も国際社会による非難と制裁のまっとうな対象になりうるのだ、という原則を打ち立てた。

1948年以来の人権の発展には、いくつかの画期的な出来事が含まれている。アムネスティ・インターナショナルの創設（1961年）、1966年に採択された2つの人権規約、1975年のヘルシンキ宣言、1970年代のジミー・カーター大統領による人権外交政策、1980年代半ばからのラテンアメリカ、ヨーロッパ諸国の民主化、そして1993年のウィーン会議である。1980年代後半の冷戦の終結は、矛盾した結果をもたらした。多くの共産主義社会が自由化した一方で、暴力的な民族主義に端を発した紛争が多くの社会で勃発した。20世紀の終わりまでには、人権の概念は「覇権的イデオロギー」になった。人権の法と制度はとてつもない発展を遂げ、多数の国で前進がみられた一方、世界にはまだ多くの政治問題が未解決であり、人権侵害につながっている。20世紀が終わるわずか6年前、ルワンダの50万人以上の国民がその政府によって、国家主導のジェノサイドによって殺された。人権のための戦いの勝利とはほど遠い状況であった。

今まさに人権の時代が到来したかにみえるかもしれないが、この仮説には用心して取り組まなくてはならない。国際政治の舞台において人権の概念は非常に強力なものであるという、あまりにも理想主義的な考えは受け入れるべきでない。己の利害が脅威にさらされるとき、国家は今でも内外からの人権圧力に対して反発するものである。一方で、人権の概念は国際政治の舞台において大した変化をもたらさない、という極端な現実主義的な考えも受け入れるべきでない。共産主義による人権の侵害に終わりがもたらされたのは西側が冷戦に勝利したからかもしれないが、人権の概念がこの戦いにおいてある種の役割を担っていたのは事実である。社会科学は、さまざまな考え方や本質的な利害といったことが、それぞれに人権の政治において担っている役割を明らかにするであろう。同時に、国際政治における事象の因果関係をはっきり見極めることは容易ではないし、人権の「力」について私たちが知らないことはまだたくさんある。

人権の概念があまりにも個人主義的で、また法律中心主義に偏ったものだとし、そのために人権侵害、とくに経済的及び社会的権利侵害の構造的な原因が無視されている、とする批評家もいる。しかしこれは、人権法に

基づいた人権運動の業績をあまりにも過小評価したものである。政治の力とグローバル経済の不均衡がもたらす人権侵害を強調するうえで、構造的なアプローチは有意義といえる。しかし、人権をより保護する構造を打ち立てにくいという点において、このアプローチの有用性は限定される。国家、国際機関、多国籍企業といったものが、国際政治における主なアクターである。NGOもますます重要な役割を担うようになってきているが、その資源と力は比較的小さい。国連は深刻な財源不足に悩まされている。国連の弱点は、限定的な犠牲の原則によって説明できる。人間的で慎み深い私たちは、誰もが人権を享受すべきだと言うであろう。しかし、人権を宣言するのは容易でも、その推進実行には高い費用がかかる。その費用は支払いたくない。我々は人権の理想とその現実との間のギャップに落胆するが、そのギャップを埋めることをしない自分たちの非を認めずに、経済構造や国連などの組織の無力さを責める。構造的アプローチの弱点は、変化の源を見つけ出すことができないという点にある。アクティビズムの利点は、自分が支持する構造について我々にも責任がある、ということを強調することにある。とはいえ、人権活動家たちは人権侵害の構造的な原因の究明に取りかかり始めたので、理想主義的アプローチと構造主義的アプローチは収束してゆくだろう。

　人権をその種類によって分けるということなどできない、という今日的な理論がある。それは、人間の基本的な物質的利益と政治的自由とは密接に関連しており切り離すことができない、というもので、人権概念の歴史もこの理論を支持している。歴史はまた、人権の概念が、社会の変化に対応して発展しながらも、人間の厚生のための根本条件を追求しているものである、ということを示している。ドネリーが提唱する社会構築主義による人権の理論は、人権の変化する性質を強調するものである（Donnelly 1985a: 87）。今のところの説明レベルにはがっかりせざるをえないが、社会科学はこういった変化を説明できるはずである。しかし、社会構築主義はこういった変化を評価するための指標を示さない。人権概念は歴史的に、人権への倫理的、分析的、そして説明的なアプローチの混乱をもたらしてきた。社会科学は倫理的アプローチに取って代わろうとしながらもできなかったという歴史がある。人権の倫理と社会科学とをどうやって調和させるのかが、

今後における主な課題である。

人権への反論

　人権の歴史は、その概念が物議をかもしやすいものであるということを教えてくれるだけでなく、なぜそうなのかについても、かなり正確に教えてくれる。18世紀後半、そして19世紀前半に「人間の権利」に対してなされた批判の主なものは、現在に至っても効果を持っている。バークは、その概念は民族特有の伝統を無視している、とした。ベンサムは、それが道徳的、法律的な概念が持ちうる社会的な側面を無視している、と説いた。マルクスは、それが社会構造のうちの搾取的で抑圧的な面を隠匿し、また正当化している、と訴えた。こうした議論は、今日に至るまでもなされている。人権の概念が成功することによって、そのことに満悦したり、独断主義を引き起こしたりする危険がある。人権の提唱者は「帝国主義的」であるとして人権の普遍性に対抗する相対主義者に反論するのに、ナチズムへの激しい反感に端を発した人権概念の原点を思い起こさせるとよいであろう。また、カンボジアやルワンダのジェノサイドの犠牲者のことを思い出すのもよい。人権の概念を、哲学的、そして実用的な批判の下にさらしてみるのは道理に適ったことであり、意味のあることである。人権の概念の現代における魅力と影響力を鑑みれば、この概念を評価吟味することに意味があるということがわかる。人権の言説は普遍的であるが、人権の実際の作用領域は限られたものだ。食糧を得る権利はあっても、実際には何百万もの人々が飢えに苦しんでいる。私は本書で、人権概念の倫理的な影響力と、また一方でこの概念の理論的、実質的な課題との両方を示そうと試みた。

人権法を超えて

　人権の将来について知ることはできないが、社会科学は、その行く道にある程度の明かりを照らしてくれる。たとえばリッセらは、人権の発展は、権利を侵害する国家に対する国外、国内の圧力によってもたらされたのだ、とする（Risse, Roppe and Sikkink 1999）。1993年のウィーン会議は、国

際社会の普遍的人権に向けた原則に対するコミットメントを強化した。ほとんどの政府は、正式には人権へのコミットメントを公式に表明し、人権NGOの数、そしてその効力は近年、大変大きくなってきている。自国の犯す人権侵害をまったく恥じない国家というのは20年前に比べてかなり稀になってきた。それでも、とくに女性、児童、先住民、少数者、移住労働者や難民といった脆弱な人々のグループに対する深刻な人権侵害は続いている。ここにおいて、法律の限界と社会科学の必要性は明らかである。世界経済と世界の気候が人権に及ぼしうる甚大な影響について、人権の研究者は気づき始めている。このことが、法律を超えて、最近まで人権レーダーには現われなかった専門的学問分野へと我々を導いてくれる。国際人権法がロックから受け継いだ「国家と個人」のひな形は、現代の、そして予想される未来における人権への脅威に立ち向かうべく、拡張されなくてはならない。

　社会主義者の資本主義に対する批判は、もっと公汎な「グローバリゼーション」への懸念に取って代わられた。第8章で、人権の概念がグローバリゼーションと複雑な関係を持っていることを検証したが、それは人権概念が、いくつかの強力なグローバル制度を批判している一方で、世界的な（グローバルな）有効性を主張しているからだ。ドネリーは、人権の発展を妨げるものとして国家主権の根強さを強調する（Donnelly 1998: 152-3）。これは真実であるが、少なくとも2つの重要な点において、真実のすべてではない。第1に、国家ばかりが人権侵害の担い手ではない。国家からは部分的に独立している多国籍企業や国際的な金融機関も、人権の侵害者となりうる。第2に、国家が行うことは人間が決めるのであり、国家主権と人権との関係は、過去に変化したように、将来的にも変化しうる。

　国家主権は人権の推進実行を妨げるが、その理由のひとつとして、人権を侵害することによって国の主導者が何らかの利益を得るということがある。もうひとつの理由として、一般の人々が他人の人権を守るために犠牲を担う意志をさほど持たない、ということがある。しかし、たとえ人権を守る意思を奮い起こしたとしても、実際に人権を守るのは決して容易でない。1994年、ルワンダでジェノサイドが起こったとき、国際社会は傍観した。これに対応して、「保護する責任」という原則が打ち立てられたが、これは、

国家の主権というのは人権を守るという義務を伴うものであり、国家がその責任を担わない場合は国際社会が介入する、ということを主張するものだった。1999年、NATOはコソヴォのアルバニア人への民族浄化を止めさせる目的でセルビアを爆撃し、介入した。これは国連安保理の承認がない行動で、明らかに非合法な行動だった。2001年の9.11後、アメリカはタリバンの支配を倒すためのアフガニスタンへの国際的介入を率いたし、2003年にはイラクへの侵略を率いた。これらの介入はすべて、人権侵害を犯した政体を一掃したが、罪のない民間人を殺害し、人権状況を変えても不確実な未来に向かわせることにもなった。国際社会はスーダンのダルフールでの大規模人権侵害に懸念を表明し、「ジェノサイド」と呼ぶ者さえいたが、不十分な人道援助と平和維持部隊をもって「介入した」のみだった。「保護する責任」の原則は、その人権が甚だしく侵害された何百万人もの人々を保護することをしなかった。人権の法的着想は、こういった政治的な複雑さを理解するには不十分なのだ。法的着想は、問題を突き止めるには便利であるが、解決法を見つけることにはほとんど用をなさない。

　学術界、そして政治の世界において、人権の大惨事が起こる前の「早期警戒」の必要性について多くが語られているが、これはまた別の問題を提議している。今我々は、早期警戒を促す人権大惨事の兆候については、かなりの社会科学的な知識を持っている。比較的小規模ながらもしつこく続く組織的な人権侵害というのは、しばしばずっと大規模な侵害の前兆になる。ナチスによるユダヤ人の虐殺の前には、何年かにわたる比較的低いレベルの人権侵害、たとえば雇用における差別といったものが先行していた。他国の政府やNGOからの人権状況に関する効果的な圧力、また巧みな紛争解決外交といったものは人権状況を改善もし、大惨事のリスクを軽減するかもしれないが、それでも、いつ介入するのかという難しい疑問が残される。問題は、「早期警戒」の概念は早期の介入を示唆するが、早期介入は多分にして、惨事の規模に対して不釣合い、あるいは逆効果ですらある。国際人権運動は、人権侵害が破局的なものになることを防ぐことに効果を発揮するかもしれないが、「早期警戒」の概念が介入に関するジレンマをすべて解決するかといえば、そうではない。

9　21世紀の人権　203

終わりに

　冷戦の終結以来、欧米の政策決定者は人権、民主主義と市場経済をひとまとめにして呈示してきた。市場と人権の関係はしかしながら、複雑で問題が多いうえ、正確に理解されているともいえない。民主主義と人権の関係もまた問題が多い。民主主義が独裁政治よりも概して人権を尊重するものであるというのは事実だが、民主主義も人権を侵害しうる。また、人権を擁護するうえでは民主主義に制限を加えることが必要なことがあるかもしれない。実際、欧米の大国は「民主主義」を自由で公正な選挙を意味するものとする。もちろんそれは願わしいものだが、人権を擁護するうえで十分な条件だといえないばかりか、人権状況の衰退を伴ったり、またその悪化の原因にさえなったりする。最近の多くの例をみれば、選挙によって選ばれた政府が市場をもとにした経済政策を推進し、それが社会の最も脆弱な立場にある人々（とくに女性と子ども）の経済的及び社会的権利の状況を悪化させたばかりでなく、市民的及び政治的権利の制限につながるような混乱を引き起こした。私たちはまた、民主主義と民主化の違いも区別しなくてはならない。後者は、政治的な変化の過程であり、さまざまな理由から人権とは難しい関係を持っている。独裁主義から民主主義への移行は、強要された秩序から統制された紛争への変化であるかもしれない。民主的な政治の伝統がほとんど、あるいはまったくないうえに、経済的困窮や人種的な不和のあるような国は、民主主義によって抑止力が崩れ、武力紛争につながることもある。その結果、ルワンダやユーゴスラヴィアのような破滅的人権侵害につながることもある。このどちらの国においても、民主化の過程は後に続く人権の悲劇につながった。

　21世紀が始まったとき、人権の未来についてはまったく未知の状態だった。多大な前進がみられたのは1945年以来で、「基準設定」（国際、国内法）や「機関設立」（人権理事会、委員会、裁判所等）だけでなく、多くの国々で大勢の人々に自由と厚生がもたらされた。しかし、市民的及び政治的権利が踏みにじられている国は未だにたくさんある。経済的及び社会的権利の認識普及は遅く、ほとんど口先だけのものにとどまっているといえる。さらに悪いことに、新自由主義の経済政策が、もともとこの権利を最低限し

か享受できていなかった世界の何百万人もの人々の経済的及び社会的権利保護を制限してしまっている。一方で、自由主義経済は最も弱い立場にある人々のための「セーフティネット」を伴うべきである、という認識はある程度されている（これも実質というよりも口先ばかりであるが）。

　人権の研究者たちは、国連の理事会や委員会に過度に注目しすぎている。これらは大切ではあるが、これらだけが世界の人権に影響を与える大切な機関でないことは明らかであり、最も大切な組織であるともいえない。人権の概念は権力の濫用について案じるものである。人権の社会科学的な研究は、権力の中枢とそれへの抵抗の源となりうるものを優先的に扱うべきである。これはつまり、人権研究はもっとG8やG20、国際的な金融機関、WTOやアメリカの外交政策といったことに目を向けるべき、ということである。人権研究は、政治経済、開発経済、紛争研究や民主化過程における政治といったことと統合してなされるべきである。人権の政治理論はロックの時代から、人権を保護するうえで重要なこととして法の支配を中心に据えてきた。これは正しい。でも、人権の理論も実践も、ともにあまりにも法律中心、法律至上主義的であることに悩まされてきた。アマルティア・センが実践するような経済学や、マーサ・ヌスバウムが発展させたような応用倫理学のほうが、人権の文書に関する洗練された法的分析よりももっと、人権の学問の発展に貢献するだろう（Nussbaum and Sen 1993）。

　ドネリーは、人権追求への闘争の勝敗は国内レベルでなされると言った（Donnelly 1994:117）。しかし、これは真実の一部分にすぎない。グローバリゼーションにもかかわらず、民族国家が未だに重要な権力領域であることは確かである。また、多くの人々にとって人権に影響を及ぼす唯一の重要な権力は、彼らの属する国家、とくにその司法当局と法執行機関であることも確かである。一方、他の多くの人々にとって、グローバル経済とグローバル政治の構造やその成り行きのほうが、もっと重要だということも事実なのである。世の中の多くの国家よりも財政的に豊かで、かつ影響力もある私企業がたくさんあるということを、私たちは思い返すべきである。リッセなどが正しく指摘したように、国家とNGOの、そして国内アクターと国際アクターの、複雑でありながら繊細に判断された混合こそが、今後の人権に関して最もよい希望を与えてくれる。我々は人権NGOが近年、とり

わけ貧困国においてその数を大いに増したのをみてきた。国際NGO、国内NGO、そして草の根レベルで地域に根ざしたNGO、これらの間で重要な相違点が現われてきている。これらのさまざまな種類のNGO、とくに経済的に豊かな北側のNGOと貧しい南側のNGOとの間の緊張関係に、観察者は気づき始めている。私は、こういった緊張が健全なものであることを示唆してきたが、それはその緊張が人権運動の民主化を引き起こしているからである。それはつまり、国連の外交官や人権弁護士の論議や実践と、世界の一般の人々との溝を埋めるということだ。そしてまさにそういった一般の人々の尊厳、自由、そして厚生を保護する目的で、世界人権宣言は採択されたのである。こういった人権の局面を理解するうえで、人類学が特別に貢献できることがある。それは、人権の概念と、現実に直面している生身の人間を文化的に理解することとを結びつけるからである。加えて、ある種の応用人権人類学が、公式、非公式教育のさまざまな人権教育プロジェクトによって、世界中で実践されている（Andreopoulous and Claude 1997; Mihr and Schmitz 2007）。相当な遅れをとったが、社会科学はようやく人権を真剣に考え始めた。この展開を歓迎しながら、人権運動家の側も社会科学を真剣に考えるようになるということを、我々は期待しようではないか。

参考文献

Aaronson, S. A. 2007: Seeping in slowly; how human rights concerns are penetrating the WTO. *World Trade Review*, 6 (3), 413–49.

Abouharb, M. R. and Cingranelli, D. 2007: *Human Rights and Structural Adjustment*. New York, NY: Cambridge University Press.

Adaptation Fund 2010: *Financial Status of the Adaptation Fund, Trust Fund and the Administrative Trust Fund (as at 30 April 2010) prepared by the World Bank as Trustee for the Adaptation Fund*. Adaptation Fund Board Ethics and Finance Committee, First Meeting, Bonn, 14 June, Agenda item 11 a), AFB/EFC.1/5, 20 May.

Alston, P. 1992: The Commission on Human Rights. In P. Alston (ed.), *The United Nations and Human Rights: a critical appraisal*. Oxford: Clarendon Press, 126–210.

Alston, P. 1994: The UN's human rights record: from San Francisco to Vienna and beyond. *Human Rights Quarterly*, 16 (2), 375–90.

Alston, P. and Crawford, J. (eds.) 2000: *The Future of UN Human Rights Treaty Monitoring*. Cambridge: Cambridge University Press.

American Anthropological Association Executive Board 1947: Statement on human rights submitted to the Commission on Human Rights, United Nations. *American Anthropologist*, New Series, 49 (4), 539–43.

Amnesty International 1993: *Getting Away With Murder: political killings and disappearances' in the 1990s*. London: Amnesty International Publications.

Amnesty International 2001: *Crimes of Hate, Conspiracy of Silence: torture and ill-treatment based on sexual identity*, http://web.amnesty.org/library/pdf/ACT400162001ENGLISH/$File/ACT4001601.pdf.

Andersson, H. 2010: Afghans 'abused at secret prison' at Bagram air base. BBC News Channel, 15 April, http://news.bbc.co.uk/1/hi/world/south_asia/8621973.stm.

Andreopoulos, G. J. and Claude, R. P. (eds.) 1997: *Human Rights Education for the Twenty-First Century*. Philadelphia, PA: University of Pennsylvania Press.

An-Na'im, A. A. 1992: Toward a cross-cultural approach to defining international standards of human rights: the meaning of cruel, inhuman, or degrading treatment or punishment. In A. A. An-Na'im (ed.), *Human Rights in Cross-Cultural Perspectives: a quest for consensus*. Philadelphia, PA: University of Pennsylvania Press, 19–43.

Ashcraft, R. 1986: *Revolutionary Politics and Locke's Two Treatises of Government*. Princeton, NJ: Princeton University Press.

Ashford, E. 2006: The inadequacy of our traditional conception of the duties imposed by human rights. *Canadian Journal of Law and Jurisprudence*, 19 (2), 217–35.

Avalon Project at Yale Law School, *Documents in Law, History and Diplomacy*, The Atlantic Charter, 14 August 1941, http://www.yale.edu/lawweb/avalon/wwii/atlantic.htm.

Baderin, M. A. 2007: Islam and the realization of human rights in the Muslim world: a reflection on two essential approaches and two divergent perspectives. *The Muslim World Journal of Human Rights*, 4 (1), 1–25, http://www.bepress.com/mwihr/vol4/iss1/art6.

Baehr P. R. 1999: *Human Rights: universality in practice*. Basingstoke: Macmillan.

Baer, P. 2006: Adaptation: Who pays whom? In W. N. Adger, J. Paavola, S. Huq and M. J. Mace (eds.), *Fairness in Adaptation to Climate Change*. Cambridge, MA: MIT Press, 131–53.

Bailyn, B. 1992: *The Ideological Origins of the American Revolution*. Cambridge, MA: Harvard University Press, enlarged edition.

Baker, K. M. 1994: The idea of a declaration of rights. In D. Van Kley (ed.), *The French Idea of Freedom: the Old Regime and the Declaration of Rights of 1789*. Stanford, CA: Stanford University

Press, 154–96.

Baker, R. and Joly, E. 2009: Illicit money: can it be stopped? *New York Review of Books*, LVI (19), 3–16 December, 61–4.

Barnett, C. R. 1988: Is there a scientific basis in anthropology for the ethics of human rights? In T. E. Downing and G. (eds.), *Human Rights and Anthropology*. Cambridge, MA: Cultural Survival, 21–6.

Barnett, H. G. 1948: On science and human rights. *American Anthropologist*, New Series, 50 (2), 352–5.

Barratt, B. 2004: Aiding or abetting: British foreign aid decisions and recipient country human rights. In S. C. Carey and S. C. Poe (eds.), *Understanding Human Rights Violations: New Systematic Studies*. Aldershot: Ashgate, 43–62.

Barria, L. A. and Roper, S. D. 2005: How effective are international criminal tribunals? An analysis of the ICTY and the ICTR. *International Journal of Human Rights*, 9 (3), 349-68.

Barry, B. M. 2001: *Culture and Equality: an egalitarian critique of multiculturalism*. Cambridge: Polity Press.

Becker, C. 1966: *The Declaration of Independence: a study in the history of political ideas*. New York, NY: Alfred A. Knopf.

Bellah, R. N. 1983: The ethical aims of social inquiry. In N. Haan, R. N. Bellah, P. Rabinow and W. M. Sullivan (eds.), *Social Science as Moral Inquiry*. New York, NY: Columbia University Press, 360–81.

Benedek, W. 2007: The World Trade Organization and human rights. In W. Benedek, K. De Feyter and F. Marrella (eds.), *Economic Globalisation and Human Rights*. Cambridge: Cambridge University Press, 137–69.

Beran, H. 1984: A liberal theory of secession. *Political Studies*, 32 (1), 21–31.

Beran, H. 1988: More theory of secession: a response to Birch. *Political Studies*, 36 (2), 316–23.

Besley, T. and Burgess, R. 2003: Halving global poverty. *Journal of Economic Perspectives*, 17 (3), 3–22.

Binion, G. 1995: Human rights: a feminist perspective. *Human Rights Quarterly*, 17 (3), 509–26.

Birch, A. H. 1984: Another liberal theory of secession. *Political Studies*, 32 (4), 596–602.

Blasi, G. J. and Cingranelli, D. L. 1996: Do constitutions and institutions help protect human rights? In D. L. Cingranelli (ed.), *Human Rights and Developing Countries*. Greenwich, CT: JAI. Press, vol. 4, 223–37.

Bleisch, B. 2009: Complicity in harmful action: contributing to world poverty and duties of care. In E. Mack, M. Schramm, S. Klasen and T. Pogge (eds.), *Absolute Poverty and Global Justice: empirical data – moral theories – initiatives*. Farnham: Ashgate, 157–66.

Bob, C. 2002: Merchants of morality. *Foreign Policy*, March/April, 36–45.

Boisson de Chazournes, L. 2007: The Bretton Woods institutions and human rights: converging tendencies. In W. Benedek, K. De Feyter and F. Marrella (eds.), *Economic Globalisation and Human Rights*. Cambridge: Cambridge University Press, 210–42.

Breay, C. 2002: *Magna Carta: manuscripts and myths*. London: The British Library.

Breen, C. 2005: Rationalising the work of UN human rights bodies or reducing the input of NGOs? The changing role of human rights NGOs at the United Nations. *Non-State Actors and International Law*, 5 (2), 101–26.

Brett, A. S. 2003: *Liberty, Right and Nature*. Cambridge: Cambridge University Press.

Brett, R. 1995: The role and limits of human rights NGOs at the United Nations. *Political Studies*, 43, special issue "Politics and Human Rights", 96–110.

Brown, G. W. 2006: Kantian cosmopolitan law and the idea of a cosmopolitan constitution. *History of Political Thought*, 27 (4), 661–84.

Brysk, A. 2000: *From Tribal Village to Global Village: Indian rights and international relations in Latin*

America. Stanford, CA: Stanford University Press.

Buchanan, A. 2004: *Justice, Legitimacy, and Self-determination: moral foundations for international law*. Oxford: Oxford University Press.

Bueno De Mesquita, B., Downs, G. W., Smith, A. and Cherif, F. M. 2005: Thinking inside the box: a closer look at democracy and human rights. *International Studies Quarterly*, 49 (3), 439–57.

Burgerman, S. D. 1998: Mobilising principles; the role of transnational activists in promoting human rights principles. *Human Rights Quarterly*, 20 (4), 905–23.

Campbell, D. and Norton-Taylor, R. 2008: US accused of holding terror suspects on prison ships. *Guardian*, 2 June, 1, 9.

Caney, S. 1992: Liberalism and communitarianism: a misconceived debate. *Political Studies*, 40 (2), 273–89.

Caney, S. 2006: Cosmopolitan justice, rights and global climate change. *Canadian Journal of Law and Jurisprudence*, 19 (2), 255–78.

Cardenas, S. 2009. Mainstreaming human rights: publishing trend in political science. *PS: Political Science & Politics*, 42, 161–6.

Carey, S. C. and Poe, S. C. 2004: Human rights research and the quest for human dignity. In S. C. Carey and S. C. Poe (eds.), *Understanding Human Rights Violations: new systematic studies*. Aldershot: Ashgate, 3–15.

Carozza, P. G. 2003: From conquest to constitutions: retrieving a Latin American tradition of the idea of human rights. *Human Rights Quarterly*, 25 (2): 281–313.

Carr, E. H. 1949: The Rights of Man. In UNESCO (ed.), *Human Rights: comments and interpretations*. Westport, CT. Greenwood Press, 19–23.

Cassese, A. 1992: The General Assembly: historical perspective 1945–1989. In P. Alston (ed.), *The United Nations and Human Rights: a critical appraisal*. Oxford: Clarendon Press, 25–54.

Cassese A. 1995: *Self-determination of Peoples: a legal reappraisal*. New York: Cambridge University Press.

Chan, J. 1999: A Confucian perspective on human rights for contemporary China. In J. A. Bauer and D. A. Bell (eds.), *The East Asian Challenge for Human Rights*. Cambridge: Cambridge University Press, 212–37.

Chaplin, J. 1993: How much cultural and religious pluralism can liberalism tolerate? In J. Horton (ed.), *Multiculturalism and Toleration*. Basingstoke: Macmillan, 39–46.

Charnovitz, S. 1996–7. Two centuries of participation: NGOs and international governance. *Michigan Journal of International Law*, 18, 183–286.

Chase, A. 2006: The tail and the dog: constructing Islam and human rights in political context. In A. Chase and A. Hamzawy (eds.), *Human Rights in the Arab World*. Philadelphia, PA: University of Pennsylvania Press, 21–36.

Chase, A. 2007: The transnational Muslim world, the foundations and origins of human rights, and their ongoing intersections. *The Muslim World Journal of Human Rights*, 4 (1), 1-14.

Cingranelli, D. L. and Richards, D. L. 1999: Respect for human rights after the end of the Cold War. *Journal of Peace Research*, 36 (5), 511–34.

Clark, D. A. 2005: The capability approach: its development, critiques and recent advances. ESRC Global Policy Research Group Working Paper No. 32. Oxford: Economic and Social Research Council, Global Policy Research Group.

Claude, R. P. 1976: The classical model of human rights development. In R. P. Claude (ed.), *Comparative Human Rights*. Baltimore, MD: Johns Hopkins University Press, 6–50.

Claude, R. P. 2002a: *Science in the Service of Human Rights*. Philadelphia: University of Pennsylvania Press.

Claude, R. P. 2002b: Personal communication.

Clemens, M. A. and Moss, T. J. 2005. Ghost of 0.7%: origins and relevance of the international aid target. Center for Global Development, Working Paper Number 68, September.

Clemens, M. A., Kenny, C. J. and Moss, T. J. 2004: The trouble with the MDGs: confronting expectations of aid and development success. *Working Paper for the Center for Global Development*. Washington, DC.

Cole, D. and Lobel, J. 2007: *Less Safe, Less Free: why we are losing the War on Terror*. New York, NY: New Press.

Coleman, J. 1993: Medieval discussions of human rights, in W. Schmale (ed.), *Human Rights and Cultural Diversity*. Goldbach Germany; Keip Publishing, 103–20.

Collier, P. 2007: *The Bottom Billion: why the poorest countries are and what can be done about it*. Oxford: Oxford University press.

Compa, L. and Hinchliffe-Darricarrère, T. 1995: Enforcing international rights through corporate codes of conduct. *Columbia Journal of Transnational Law*, 33, 663–89.

Cottier, T., Pauwelyn, J. and Bürgi, E. 2005: Introduction: linking trade - regulation and human rights in international law: an overview. In Cottier, J. Pauwelyn and E. B. Bonanomi (eds.), *Human Rights and International Trade*. Oxford: Oxford University Press, 1–26.

Cranston, M. 1973: *What are Human Rights?* London: The Bodley Head.

Dagger, R. 1989: Rights. In T. Ball, J. Farr and R. L. Hanson (eds.), *Political Innovation and Conceptual Change*. Cambridge: Cambridge University Press, 292–308.

Dahl, R. 1989: *Democracy and its Critics*. New Haven, CT: Yale University Press.

Darrow M. 2003: *Between Light and Shadow: the World Bank, the International Monetary Fund and international human rights law*. Oxford: Hart.

Davenport, C. 2007: *State Repression and the Domestic Democratic Peace*. Cambridge: Cambridge University Press.

Davenport, C. and Armstrong, D. A. II 2004: Democracy and the violation of human rights: a statistical analysis from 1976 to 1996. *American Journal of Political Science*, 48 (3), 538–54.

Desai, M. 1999: From Vienna to Beijing: women's human rights activism and the human rights community. In P. Van Ness (ed.) *Debating Human Rights: critical essays from the United States and Asia*. London: Routledge, 184–96.

De Waal, A. 2008: Why Darfur intervention is a mistake. http://news.bbc.co.uk/1/hi/world/africa/7411084.stm, 21 May.

Dickinson, H. T. 1977: *Political Ideology in Eighteenth-Century Britain*. London: Methuen.

Dine, J. and Fagan A. (eds.) 2006: *Human Rights and Capitalism: a multidisciplinary perspective on globalisation*. Cheltenham: Edward Elgar.

Donnelly, J. 1982: Human rights as natural rights. *Human Rights Quarterly*, 4 (3), 391–405.

Donnelly, J. 1985a: *The Concept of Human Rights*. London: Croom Helm.

Donnelly, J. 1985b. In search of the unicorn: the jurisprudence and politics of the right to development. *California Western International Law Journal*, 15 (3), 473–509.

Donnelly, J. 1989: *Universal Human Rights in Theory and Practice*. Ithaca, NY: Cornell University Press.

Donnelly, J. 1993: Third generation rights. In C. Brölmann, R. Lefeber and M. Zieck (eds.), *Peoples and Minorities in International Law*. Dordrecht: Martinus Nijhoff, 119-50.

Donnelly, J. 1994: Post-Cold War reflections on the study of international human rights. *Ethics and International Affairs*, 8, 97–117.

Donnelly, J. 1998: *International Human Rights*. Boulder, CO: Westview Press, second edition.

Donnelly, J. 1999: The social construction of international human rights. In T. Dunne and N. J. Wheeler (eds.), *Human Rights in Global Politics*. Cambridge: Cambridge University Press, 71–102.

Donnelly, J. 2003: *Universal Human Rights in Theory and Practice*. Ithaca, NY: Cornell University Press, second edition.

Donnelly, J. 2007a: *International Human Rights*. Boulder, CO: Westview Press, third edition.

Donnelly, J. 2007b. The West and economic rights. In S. Hertel and L. Minkler (eds.), *Economic Rights: conceptual, measurement, and policy issues*. New York: Cambridge University Press, 37–55.

Doughty, P. L. 1988: Crossroads for anthropology: human rights in Latin America. In T. E. Downing and G. Kushner (eds.), *Human Rights and Anthropology*. Cambridge, MA: Cultural Survival, 43–71.

Downing, T. E. 1988: Human rights research: the challenge for anthropologists. In T. E. Downing and G. Kushner (eds.), *Human Rights and Anthropology*. Cambridge, MA: Cultural Survival, 9–19.

Downing, T. E. and Kushner, G. 1988: Introduction. In T. E. Downing and G. Kushner (eds.), *Human Rights and Anthropology*. Cambridge, MA: Cultural Survival, 1–8.

Dworkin, R. 1978: *Taking Rights Seriously*. London: Duckworth, second, corrected impression.

Dworkin, R. 1996; *Freedom's Law: the moral reading of the American Constitution*. Cambridge, MA: Harvard University Press.

Easterly, W. R. 2007: *The White Man's Burden: why the West's efforts to aid the Rest have done so much ill and so little good*. Oxford: Oxford University Press.

Eide, A. 1992: The Sub-commission on Prevention of Discrimination and Protection of Minorities. In P. Alston (ed.), *The United Nations and Human Rights: a critical appraisal*. Oxford: Clarendon Press, 211–64.

Ellis, E. 2005: *Kant's Politics: provisional theory for an uncertain world*. New Haven: Yale University Press.

Evans, M. D. 2006: International law and human rights in a pre-emptive era. In M. Buckley and R. Singh (eds.), *The Bush Doctrine and the War on Terrorism: global responses, global consequences*. London: Routledge, 189–99.

Falk, R. 1992: Cultural foundations for the international protection of human rights. In A. A. An-Na'im (ed.), *Human Rights in Cross-Cultural Perspectives: a quest for consensus*. Philadelphia PA: University of Pennsylvania Press, 44–64.

Fein, H. 1995: More murder in the middle: life-integrity violations and democracy in the world, 1987. *Human Rights Quarterly*, 17 (1), 170–91.

Fellmeth, A. X. 2000: Feminism and international law: theory, methodology, and substantive reform. *Human Rights Quarterly*, 22 (3), 658–733.

Finnis, J. 1980: *Natural Law and Natural Rights*. Oxford: Clarendon Press.

Flint, J. and de Waal, A. 2008: This prosecution will endanger the people we wish to defend in Sudan. *Observer*, 13 July, 41.

Foot, R. 2005: Human rights and counterterrorism in global governance: reputation and resistance. *Global Governance*, 11 (3), 291–310.

Forsythe, D. P. 1983: *Human Rights and World Politics*. Lincoln, NE: University of Nebraska Press.

Forsythe, D. P. 1989: *Human Rights and World Politics*. Lincoln NE: University of Nebraska Press, second edition.

Forsythe, D. P. 1995: The UN and human rights at fifty: an incremental but incomplete revolution. *Global Governance*, 1, 297–318.

Forsythe, D. P. 2000: *Human Rights in International Relations*. Cambridge: Cambridge University Press.

Forsythe, D. P. 2006: *Human Rights in International Relations*. Cambridge: Cambridge University Press, second edition.

Fottrell, D. 2000: One step forward or two steps sideways? Assessing the first decade of the United Nations Convention on the Rights of the Child. In D. Fottrell (ed.), *Revisiting Children's Rights: 10 years of the UN Convention on the Rights of the Child*. The Hague: Kluwer Law International.

Foweraker, J. and Landman, T. 1997: *Citizenship Rights and Social Movements: a comparative and statistical analysis.* Oxford: Oxford University Press.

Fox, J. 2002: Transnational civil society campaigns and the World Bank Inspection Panel. In A. Brysk (ed.), *Globalisation and Human Rights.* Berkeley, CA: University of California Press, 171–200.

Franklin D. Roosevelt Presidential Library and Museum, Annual Message to Congress, 6 January 1941, 'The "Four Freedoms" speech', http://www.fdrlibrary.marist.edu/4free.html.

Freeman, M. A. 1980: *Edmund Burke and the Critique of Political Radicalism.* Oxford: Basil Blackwell.

Freeman, M. D. A. 1997: *The Moral Status of Children: essays on the rights of the child.* The Hague: Martinus Nijhoff.

Frey, B. A. 1997: The legal and ethical responsibilities of transnational corporations in the protection of international human rights. *Minnesota Journal of Global Trade,* 6, 153–88.

Fukuda-Parr, S. 2007: International obligations for economic and social rights: the case of the Millennium Development Goal Eight. In S. Hertel and L. Minkler (eds.), *Economic Rights: conceptual, measurement, and policy issues.* New York: Cambridge University Press, 284–309.

Futamura, M. 2008: *War Crimes Tribunals and Transitional Justice: The Tokyo Trial and the Nuremberg Legacy.* London: Routledge.

Gaer, F. D. 2001: Mainstreaming a concern for the human rights of women. In M. Agosín (ed.), *Women, Gender and Human Rights: a global perspective.* New Brunswick, NJ: Rutgers University Press, 98–122.

Gandhi, M. 1949: A letter addressed to the Director-General of UNESCO. In UNESCO (ed.), *Human Rights: comments and interpretations.* Westport, CT: Greenwood Press, 18.

Gardiner, S. M. 2004: Ethics and global climate change. *Ethics,* 114, 555–600.

Gewirth, A. 1981: The basis and content of human rights. In J. R. Pennock and J. W. Chapman (eds.), *Human Rights.* New York, NY: New York University Press, 121–47.

Gewirth, A. 1982: *Human Rights: essays on justification and applications.* Chicago, IL: University of Chicago Press.

Gewirth, A. 1996: *The Community of Rights.* Chicago, IL: University of Chicago Press.

Gilbert, J. 2007: Nomadic territories: a human rights approach to nomadic peoples' land rights. *Human Rights Law Review,* 7 (4), 681–716.

Glover, J. 1999: *Humanity: a moral history of the twentieth century.* London: Jonathan Cape.

Goodale, M. 2006a: Introduction to 'Anthropology and Human Rights in a New Key'. *American Anthropologist,* 108 (1), 1–8.

Goodale, M. 2006b: Ethical theory as social practice. *American Anthropologist,* 108 (1), 25–37.

Goodman, R. and Jinks, D. 2003: Measuring the effects of human rights treaties. *European Journal of International Law,* 14 (1), 171–83.

Gordon, N. 2008: Human rights, social space and power: why do some NGOs exert more influence than others? *International Journal of Human Rights,* 12 (1), 23–39.

Griffin, J. 2008: *On Human Rights.* Oxford: Oxford University Press.

Gurr, T. R. 1986: The political origins of state violence and terror: a theoretical analysis. In M. Stohl and G. A. Lopez (eds.), *Government Violence and Repression: an agenda for research.* New York, NY: Greenwood Press, 45–71.

Hafner-Burton, E. 2005: Right or robust? The sensitive nature of government repression in an era of globalization. *Journal of Peace Research,* 42 (6), 679–98.

Hafner-Burton, E. M. 2009: *Forced to be Good: why trade agreements boost human rights.* Ithaca, NY: Cornell University Press.

Hafner-Burton, E. M. and Tsutsui, K. 2007: Justice lost! The failure of international law to matter where needed most. *Journal of Peace Research,* 44 (4), 407–25.

Hannum, H. 1990: *Autonomy, Sovereignty and Self-determination: the accommodation of conflicting rights*. Philadelphia, PA: University of Pennsylvania Press.

Hathaway, O. A. 2002: Do human rights treaties make a difference? *Yale Law Journal*, 111, 1935–2042.

Hawkins, D. G. 2002: *International Human Rights and Authoritarian Rule in Chile*. Lincoln, NE: University of Nebraska Press.

Hayner, P. B. 2002: *Unspeakable Truths: facing the challenge of truth commissions*. New York, NY: Routledge.

Hayward, T. 2007: Human rights versus emissions rights: climate justice and the equitable distribution of ecological space. *Ethics & International Affairs*, 21 (4), 431–50.

Healy, P. 2006: Human rights and intercultural relations: a hermeneutico-dialogical approach. *Philosophy and Social Criticism*, 32 (4), 513–41.

Henderson, C. W. 1991: Conditions affecting the use of political repression. *Journal of Conflict Resolution*, 35 (1), 120–42.

Hirschman, A. O.1983: Morality and the social sciences: a durable tension. In N. Haan, R. N. Bellah, P. Rabinow and W. M. Sullivan (eds.), *Social Science as Moral Inquiry*. New York, NY: Columbia University Press, 21–32.

Holt, J. C. 1965: *Magna Carta*. Cambridge: Cambridge University Press.

Howard, R. E. 1986: *Human Rights in Commonwealth Africa*. Totawa, NJ: Rowman and Littlefield.

Howard-Hassmann, R. E. 2010: *Can Globalization Promote Human Rights?* Philadelphia, PA: Pennsylvania State University Press.

Hunt, P. 2004: *Report of the Special Rapporteur on the Right to Health*. United Nations Commission on Human Rights, 16 February, E/CN.4/2004/49.

Hunter, I. 2001: *Rival Enlightenments: civil and metaphysical philosophy in early modern Germany*. Cambridge: Cambridge University Press.

International Council on Human Rights Policy 2000: *Performance and Legitimacy: national human rights institutions*. Versoix, Switzerland: International Council on Human Rights Policy.

International Council on Human Rights Policy 2008: *Climate Change and Human Rights: a rough guide*. Versoix, Switzerland: International Council on Human Rights Policy.

International Service for Human Rights 2010: The Democratic People's Republic of Korea accepts none of UPR's 167 recommendations, 22 March.

Jacobson, R. 1992: The Committee on the Elimination of Discrimination against Women. In P. Alston (ed.), *The United Nations and Human Rights: a critical appraisal*. Oxford: Clarendon Press, 444–72.

Joachim, J. 2003: Framing issues and seizing opportunities: the UN, NGOs, and women's rights. *International Studies Quarterly*, 47 (2), 247–74.

Johnson, D. 1992: Cultural and regional pluralism in the drafting of the UN Convention on the Rights of the Child. In M. Freeman and P. Veerman (eds.), *The Ideologies of Children's Rights*. Dordrecht: Martinus Nijhoff, 95–114.

Jones, P. 1994: *Rights*. Basingstoke: Macmillan.

Keal, P. 2003: *European Conquest and the Rights of Indigenous Peoples: the moral backwardness of international society*, Cambridge: Cambridge University Press.

Keck, M. E. and Sikkink, K. 1998: *Activists Beyond Borders: advocacy networks in international politics*, Ithaca, NY: Cornell University Press.

Keith L. C. 1999: The United Nations International Covenant on Civil and Political Rights: does it make a difference in human rights behaviour? *Journal of Peace Research*, 36, 95–118.

Keith, L. C. 2002: Constitutional provisions for individual human rights (1977–1996): are they more than mere 'window dressing'? *Political Research Quarterly*, 55 (1), 111–43.

Khan, I. 2009: *The Unheard Truth: poverty and human rights*. New York, NY: W. W. Norton.

King, M. 2004: Children's rights as communication: reflections on autopoietic theory and the United

Nations Convention. In M. D. A. Freeman (ed.), *Children's Rights*. Aldershot: Dartmouth, 311–27.

Korey, W. 1998: *NGOs and the Universal Declaration of Human Rights: 'a curious grapevine'*. Basingstoke: Macmillan.

Kristof, N. D. 2006: Genocide in slow motion. *New York Review of Books*, 53 (2), 9 February, http://www.nybooks.com/articles/archives/2006/feb/09/genocide-in-slow-motion.

Kuper, J. 2000: Children and armed conflict: some issues of law and policy. In D. Fottrell (ed.), *Revisiting Children's Rights: 10 years of the UN Convention on the Rights of the Child*. The Hague: Kluwer Law International, 101–13.

Kymlicka, W. 1989: *Liberalism, Community and Culture*. Oxford: Clarendon Press.

Kymlicka, W. 1995: *Multicultural Citizenship: a liberal theory of group rights*. Oxford: Clarendon Press.

Kymlicka, W. 2001: Human rights and ethnocultural justice. In W. Kymlicka, *Politics in the Vernacular: nationalism, multiculturalism and citizenship*. Oxford: Oxford University Press, 69–90.

Kymlicka, W. 2007: *Multicultural Odysseys: navigating the new international politics of diversity*. Oxford: Oxford University Press.

Landman, T. 2002: Comparative politics and human rights. *Human Rights Quarterly*, 24 (4), 890–923.

Landman, T. 2005a: *Protecting Human Rights: a comparative study*. Washington, DC: Georgetown University Press.

Landman, T. 2005b: Review article: the political science of human rights. *British Journal of Political Science*, 35 (3), 549–72.

Landman, T. 2006: *Studying Human Rights*. London: Routledge.

Langford, M. 2008: The justiciability of social rights: from practice to theory. In M. Langford (ed.), *Social Rights Jurisprudence: emerging trends in international and comparative law*. Cambridge: Cambridge University Press, 3–45.

Lauren, P. G. 2007: 'To preserve and build on its achievements and to redress its shortcomings': the journey from the Commission on Human Rights to the Human Rights Council. *Human Rights Quarterly*, 29 (2), 307-45.

Leary, V. A. 1992: Lessons from the experience of the International Labour Organization. In P. Alston (ed.), *The United Nations and Human Rights: a critical appraisal*. Oxford: Clarendon Press, 580–619.

LeBor, A. 2006: *'Complicity with Evil': the United Nations in the age of modern genocide*. New Haven, CT: Yale University Press.

Leite, S. P. 2001: Human rights and the IMF. Finance and Development, 38 (4), http://www.imf.org/external/pubs/ft/fandd/2001/12/leite.htm.

Locke, J. [1689] 1970: *Two Treatises of Government*. Cambridge: Cambridge University Press.

McBeth, A. 2006: Breaching the vacuum: a consideration of the role of international human rights law in the operations of international financial institutions. *International Journal of Human Rights*, 10 (4), 385–404.

Macdonald, M. 1963: Natural rights. In P. Laslett (ed.), *Philosophy, Politics and Society*. Oxford: Basil Blackwell, 35–55.

McDonnell, T. M. 1999: Introduction. In *Human Rights and Nonstate Actors. Pace International Law Review*, 11 (1), 205–7.

Mace, M. J. 2006: Adaptation under the UN Framework Convention on Climate Change: the international legal framework. In W. N. Adger, J. Paavola, S. Huq and M. J. Mace (eds.), *Fairness in Adaptation to Climate Change*. Cambridge, MA: MIT Press, 53–76.

McGrade, A. S. 1974: *The Political Thought of William of Ockham: personal and institutional principles*.

Cambridge: Cambridge University Press.

MacIntyre, A. 1981: *After Virtue*. Notre Dame, IN: University of Notre Dame Press.

McNally, D. 1989: Locke, Levellers and liberty: property and democracy in the thought of the first Whigs. *History of Political Thought*, 10 (1), 17–40.

Macpherson, C. B. 1962: *The Political Theory of Possessive Individualism*. Oxford: Clarendon Press.

Margalit, A. and Raz, J. 1990: National self-determination. *Journal of Philosophy*, 87 (9), 439–61.

Maritain, J. 1949: Introduction. In UNESCO (ed.), *Human Rights: comments and interpretations*. Westport, CT: Greenwood Press, 9–17.

Mayer, A. E. 2007: *Islam and Human Rights: tradition and politics*. Boulder, CO: Westview Press, fourth edition.

Méndez, J. E. 1997: Accountability for past abuses. *Human Rights Quarterly*, 19 (2), 255-82.

Merry, S. E. 2006: *Human Rights and Gender Violence: translating international law into local justice*. Chicago, IL: University of Chicago Press.

Mertus, J. 2005: *The United Nations and Human Rights*. London: Routledge.

Messer, E. 1993: Anthropology and human rights. *Annual Review of Anthropology*, 22, 221–49.

Meyer, W. H. 1996: Human rights and MNCs: theory versus quantitative analysis. *Human Rights Quarterly*, 18 (2), 368–97.

Mihr, A. and Schmitz, H. P. 2007: Human rights education (HRE) and transnational activism. *Human Rights Quarterly*, 29 (4), 973–93.

Milgram, S. 1974: *Obedience to Authority: an experimental view*. New York, NY. Harper & Row.

Miller, A. M. 2009: *Sexuality and Human Rights*. Versoix, Switzerland: International Council on Human Rights Policy.

Miller D. 1995: *On Nationality*. Oxford: Clarendon Press.

Miller, F. Jr 1995: *Nature, Justice, and Rights in Aristotle's Politics*. Oxford: Clarendon Press.

Milner, W. T. 2002: Economic globalization and rights: an empirical analysis. In A. Brysk (ed.), *Globalisation and Human Rights*. Berkeley, CA: University of California Press, 77–97.

Milner, W. T., Poe, S. C. and Leblang, D. 1999: Security rights, subsistence rights and liberties: a theoretical survey of the empirical landscape. *Human Rights Quarterly*, 21 (2), 403–43.

Mitchell, N. J. and McCormick, J. M. 1988: Economic and political explanations of human rights violations. *World Politics*, 40 (4), 476–98.

Mitsis, P. 1999: The Stoic origin of natural rights. In K. Ierodiakonou (ed.), *Topics in Stoic Philosophy*. Oxford: Clarendon Press, 153–77.

Modirzadeh, N. K. 2006: Taking Islamic law seriously: INGOs and the battle for Muslim hearts and minds. *Harvard Human Rights Journal*, 19, 191–233.

Moravcsik, A. 1995: Explaining international human rights regimes: liberal theory and Western Europe. *European Journal of International Relations*, 1 (2), 157–89.

Morsink, J. 1999: *The Universal Declaration of Human Rights: origins, drafting, and intent*. Philadelphia, PA; University of Pennsylvania Press.

Mulhall, S. and Swift, A. 1996: *Liberals and Communitarians*. Oxford: Blackwell, second edition.

Murphy, S. D. 2004–5: Taking multinational corporate codes of conduct to the next level. *Columbia Journal of Transnational Law*, 43 (2), 389–433.

Mutua, M. 2001: Human rights international NGOs: a critical evaluation. In C. E. Welch, Jr (ed.), *NGOs and Human Rights: promise and performance*. Philadelphia, PA; University of Pennsylvania Press, 151–63.

Neuman, G. L. 2002–3: Human rights and constitutional rights: harmony and dissonance. *Stanford Law Review*, 55, 1863–1900.

Neumayer, E. 2005: Do international treaties improve respect for human rights? Journal of Conflict Resolution, 49 (6), 925–53.

Newman, F. and Weissbrodt, D. 1996: *International Human Rights: law, policy, and process*.

Cincinnati, Ohio: Anderson Publishing Co., second edition.

Nickel, J. W. 1987: *Making Sense of Human Rights: philosophical reflections on the Universal Declaration of Human Rights*. Berkeley, CA: University of California Press.

Nickel, J. W. 2007: *Making Sense of Human Rights*. Malden, MA: Blackwell, second edition.

Nordhaus, W. D. 2008: *A Question of Balance: weighing the options on global warming policies*. New Haven, CT: Yale University Press.

Nussbaum, M. C. 1993: Commentary on Onora O'Neill: Justice, gender, and international boundaries. In M. Nussbaum and A. Sen (eds.), *The Quality of Life*. Oxford: Clarendon Press, 324–35.

Nussbaum, M. C. 1997: Capabilities and human rights. *Fordham Law Review*, 66 (2), 273–300.

Nussbaum, M. C. and Sen, A. (eds.) 1993: *The Quality of Life*. Oxford: Clarendon Press.

Oliner S. P. and Oliner P. M. 1988: *The Altruistic Personality: rescuers of Jews in Nazi Europe*. New York, NY: The Free Press.

O'Neill, O. 1993: Justice, gender, and international boundaries. In M. Nussbaum and A. Sen (eds.), *The Quality of Life*. Oxford: Clarendon Press, 303–23.

O'Neill, O. 2005: Agents of justice. In A. Kuper (ed.), *Global Responsibilities: who must deliver on human rights?* New York: Routledge, 37–52.

Opsahl, T. 1992: The Human Rights Committee. In P. Alston (ed.), *The United Nations and Human Rights: a critical appraisal*. Oxford: Clarendon Press, 369–443.

Othman, N. 1999: Grounding human rights arguments in nonWestern culture: *Shari'a* and the citizenship rights of women in a modern Islamic state. In J. A. Bauer and D. A. Bell (eds.), *The East Asian Challenge for Human Rights*. Cambridge: Cambridge University Press, 169–92.

Otto, D. 1996: Non-governmental organizations in the United Nations system: the emerging role of international civil society. *Human Rights Quarterly*, 18 (1), 107-41.

Pagden, A. 1982: *The Fall of Natural Man: the American Indian and the origins of comparative ethnology*. Cambridge: Cambridge University Press.

Page, E. A. 2006: *Climate Change, Justice and Future Generations*. Cheltenham: Edward Elgar.

Paine, T. 1988: *The Rights of Man*. London: Penguin Books.

Paterson, M. 2001: Principles of justice in the context of global climate change. In U. Luterbacher and D. F. Sprinz (eds.), *International Relations and Global Climate Change*. Cambridge, MA: The MIT Press, 119–26.

Patten, A. 2005: Should we stop thinking about poverty in terms of helping the poor? *Ethics and International Affairs*, 19 (1) 19–27.

Paul, J. A. 2001: A short history of the NGO Working Group on the Security Council. Global Policy Forum, http://www. globalpolicy.org/security/ngowkgrp/history.htm.

Pauwelyn, J. 2005: Human rights in WTO dispute settlement. In T. Cottier, J. Pauwelyn and E. B. Bonanomi (eds.), *Human Rights and International Trade*, Oxford: Oxford University Press, 205–31.

Pavković, A. and Radan, P. 2007: *Creating New States: theory and practice of secession*. Aldershot: Ashgate.

Philp, M. 1989: *Paine*. Oxford: Oxford University Press.

Poe, S. C. 2004: The decision to repress: an integrative theoretical approach to the research on human rights and repression. In S. C. Carey and S. C. Poe (eds.), *Understanding Human Rights Violations: new systematic studies*. Aldershot: Ashgate, 16–38.

Poe, S. C. and Tate, C. N. 1994: Repression of human rights to personal integrity in the 1980s: a global analysis. *American Political Science Review*, 88 (4), 853–72.

Pogge, T. W. 2002a: *World Poverty and Human Rights: cosmopolitan responsibilities and reforms*. Cambridge: Polity Press.

Pogge, T. W. 2002b: Can the capability approach be justified? *Philosophical Topics*, 30 (2), 167–228.

Pogge, T. W. 2005a: Human rights and human responsibilities. In A. Kuper (ed.), *Global Responsibilities: who must deliver on human rights?* New York: Routledge, 3–35.

Pogge, T. W. 2005b: World poverty and human rights. *Ethics and International Affairs*, 19 (1), 1–7.

Pogge, T. W. 2005c: Severe poverty as a violation of negative duties: reply to the critics. *Ethics and International Affairs*, 19 (1), 55–83.

Pogge, T. W. 2007: Severe poverty as a human rights violation. In T. W. Pogge (ed.), *Freedom from Poverty as a Human Right: who owes what to the very poor?* Oxford: UNESCO and Oxford University Press, 11–53.

Pogge, T. W. 2008: *World Poverty and Human Rights*. Cambridge: Polity Press, second edition.

Pogge, T. W. 2009: Shue on rights and duties. In C. R. Beitz and R. E. Goodin (eds.), *Global Basic Rights*. Oxford: Oxford University Press, 113–30.

Pogge, T. W. 2010: *Politics as Usual: what lies behind the pro-poor rhetoric*. Cambridge: Polity Press.

Pritchard, K. 1989: Political science and the teaching of human rights. *Human Rights Quarterly*, 11 (3), 459–75.

Ratner, S. R. 2001–2; Corporations and human rights: a theory of legal responsibility. *Yale Law Journal*, 111,443–546.

Rawls, J. 1999: *The Law of Peoples*. Cambridge, MA: Harvard University Press.

Raz, J. 1986: *The Morality of Freedom*. Oxford: Clarendon Press.

Reanda, L. 1992: The Commission on the Status of Women. In P. Alston (ed.), *The United Nations and Human Rights: a critical appraisal*. Oxford: Clarendon Press, 265–303.

Reeves, E. 2006: Quantifying genocide in Darfur (Part I), 28 April, http://www.sudanreeves.org/Article102.html.

Reeves, E. 2008: Darfur: millions of vulnerable civilians sliding closer to starvation: the international community fail to heed warning signs or hold Khartoum accountable. H-GENOCIDE@H-NET.MSU.EDU, 15 June.

Richards, D. L., Gelleny R. D. and Sacko, D. H. 2001: Money with a mean streak? Foreign economic penetration and government respect for human rights in developing countries. *International Studies Quarterly*, 45 (2), 219–39.

Riddell, R. C. 2007: *Does Foreign Aid Really Work?* Oxford: Oxford University Press.

Risse, M. 2005a: Do we owe the global poor assistance or rectification? *Ethics and International Affairs*, 19 (1), 9–18.

Risse, M. 2005b: How does the global order harm the poor? *Philosophy & Public Affairs*, 33 (4), 349–76.

Risse, T. and Ropp, S. C. 1999. International human rights norms and domestic change: conclusion. In T. Risse, S. C. Ropp, and K. Sikkink (eds.), *The Power of Human Rights: international norms and domestic change*. Cambridge: Cambridge University Press, 234–78.

Risse, T. and Sikkink, K. 1999: The socialization of international human rights norms into domestic practices: introduction. In T. Risse, S. C. Ropp and K. Sikkink (eds.), *The Power of Human Rights: international norms and domestic change*. Cambridge: Cambridge University Press, 1–38.

Risse, T., Ropp S. C. and Sikkink K. (eds.) 1999: *The Power of Human Rights: international norms and domestic change*. Cambridge: Cambridge University Press.

Robertson, A. H. and Merrills, J. G. 1996: *Human Rights in the World: an introduction to the study of the international protection of human rights*. Manchester: Manchester University Press.

Rodman, K. 2008: Darfur and the limits of legal deterrence. *Human Rights Quarterly*, 30 (3), 529–60.

Rodrik, D., Subrahamian, A. and Trebbi, F. 2004: Institutions rule: the primacy of institutions over geography and integration in economic development. *Journal of Economic Growth*, 9, 131–65.

Ron, J., Ramos H. and Rodgers, K. 2005: Transnational information politics: NGO human rights reporting, 1985–2000. *International Studies Quarterly*, 49 (3), 557–87.

Rorty, R. 1993: Human rights, rationality, and sentimentality. In S. Shute and S. Hurley (eds.), *On Human Rights: the Oxford Amnesty Lectures 1993*. New York, NY: Basic Books, 111–34.

Roshwald, R. 1959: The concept of human rights. *Philosophy and Phenomenological Research*, 19, 354–79.

Rousseau, J.-J. 1968: *The Social Contract*. Harmondsworth: Penguin Books.

Rudolph, C. 2001: Constructing an atrocities regime: the politics of war crimes tribunals. *International Organization*, 55 (3), 655–91.

Rummel, R. J. 1994: *Death by Government*. New Brunswick, NJ: Transaction Publishers.

Sachs, J. 2005: *The End of Poverty: how we can make it happen in our lifetime*. London: Penguin Books.

Salomon, M. E. 2007: *Global Responsibility for Human Rights: world poverty and the development of international law*. Oxford: Oxford University Press.

Satz, D. 2005: What do we owe the global poor? *Ethics and International Affairs*, 19 (1), 47–54.

Saurette, P. 2005: *The Kantian Imperative: humiliation, common sense, politics*. Toronto: University of Toronto Press.

Schirmer, J. 1997: Universal and sustainable human rights? Special tribunals in Guatemala. In R. A. Wilson (ed.), *Human Rights, Culture and Context: anthropological perspectives*. London: Pluto Press, 161–86.

Sengupta, A. 2002: The theory and practice of the right to development. *Human Rights Quarterly*, 24 (4), 837–89.

Shachar, A. 1999: The paradox of multicultural vulnerability: individual rights, identity groups, and the states. In C. Joppke and S. Lukes (eds.), *Multicultural Questions*. Oxford: Oxford University Press, 87–111.

Shehadi, K. S. 1993: *Ethnic Self-determination and the Break-up of States*. London: Brassey's.

Shue, H. 1996: *Basic Rights: subsistence, affluence, and U.S. foreign policy*. Princeton, NJ: Princeton University Press, second edition.

Sikkink, K. and Walling, C. B. 2007: The impact of human rights trials in Latin America. *Journal of Peace Research*, 44 (4), 427–45.

Simmons, B. A. 2009: *Mobilizing for Human Rights: international law in domestic politics*. New York, NY: Cambridge University Press.

Slim, H. 2002: *By What Authority? The legitimacy and accountability of non-governmental organisations*. Geneva: International Council on Human Rights Policy.

Smith, J., Bolyard, M. and Ippolito, A. 1999: Human rights and the global economy: a response to Meyer. *Human Rights Quarterly*, 21 (1), 207–19.

Smith, J., Pagnucco, T. and Lopez, G. A. 1998: Globalizing human rights: the work of transnational human rights NGOs in the 1990s. *Human Rights Quarterly*, 20 (2), 379–412.

Snyder, J. and Vinjamuri, L. 2003–4: Trials and errors: principle and pragmatism in strategies of international justice. *International Security*, 28 (3), 5–44.

Sorabji, R. 1993: *Animal Minds and Human Morals: the origins of the Western debate*. London: Duckworth.

Sorell, T. and Landman, T. 2006: Justifying human rights: the roles of domain, audience, and constituency. *Journal of Human Rights*, 5 (4), 383–400.

Spar, D. L. 1998: The spotlight and the bottom line: how multinationals export human rights. *Foreign Affairs*, 77 (2), 7–12.

Speed, S. and Collier, J. F. 2000: Limiting indigenous autonomy in Chiapas, Mexico: the state government's use of human rights. *Human Rights Quarterly*, 22 (4), 877–905.

Stammers, N. 1999: Social movements and the social construction of human rights. *Human Rights Quarterly*, 21 (4), 980–1008.

Steiner, H. 1994: *An Essay on Rights*. Oxford: Blackwell.

Stern, N. 2009: *The Global Deal: climate change and the creation of a new era of progress and prosperity.* New York, NY: Public Affairs.

Stewart, F. and Wang, M. 2005: Poverty reduction strategy papers within the human rights perspective. In P. Alston and M. Robinson (eds.), *Human Rights and Development: Towards Mutual Reinforcement.* Oxford: Oxford University Press, 447–74.

Stiglitz, J. E. 2002: *Globalization and Its Discontents.* London: Penguin Books.

Stoll, D. 1997: To whom should we listen? Human rights activism in two Guatemalan land disputes. In R. A. Wilson (ed.), *Human Rights, Culture and Context: anthropological perspectives.* London: Pluto Press, 187–215.

Strouse, J. C. and Claude, R. P. 1976: Empirical comparative rights research: some preliminary tests of development hypotheses. In R. P. Claude (ed.), *Comparative Human Rights.* Baltimore, MD: Johns Hopkins University Press, 51–67.

Talbott, W. J. 2005: *Which Rights Should Be Universal?* New York: Oxford University Press.

Thompson, J. 2002: *Taking Responsibility for the Past: reparation and historical justice.* Cambridge: Polity Press.

Thornberry, P. 1991: *International Law and the Rights of Minorities.* Oxford: Clarendon Press.

Thornberry, P. 2002: *Indigenous Peoples and Human Rights.* Manchester: Manchester University Press.

Tierney, B. 1988: Villey, Ockham and the origin of individual rights. In J. Witte, Jr. and F. S. Alexander (eds.), *The Weightier Matters of Law: essays on law and religion. A tribute to Harold J. Berman.* Studies in Religion 51, 1–31. Atlanta, GA.

Tierney, B. 1989: Origins of natural rights language: texts and contexts, 1150–1250. *History of Political Thought*, 10 (4), 615–46.

Tierney, B. 1992: Natural rights in the thirteenth century: a quaestio of Henry of Ghent. *Speculum*, 67 (1), 58–68.

Tierney, B. 1997: *The Idea of Natural Rights: studies on natural rights, natural law and church law 1150–1625.* Atlanta, GA: Scholars Press.

Todres, J. 2004: Emerging limitations on the rights of the child: the U.N. Convention on the Rights of the Child and its early case law. In M. D. A. Freeman (ed.), *Children's Rights.* Aldershot: Ashgate Dartmouth, volume II, 139–80.

Tostensen, A. 2007: The Bretton Woods institutions: human rights and the PRSPs. In M. E. Salomon, A. Tostensen and W. Vandenhole (eds.), *Casting the Net Wider: human rights, development and new duty-bearers.* Antwerp: Intersentia, 185–210.

Tuck, R. 1979: *Natural Rights Theories: their origin and development.* Cambridge: Cambridge University Press.

Tully, J. 1980: *A Discourse on Property: John Locke and his adversaries.* Cambridge: Cambridge University Press.

Tully, J. 1993: *An Approach to Political Philosophy: Locke in contexts.* Cambridge: Cambridge University Press.

Tully, J. 1995: *Strange Multiplicity: constitutionalism in an age of diversity.* Cambridge: Cambridge University Press.

Turner, B. S. 1993: Outline of a theory of human rights. *Sociology*, 27 (3), 489–512.

United Nations Commission on Human Rights 2006: *Interim Report of the Special Representative of the Secretary-General on the Issue of Human Rights and Transnational Corporations and Other Business Enterprises.* E/CN.4/2006/97, 22 February.

United Nations Development Programme 2005: *Human Development Report 2005: international co-operation at a crossroads – aid, trade and security in an unequal world.* New York, NY: United Nations Development Programme.

United Nations Human Rights Council 2007a: Human rights impact assessments – resolving key methodological questions. *Report of the Special Representative of the Secretary-General on the Issue of Human Rights and Transnational Corporations and Other Business Enterprises*. A/HRC/4/74, 5 February.

United Nations Human Rights Council 2007b: Business and Human Rights: mapping international standards of responsibility and accountability for corporate Acts. *Report of the Special Representative of the Secretary-General on the Issue of Human Rights and Transnational Corporations and Other Business Enterprises, John Ruggie*. A/HRC/4/035, 9 February.

United Nations Human Rights Council 2008a; Protect, respect and remedy: a framework for business and human rights. *Report of the Special Representative of the Secretary-General on the Issue of Human Rights and Transnational Corporations and Other Business Enterprises, John Ruggie*. A/HRC/8/5, 7 April.

United Nations Human Rights Council 2008b; Clarifying the concepts of 'sphere of 'influence' and complicity'. *Report of the Special Representative of the Secretary-General on the Issue of Human Rights and Transnational Corporations and Other Business Enterprises, John Ruggie*. A/HRC/8/16, 15 May.

United Nations Human Rights Council 2009: Business and Human Rights: towards operationalizing the 'Protect, Respect and Remedy' framework. *Report of the Special Representative of the Secretary-General on the Issue of Human Rights and Transnational Corporations and Other Business Enterprises, John Ruggie*. A/HRC/11/13, 22 April.

United Nations Human Rights Council 2010: Business and human rights: further steps toward the operationalization of the protect, respect and remedy framework. *Report of the Special Representative of the Secretary-General on the Issue of Human Rights and Transnational Corporations and Other Business Enterprises, John Ruggie*. A/HRC/14/27, 9 April.

Vincent, R. J. 1986: *Human Rights and International Relations*. Cambridge: Cambridge University Press.

Wade, R. H. 2004: On the causes of increasing world poverty and inequality, or why the Matthew Effect prevails. *New Political Economy*, 9 (2), 163–88.

Waldron, J. (ed.) 1987: *'Nonsense Upon Stilts': Bentham, Burke and Marx on the Rights of Man*. London: Methuen.

Waldron, J. 1988: *The Right to Private Property*. Oxford: Clarendon Press.

Waldron, J. 1992: *Superseding historic injustice*. Ethics, 103, 4–28.

Waldron, J. 1993: A rights-based critique of constitutional rights. *Oxford Journal of Legal Studies*, 13 (1), 18–51.

Waltz, S. 2001: Universalizing human rights: the role of small states in the construction of the Universal Declaration of Human Rights. *Human Rights Quarterly*, 23 (1), 44–72.

Waltz, S. 2004: Universal human rights: the contribution of Muslim states. *Human Rights Quarterly*, 26 (4), 799–844.

Washburn, W. E. 1987: Cultural relativism, human rights, and the AAA. *American Anthropologist*, 89 (4), 939–43.

Waters, M. 1996: Human rights and the universalisation of interests: towards a social constructionist approach. *Sociology*, 30 (3), 593–600.

Weeramantry, C. G. 1997: *Justice Without Frontiers: furthering human rights*. The Hague: Kluwer Law International, volume 1.

Weiss, T. G. 2004: The sunset of humanitarian intervention? The responsibility to protect in a unipolar era. *Security Dialogue*, 35 (2), 135–53.

Welch, C. B. 1984: *Liberty and Utility: The French idéologues and the transformation of liberalism*. New York, NY: Columbia University Press.

Wilson, R. A. 1997a: Human rights, culture and context: an introduction. In R. A. Wilson (ed.), *Human Rights, Culture and Context: anthropological perspectives*. London: Pluto Press, 1–27.

Wilson, R. A. 1997b: Representing human rights violations: social contexts and subjectivities. In R. A. Wilson (ed.), *Human Rights, Culture and Context: anthropological perspectives*. London: Pluto Press, 134–60.

Wilson, R. A. 2005: Judging history: the historical record of the International Criminal Tribunal for the Former Yugoslavia. *Human Rights Quarterly*, 27 (3), 908–42.

Wilson, R. A. and Mitchell, J. P. (eds.) 2003: *Human Rights in Global Perspective: anthropological studies of rights, claims and entitlements*. London: Routledge.

Wiseberg, L. S. 1992: Human rights non-governmental organizations. In R. P. Claude and B. H. Weston (eds.), *Human Rights in the World Community: issues and action*. Philadelphia, PA: University of Pennsylvania Press, second edition, 372–83.

Wiseberg, L. 2003: The role of non-governmental organizations (NGOs) for the protection and enforcement of human rights. In J. Symonides (ed.), *Human Rights: Protection, Monitoring, Enforcement*. Paris: UNESCO, 347–72.

Woodiwiss, A. 1998: *Globalisation, Human Rights and Labour Law in Pacific Asia*. Cambridge: Cambridge University Press.

Woodiwiss, A. 2005: *Human Rights*. London: Routledge.

Yogyakarta Principles 2006: *The Yogyakarta Principles: the application of international human rights law in relation to sexual orientation and gender identity*, http://yogyakartaprinciples.Org.

Young, K. G. 2008: The minimum core of economic and social rights: a concept in search of content. *Yale Journal of International Law*, 33, 113–75.

Zanger, S. C. 2000: A global analysis of the effect of political regime changes on life integrity violations, 1977–93. *Journal of Peace Research*, 37 (2), 2.13–33.

索引

UNESCO 63, 88

ア

アジア的価値観 52, 104, 119, 180
アフガニスタン 55, 56, 110-114, 203
アムネスティ・インターナショナル 50, 150, 164, 167-169, 174, 199
アメリカ 38, 50, 53-56, 92, 94, 95, 112-114, 120, 121, 127, 146, 147, 153, 155, 159, 160, 162, 189, 192, 205
アメリカ独立宣言 27, 60, 197
アリストテレス 18, 22, 61, 65, 68, 69, 71, 196
アルカイダ 55, 56, 112
安全保障理事会 110, 111, 148, 154, 164, 183, 187, 203
移行期の正義 78, 93, 94, 205
イスラム教 52, 55, 118, 121, 124-129, 147
イラク 53, 55, 56, 110, 112, 113, 155, 203
ウィーン宣言 52, 54, 75, 116, 118, 142, 144, 164, 199, 201
ヴィトリア 22, 23, 26, 197
ウィルソン 93, 107
ヴィンセント 108, 109
ウォルドロン 76
ウッディウィス 104
ウルストンクラフト 27
影響の範囲 186
援助　→　海外開発援助
欧州安全保障協力機構 51
欧州人権レジーム 90, 109
オニール 80, 122
オバマ 114, 157

カ

ガー 99, 159
海外開発援助 176, 180, 181, 194
外交政策 154, 155, 157, 158, 160
家族生活の権利 43, 121, 144, 150
韓国 98
関税および貿易に関する一般協定 182

カント 28-30, 71, 173
カンボジア 92, 93, 168, 201
気候変動 190-192, 203
気候変動に関する政府間パネル 190
気候変動枠組条約 190, 192
北大西洋条約機構（NATO） 53, 54, 110, 203
基本的権利 73, 74, 81
義務 18, 26, 32, 41, 46, 52, 63-66, 68-71, 74, 78-80, 82-84, 86, 88, 103, 117, 118, 134, 144, 146, 147, 173, 174, 176, 177, 179, 183-186, 189, 191, 203
キムリッカ 131, 132, 134, 137
旧ユーゴスラビア国際戦犯法廷 54, 92-95
共通の利益　→　公共の福祉
共同体主義 82, 83, 117, 119, 131, 141
「切り札」としての人権 66, 69, 77, 81
グアンタナモ 56, 112-114
グリフィン 74
グローティウス 23
クロード 97, 98, 159, 160
グローバリゼーション 56, 102, 119, 171-173, 200, 202, 205
グローバル・コンパクト 185
グローバル・ジャスティス 78, 84, 193-195
経済社会理事会（経社理） 39, 47, 57, 151, 163, 184
経済的及び社会的権利 31, 35, 36, 39-41, 44, 51, 52, 56, 58, 69, 74, 75, 80, 84, 97, 98, 103, 119, 147, 153, 159, 162, 169, 173-176, 183, 187, 193, 197-199, 204, 205
経済的、社会的及び文化的権利に関する国際規約 49, 127, 139, 147, 164, 174, 175, 182, 199
刑事法廷 91-94, 164
決議1235 47, 48
決議1503 48
限定的な犠牲の原則 155, 200, 202
権利 7-9
権利間の対立 7, 71, 80, 82
権利に伴う負担（コスト） 79, 80, 195
権利のインフレ 7, 82
権力 17, 18, 102-104, 115, 117, 127, 132, 159, 196, 197, 200, 205

合意　68, 72-74, 85, 90, 91, 150

公共の利益　25, 26, 30-34, 36, 68, 82, 86, 117, 197

厚生　71, 85, 115, 194, 200, 204, 206

公正な裁判を受ける権利　116, 174, 197

構造調整計画　177, 187

拷問　42, 49, 50, 56, 113, 114, 145, 160, 161, 164, 173

拷問等禁止条約　49, 50, 91, 164

功利主義　34-36, 38, 81, 82

国際刑事裁判所　54, 91, 164

国際人権章典　49, 184

国際通貨基金　187

国際連盟　36, 37, 45, 129, 146

国際労働機関（ILO）　37, 45, 59, 111, 137, 138, 143, 163, 174, 182, 184

国民国家（民族国家）　129, 138, 141, 142, 205

国連　11-14, 38, 46-54, 57, 63, 64, 69, 87, 94, 102, 110-112, 120, 129, 130, 135, 143-146, 153-155, 163-166, 168, 177-179, 182, 187-190, 198, 200, 205, 206

国連開発計画（UNDP）　177

国連憲章　38, 45, 143, 163, 164, 171

個人主義　25, 26, 31, 41, 61, 66-70, 75, 76, 82, 83, 85, 104, 117, 119-122, 130, 133, 137, 141, 145, 177, 195, 197-199, 203

コソヴォ　53, 54, 91, 92, 110, 155, 203

国家主権　11, 46, 58, 124, 139, 153, 202

国家人権機関　95

サ

財産　20, 21, 23-27, 29, 30, 42, 49, 74, 81, 87, 138, 141, 180, 197

最低限の中核義務　175

ジェウィス　62, 70, 71, 83, 85

シエラレオネ　91, 92, 155

シキンク　95, 101, 155, 156

自然法　21, 23-26, 28, 29, 33, 60, 68, 70, 83, 138

実証主義　87, 96, 99, 106, 107, 115

児童の権利　146-149, 202

児童の権利条約　49, 50, 146-149, 164

司法の独立　90, 99

司法判断適合性　176

資本主義　35, 97, 104, 119, 121, 159, 160, 171, 172, 187, 197, 202

ジミー・カーター　50, 199

市民権　18, 21, 25, 65, 84, 102, 174

市民社会　90, 91, 168, 189

市民的及び政治的権利　74, 75, 87, 97, 98, 100, 119, 147, 160, 161, 169, 173, 174, 176, 183, 189, 197, 198, 204, 205

市民的及び政治的権利に関する国際規約　49, 90, 91, 121, 127, 129, 130, 137-139, 146, 147, 164, 183, 199

社会運動　99, 103, 107, 159, 170

社会主義　34-36, 40, 43, 45, 171, 202

社会的規範の定着　157

社会民主主義　32

シュー　73, 74

自由　29-31, 35, 68-74, 77, 82, 97, 115, 200, 205

自由権規約委員会　49, 121, 137, 150

重債務貧困国イニシアチブ　189

自由主義　27, 29, 34, 41-43, 45, 69, 71, 73, 82-85, 90, 104, 119-121, 127-135, 140, 141, 144, 158, 163, 198

集団的権利　130, 132, 135, 136, 141

主体性　70-72, 74, 81, 85

主流化　143

消極的義務　173

消極的権利　173

少数者　37, 45, 46, 129-136, 138, 140, 149, 150, 202

少数者の保護に関する小委員会　45, 129

条約　90-92, 120, 121, 153, 164, 175, 184, 189, 190

ジョージ W. ブッシュ　112, 113, 157

ジョーンズ　82, 84

植民地主義　26, 29, 40, 47, 103, 119, 136, 137, 139, 180

女性差別撤廃条約　49, 127, 143

女性の権利　28, 31, 36, 79, 93, 102, 116, 117, 125-127, 129, 142-145, 202

自律　74, 82, 85, 104, 122, 131, 146, 148, 175

信教の自由　7, 25, 44, 77, 89, 127, 146, 147

シングラネリ　89, 160-162, 187

人権委員会　38-41, 46-48, 50, 52, 56-58, 87, 96,

索引　223

111, 136, 144, 174, 185
人権教育　88, 93, 96, 168, 206
人権高等弁務官　55, 111, 185
人権小委員会　185, 186
人権の概念　4, 7
　法的概念　5, 6, 87, 88, 109, 114, 153, 154,
　　169, 203, 205
　政治的概念　9, 11-13, 83, 84, 89, 96, 109,
　　153, 154, 169, 203
人権の共存　7, 81
人権理事会　56, 57, 111, 136, 150, 187
新国際経済秩序　51, 171, 179
真実委員会　93, 94, 166
新自由主義　172, 204
人種差別　42, 43, 47, 121, 198
身体保全の権利　42, 89, 100, 161
人道的介入の権利　110, 156, 203
スーダン　91, 110, 111, 155, 203
ストア派　19, 196
ストラウス　98, 159, 160
「スパイラル」モデル　101, 155-157
スペインによるアメリカ大陸征服　22, 197
正義　78, 83, 84, 89, 117, 118, 122, 132-134,
　　139, 141, 142
政治囚　160-162, 169
性的少数者　149-151
世界銀行　105, 117, 172, 173, 176-178, 180,
　　187-189, 193, 194
世界人権宣言　6, 7, 12-14, 37, 39-47, 49, 52, 59,
　　62-66, 73, 78, 79, 81, 83, 84, 96, 116, 117,
　　121, 125-127, 129, 133, 143, 144, 150, 163,
　　164, 171, 174, 184, 198, 206
世界貿易機関（WTO）　182, 205
世俗化　23, 28, 32, 60, 69, 125, 128, 197
積極的義務　174
積極的権利　174
絶対主義　24, 87, 197
説明　9, 88, 96, 97, 99-101, 157, 200
セングプタ　179
潜在能力　69-72
先住民の権利　107, 132, 136-139, 201
漸進的実現　175, 176
ソ連　47, 51, 98, 109, 112, 160, 185

タ

ターナー　102
第3世代の人権　51, 52
タヴェンポート　100, 161
多国籍企業　56, 79, 117, 153, 172, 184, 185,
　　200, 202
多文化主義　131
タリバン　55, 112, 203
ダルフール　2-4, 91, 92, 110, 111, 203
地球温暖化　190, 192
知的所有権の貿易関連の側面に関する協定
　　182
中国　172, 178, 180, 185, 192
帝国主義　26, 41, 73, 87, 106, 116-118, 120,
　　123, 124, 132, 138, 139, 153, 197, 201
テロに対する戦争　56, 112-114
ド・グージュ　31
ドウォーキン　66, 76
東京裁判　92, 93
統計　4, 5
トゥリー　26, 133, 134
特別引渡し　56, 113
特別報告者　50, 111
ドネリー　41, 63, 74, 84, 85, 98, 109, 112,
　　117-119, 121, 135, 150, 159, 176, 179, 200,
　　202, 205
奴隷制　28, 31, 37, 42, 46, 163
トレードオフ（二者択一）　98, 159, 162, 175

ナ

ナチズム　36, 38, 41, 66, 129, 150, 184, 201,
　　203
難民　43, 54, 190
難民高等弁務官　54, 111
ニーズ　72, 175, 177, 181, 188
ニュルンベルク裁判　92, 184
人間開発　177
人間性　73, 85
人間と市民の権利の宣言（フランス人権宣言）
　　30, 61, 62
人間の権利　29-37, 60, 201
人間の尊厳　67, 68, 74, 76, 80, 85, 122, 123,

135, 151, 174, 175, 177
人間の繁栄　72, 85
ヌスバウム　69, 85, 122, 205

ハ

バーク　32, 33, 60, 61, 201
発展　171, 172, 175, 177-181, 183, 188-190,
　　192, 194, 195, 198, 205
発展の権利　178, 179
ハフナーバートン　91, 183
ハワード　103, 104
非政府組織（NGO）　36, 47, 49-5, 56, 58, 88,
　　99, 101, 147, 150, 152, 154, 157, 159,
　　163-169, 174, 182, 186-189, 200, 202, 203,
　　205
非定住民　138
ピノチェト　92, 101
ヒューマンライツ・ウォッチ　164, 169, 174
評価の余地　120
表現の自由　44, 72, 74, 77, 81, 83, 89, 97, 132,
　　147
平等　27, 31-34, 40, 42-44, 66, 67, 70, 71, 76,
　　89, 97-99, 103, 104, 116, 118, 119, 123,
　　126, 130, 131, 133-135, 145, 176
貧困　172, 173, 177-183, 188-191, 193-195
ブーメラン理論　101, 155-158, 166
ファシズム　6, 42, 45
フェミニズム　79, 145
フォーサイス　61, 62, 85, 108, 153, 154, 165
フォワレイカー　99, 159, 163
不処罰　91, 95
普遍性　24, 28-32, 42, 47, 52, 54, 65, 67, 70,
　　73, 80, 84, 87, 88, 100, 102, 107, 116-118,
　　120-122, 125, 128, 135, 175, 179, 201
普遍的管轄　92
普遍的定期審査　57
フランス革命　29-34, 37, 42, 61, 62, 87, 197
ブルジョア階級の利益　26, 34, 35, 196, 197
プロテスタント　24, 197
文化相対主義　33, 52, 106, 115, 122-124, 129,
　　138, 145, 176, 201
分離独立　140-142
米州人権レジーム　90, 109, 190-193

平和維持活動　111, 154, 203
ペイン　31, 32
ヘルシンキ宣言　51, 109, 199
ベンサム　33, 34, 60, 61, 201
貿易　179, 180, 182, 183, 195
法実証主義　12, 13, 107
法の支配　89, 93, 95, 102, 113, 142, 157, 179,
　　180, 205
ポー　160, 162
法的義務　→　義務
保護する責任　110, 111, 202, 203
ボスニア　91, 111, 155, 168
ポッゲ　80, 178, 193-195
ホッブス　23

マ

マグナカルタ　20, 21, 24, 197
マッキンタイア　8, 17, 18
マリタン　63, 85
マルクス　34, 35, 60, 61, 198, 201
ミレニアム開発目標　177, 188
民主主義（民主制）　29, 31, 32, 69, 72, 75-78,
　　82, 90, 95, 96, 99, 100, 120, 130-135, 141,
　　160-162, 169, 180, 188, 204
民族自決権　47, 49, 51, 137, 139-142, 198
民族浄化　53

ヤ

ユーゴスラヴィア　53, 54, 95, 98, 204

ラ

ラギー　185-187
ラス・カサス　22, 23, 26, 197
ラテンアメリカ　94, 95, 100, 106, 147, 153,
　　162, 199
ランドマン　91, 99, 100, 159, 161, 163, 179
リアリズム　10, 96, 152, 155, 157, 158, 198,
　　199
理想主義　152, 198-200
立憲主義　27, 76, 89, 90, 133
リッセ　101, 155-158, 201, 205
ルーズベルト F.D.　38, 174
ルソー　130

索引 | 225

ルワンダ　54, 58, 91, 92, 94, 95, 110, 111, 155,
　　168, 199, 201, 202, 204
レジーム理論　109, 152
ローティ　61, 85
ローマ法　18, 19
ロールズ　73
ロック　10, 13, 25-27, 31, 32, 34, 35, 41, 42, 68,
　　83, 118, 130, 138, 197, 202, 205
ロップ　101, 157

翻訳

髙橋宗瑠［監修］
英国の国際人権NGO、Business and Human Rights Resource Centre（ビジネス・人権資料センター）初日本代表、青山学院大学法学部講師、立教大学講師、創価大学文学部講師。英国エセックス大学大学院にて法学修士号（国際人権法）取得。アムネスティ・インターナショナルの日本支部及び国際事務局（ロンドン）で勤務後国際連合に転職、ジュネーブなどを経て2009年3月より2014年5月まで国連人権高等弁務官事務所パレスチナ副代表を務める。著書に「パレスチナ人は苦しみ続ける：なぜ国連で解決できないのか」（2015年、現代人文社）、Human Rights and Drug Control: The False Dichotomy（Hart Publishing、2016年）、Human Rights, Human Security, and State Security: the Intersection（Praeger Security International、2014年）。

大内勇也［5章、7章担当］
東京大学大学院総合文化研究科「人間の安全保障」プログラム助教。法政大学法学部政治学科卒業、東京大学大学院総合文化研究科国際社会科学専攻博士後期課程単位取得退学。

鈴木 悠［3章、6章担当］
東北大学大学院法学研究科特任フェロー。同研究科にて、修士（法学）、博士（法学）、英国エセックス大学にて、修士（国際人権法）を取得。2016年4月より、仙台白百合女子大学非常勤講師。

樋川和子［2章、4章担当］
在イラク日本大使館一等書記官。東京外国語大学卒業後、外務省入省。在ウィーン国際機関日本政府代表部、在米日本大使館、外務省不拡散科学原子力課などで主に核不拡散を担当（2013年より外務省軍備管理・軍縮・不拡散専門官）。2014年より大阪女学院大学21世紀国際共生研究科博士課程在籍。共著に「NPT―核のグローバルガバナンス：第4章『核不拡散と平和利用』」（秋山信将編、2015年岩波書店）、Human Rights, Human Security, and State Security: Treaty on the Nonproliferation of Nuclear Weapons: As the Cornerstone of the International Nonproliferation Regime（Praeger Security International、2014年）。

藤田早苗［8章、謝辞担当］
英国エセックス大学ヒューマンライツセンターフェロー。名古屋大学大学院国際開発研究科修士課程修了、博士課程満期退学、エセックス大学にて国際人権法修士号、法学博士号取得。著書にThe World Bank, Asian Development Bank and Human Rights（Edward Elgar Publishing,2013）、主要論文に「国際人権法の定める「情報にアクセスする権利」と秘密保護法」（『法学セミナー』2014年、6月号所収）など。

松下千津［1章、9章担当］
1990年代半ば、エセックス大学で本書の著者、マイケル・フリーマンに師事（人権学修士）。紛争後の復興と開発の現場で学んだのち、2002年より国連難民高等弁務官事務所職員。ヨルダン、アンゴラ、エリトリア、ケニア、ネパール等の現場で緊急援助、国家による難民保護システムの構築への提言などに携わる。ライデン大学大学院（国際公法修士）を経て、2013年より中央アジアに勤務。元UNHCRカザフスタン上席地域保護担当官。

マイケル・フリーマン（Michael Freeman）

英国エセックス大学名誉教授。PhD（エセックス大学）。
人権理論と実務、とくに世界の貧困と人権、文化相対主
義について研究する。これまでに日本、米国、スコットラ
ンド、中国、ブラジル、メキシコ、スウェーデン、南ア
フリカなど、20カ国以上の大学で講義を行った。アムネス
ティ・インターナショナル英国支部長や国際評議員会議の
議長代行も歴任。
主な著作として、本書のほか以下がある。Nationalism
and Minorities (Belgrade: Institute of Social Sciences, 1995,
co-editor). Edmund Burke and the Critique of Political
Radicalism (Oxford: Blackwell, 1980). Frontiers of Political
Theory (Brighton: Harvester Press, 1980, co-editor).

コンセプトとしての人権
その多角的考察

2016年12月25日　第1版第1刷発行

著　者	マイケル・フリーマン（Michael Freeman）
監　訳	高橋宗瑠
発行人	成澤壽信
編集人	西村吉世江
発行所	株式会社 現代人文社
	東京都新宿区四谷2-10 八ッ橋ビル7階（〒160-0004）
	Tel.03-5379-0307(代) Fax.03-5379-5388
	henshu@genjin.jp（編集部）hanbai@genjin.jp（販売部）
	http://www.genjin.jp/
発売所	株式会社 大学図書
印刷所	平河工業社

ISBN978-4-87798-661-2 C1036

Copyright © Michael Freeman 2011
Japanese translation rights arranged with Polity Press Ltd.,
Canbridge through Japan UNI Agency, Inc., Tokyo

本書の一部あるいは全部を無断で複写・転載・転訳載などをすること、
または磁気媒体等に入力することは、法律で認められた場合を除き、編
著者および出版社の権利の侵害となりますので、これらの行為を行う場
合には、あらかじめ小社に承諾を求めてください。